정보기관과 언론

정보기관과 언론

이일환 지음

한양대학교출판부

거의 모든 정보가 공짜인 세상이다. 네이버나 구글에 들어가 손품만 열심히 팔면 구하고 싶은 정보는 언제든지 구할 수 있는 세상이다. 말 그대로 '정보가 홍수인 시대'이다. 정보가 폭포처럼 넘치는 21세기에서 '정보'가 갖는 진정한 의미를 되새겨 보자는 취지에서 '정보기관과 언론'이라는 영역에 대한 연구를 시작했다.

'정보'는 비밀성과 공개성을 동시에 갖고 있는 양면적 질료이다. CIA를 제외한 거의 대부분의 각국 정보기관들은 정보가 갖는 두 가지 속성 중에서 비밀성에 더 많은 무게를 두어왔다. 그 결과 '정보'는 음험한 것, 금기어(dirty word), 공작적인 냄새가 나는 것, 다른 사람들의 비밀이나 캐는 것이란 부정적인 단어와 동일시되었다. 이로 인해 전문적으로 정보를 업으로 삼는 사람은 사회에 나와서도 보이지 않게 경원시되는 경우도 종종 발생한다.

또 하나, 정보의 홍수는 종종 오판과 정보의 무지로 이어지고 있다. 자신이 보고 싶은 것만 습득하는 '정보의 편식'에다가, 진실을 변질시키는 '정보의 왜곡' 현상까지 겹쳐지면서 모두가 '정보 맨'을 자처하지만, 실상은 '정보라는 이름의 바보'가 되어 가는 세상이다.

『정보기관과 언론』은 비밀성을 생명으로 하는 정보기관과 공개성을 기초로 하는 언론과의 관계를 정리하고 분석한 책이다. 정보기관은 조그마한 사안도 노출되는 것을 꺼린다. 그렇다 보니 한국은 미국과 달리 심층적인 정보 연구가 많이 부족한 상태이다. 〈국가정보학회〉가 중심이 되어 진행하고 있는 연구도 우리 정보기관을 주제로 다루기보다 외국 정보기관의 여러 행태를 분석하는 데 더 많은 비중을 할애하고 있어 정보 비전문가들에게는 낯설기만 하다. 그래서 필자는 과감하게 국가최고정보기관인 국가정보원을 주 분석 대상으로 설정하여 분석을 시도했다. 신문사와 방송사가 정보기관과 연관된 사건이 발생할 때마다 크고 작은 기사의 형태로 자사의 편집 기조에 맞추어 보도함으로써 '진정한 실체'가 제대로 알려지고 있지 않다고 판단한 것도 이 책을 집필하게 된 또 다른 동기이다. 다만 정보기관의 내밀한 내용은 비밀로 취급되고 있는 점을 감안해서 언론에서 이미 보도했던 내용을 중심으로, 개인적인 소견에 바탕을 두고 객관적인 분석을 하고자 했다.

한편으로 정권이 교체될 때마다 국가정보기관은 횟감처럼 권력을 잡은 자들의 도마 위에 올려졌다. 국가의 안위를 책임지는 막중한 기관이 5년마다 세인의 입방아에 오르며, 그때마다 수술대에 올라가야 한다는 현실은 평생 정보에 몸 바친 사람에게는 슬픈 자화상으로 자리 잡았다. 그래서 떳떳하고 자신 있게 '나는 정보를 평생 업으로 삼은 사람'이라는 자부심을 간접적으로 드러내고 싶었다. 과거 안기부 시절까지의 부훈(部訓)이기도 했던 '음지에서 일하고 양지를 지향'하고 싶기도 했다. 이 같은 다소 비장한 마음가짐으로 미국을 비롯한 6개 국가들의 정보기관과 언론과의 관계를 각 나라 실정에 맞게 유형으로 분석 정리하였다. 우리나라의 경우는 김영삼 정부에서부터 이명박 정부에 이르기까지 '프레임'이라는 분석 틀을 가지고 통시적으로 정보기관과 관련된 사건들을 분석했다.

이 책은 시론적 연구에 가깝다. 우리나라에서는 거의 학술적이면서도 심층적으로 연구되지 않았던 분야이기에 첫 삽을 뜨는 기분으로 시작한 작업이다. 앞으로 계속 보완해서 2탄, 3탄도 저술해 나갈 생각이다.

부끄러운 이 책이 나오기까지 차례에서부터 분석 방법까지 자상한 지도를 아끼지 않은 한양대 김정기 언론대학원장님, 단국대 손태규 교수님, 그리고 매서운 질타도 서슴지 않은, 너무도 좋아하는 한양대 이기정 교수 및 경기대 심홍식 교수께도 지면을 빌려 고마움을 표하고 싶다.

아울러 안온한 쉼터를 마련해 주고 의기소침할 때마다 용기를 북돋워 준 집사람(김연주)과 무남독녀 외동딸(이진아)에게도 감사함을 전한다.

2016년 6월

목멱산(남산) 자락 청장정보연구원 연구실에서

차례

제1장 | 서론

제1절

문제의 제기

정보는 '사람을 통해 사람의 마음을 얻는 것'에서부터 시작한다. 손무는 『손자병법』에서 아주 간결하게 '간(間)'이라 불렀다. 여기서 '간첩(間諜)'이란 단어가 파생되었다. '틈을 엿보거나 살피는 자'란 뜻이다.[1] 이러한 점 때문에 '정보는 음험한 것'이란 부정적인 인식이 만들어져 왔고, 정보기관도 '신비의 성'처럼 신비스러운 존재로 각인되어 왔다.

그러나 언론이라는 공개적으로 정보를 취급하고 알리는 기관이 등장하고, 특히 냉전 시대가 끝난 이후부터 정보기관의 활동이 더 이상 장막 뒤에만 숨어 있을 수 없는 환경이 도래했다. 언론이 정보기관의 활동상에 대해 독자의 알 권리를 내세워 보도하기 시작한 것이다. 전 CIA 국장 윌리엄 케이시(William Casey)가 "언론과 정보기관은 유사한 방법론을 갖고, 숨겨진 사안에 대해 정보를 수집하고, 그 정보를 규명한다"고 언급했듯이, 언론과 정보기관은 빈번한 마찰에도 불구하고 많은 유사점을 갖

1 김영수(2006). 『역사를 훔친 첩자』. 서울 : 김영사. 163.

고 있다.[2] 그래서 언론사 기자들을 '민선 기자', 정보기관의 요원을 '관선 기자'라고 유머스럽게 표현하기도 한다. 뉴스의 수요와 공급 면에서 양쪽이 협조 공생 관계에 있음을 잘 보여준 표현이라고 볼 수 있다.

그러나 언론기관은 기자라는 전문 직업인들이 사회 각 분야를 상대로 정보를 취득하여, 데스크라는 내부 검증을 거쳐 이를 기사화한다. 국민의 알 권리, 알고 싶은 권리를 충족시키기 위해 '보도'라는 형태로 국민에게 알린다. 반면 정보기관은 '비밀성'이 가장 중요한 존재 가치이므로, 취득한 정보를 정보 보고서 형태로 가공하여 정보 사용자에게만 전달 또는 보고한다.

한마디로 기자는 의심이 가면 취재하여 '뉴스로 발표'하는 데 반해, 정보기관은 의심이 가면 비밀리에 파악하여 '비밀로 분류'하여 보고서화하게 된다.[3] 정보 요원들은 철통 같은 '침묵의 학교'에서 길러진 반면, 언론인들은 침묵을 못 견뎌하고 은폐하는 것은 아닌지 의심한다. 정보는 '비밀성'을 속성으로 하고 있고, 언론은 '공개성'을 속성으로 하고 있어, 언론과 정보기관은 근본적으로 서로 다른 속성의 차이 때문에 상대의 역할과 기능에 대한 이해와 신뢰에 간극이 생긴다.

여기서 언론기관과 정보기관 간의 충돌이 발생한다. 언론은 정보기관도 중요한 취재 대상이고, 국민들 역시 정보기관이 비밀스러운 기관으로 인정하면서도, 정보기관의 활동에 대해 관심을 갖는 것이다.

냉전 시기 국가 안보가 화급한 과제로 등장하면서 각국의 정보기관들은 군사외교적인 정보를 중심으로 철저히 '비공개 원칙'을 유지했다. 언

2 Richard J. Aldrich(2008), *Spinning Intelligence*. Columbia University Press. New York. 32.

3 최평길(2012). 『국가정보학』. 서울 : 박영사. 565.

론 매체를 비롯하여 정부에 비판적 입장에 있는 정당, 이익 단체까지도 국가 안보와 관련된 사안에 대해서는 적극적으로 보안 유지를 요청했다. 예를 들어 미국의 「뉴욕 타임스」 지는 1960년 미국의 정찰기 U-2기가 소련 영공을 침범하여 소련에 의해 격추당했다는 사실을 알면서도 그 내용을 보도하지 않았다. 관련 내용을 공개하는 것은 정보기관의 활동을 어렵게 할 수 있다는 판단 아래 정보기관과 협조, 최대한 공개를 지연시켰던 것이다.[4]

그러나 탈냉전 시기에 접어들면서 우리나라를 비롯 서구 진영에서 이러한 냉전 시대에 용인되었던 '비밀주의'가 계속 유지되어야 하는가에 대한 논란이 확산되게 된다. 1995년 5월 11일 제17대 CIA 국장으로 취임한 존 도이취(John Deutsche)는 CIA 개혁을 천명하면서 "나는 가능하면 많은 문서를 공개하고, 또 공개적으로 일을 하고 싶다"고 취임식에서 언급한 것도 과거의 과도한 비밀주의에 대한 비판 여론을 의식한 발언이었다.[5] 특히 규모가 커진 정보기관들이 많은 예산을 사용함에도 정보 실패가 이어지고, 9·11 테러와 같은 전대미문의 대형 테러를 예측하고 방지하는 데 실패한데다, '제5부'라고까지 일컬어지는 인터넷과 블로거의 확산, 그리고 인권관련법 제정 등은 '안보와 국익만을 내세운 무조건적인 비밀 유지, 즉 불보도' 요청은 설득력을 잃어가기 시작한다. 미국의 경우, 은퇴한 관료 등이 해박한 전문적인 지식을 갖고 운영하는 블로그는 안보 담당자에게는 악몽으로 작용하는 경우도 발생할 정도다.[6]

그간 냉전 시기 동안 군사적 긴장이 고조된 상황에서 국가정보기관

4 문정인 편저(2010). 『국가정보론』. 서울 : 박영사. 319.

5 국가정보포럼(2007). 『국가정보론』. 서울 : 박영사. 361.

6 Richard J. Aldrich. op. cit. 31.

은 국내 정치에서 독립된 영역을 구축하고, 국가 안보와 비밀이라는 이름하에 정치적 특권을 향유하면서, 권력을 남용하는 일도 벌어지게 된다.

우리나라의 경우 중앙정보부로 상징되는 정보기관이 과거 권위주의 정부 시절, 국가 안보와 국익을 명분으로 특정 정치권의 도구 역할을 하고, 때로는 국민들의 인권을 과도하게 억압한 유산[7]으로 인해 정보기관에 대한 부정적인 인식이 잠재되어 왔다. 심지어는 올바른 정보 제공자로서의 역할에 충실하지 못하고 있을 뿐 아니라, 남북 관계를 악화시키는 존재라는 비판도 수시로 받기도 했다.

정보기관 수장의 전문성 부족과 리더십 흠결, 정보기관의 정보 수집 능력 부족으로 인한 정보 실패를 자초한 내용이 뉴스거리로 기사화하려는 움직임이 보이면 정보기관은 이를 저지하려 전력투구하기도 한다. '국가 안보'라는 방패를 내세워 기사 작성을 막으려는 경우도 없지 않았다.[8] 더욱이 대북 정보의 경우 남북 관계에 미칠 악영향과 정보원(源) 노출 등을 이유로 가급적 공개하는 것을 꺼려 왔다.

그러나 민주화의 진전과 함께 정보화가 진행되면서, 국가정보기관에 대한 이 같은 특권이 더 이상 용납될 수 없게 되었다. 국가정보기관의 활동을 점차 국내법과 제도의 틀 속에서 제한하려는 움직임이 커지고 있다. 공개성(openness)과 책임성(accountability)이 국가정보체계의 새로운 규

7 노무현 정부 시절, 과거사 바로잡기의 일환으로 구성되어 국가정보원이 과거 중앙정보부와 안기부 시절에 발표하거나 수사했던 사건 중 의혹 있는 사건을 재규명하기 위해 '국정원 과거사진실위원회'가 2006년에 구성되었다. 이 위원회가 펴낸 『과거와 대화, 미래의 성찰』이란 백서는 과거 권위주의 정부 시절 언론사에 대한 유·무형의 압박, 언론인의 연행 및 사찰, 보도지침 강제 등과 같은 행태가 있었다고 지적했다.

8 최평길. 앞의 책. 571.

범이 되어야 한다는 목소리도 나오고 있다.[9]

이 같은 시대 상황과 '정보 실패'로 불리는 실책, 또 정보기관이 권력을 남용한 과거의 업보 등이 복합적으로 뭉쳐져 언론의 정보기관들의 활동에 대한 보도는 당연시되고 불가피한 상황으로까지 발전했다.

그러나 정보기관의 활동에 대한 계속적인 보도는 우리의 정보력을 상대국이나 적국에게 노출시킬 수밖에 없고, 이는 결과적으로 국가의 정보력과 국경 경쟁력을 약화시킨다는 점으로 인해 '정보기관에 대한 무조건적인 보도 자제'보다는 언론과의 건강한 협조 관계를 형성할 당위성이 증가하게 된다. 그간 정보기관은 업무와 관련된 보도가 나오면 NCND(Neither Confirm Nor Deny) 원칙하에 가급적 대응을 하지 않는 기조를 유지해 왔다. 하지만 인터넷이 보편화되고, 다양한 매체가 폭발적으로 늘면서 이 같은 소극적인 대처 방식만으로는 한계가 있다는 자각을 하게 된다. 무대응이 오히려 "인권침해기관" 내지는 "정보조작기관"이라는 부정적 이미지만 더해져 갔던 것이다.

그간 언론과 정보기관 간의 관계는 적대와 긴장 및 협조를 왔다 갔다 하는 '역동적 진자관계 모형'을 보여 왔다고 볼 수 있다. 때로는 국가정보기관의 성공한 정보 공작이나 산업스파이 적발 실적 등을 국민에게 뉴스로 알려, 정보 공동체가 국민의 지지를 받는 협조 공생 관계를 형성하기도 한다. 그러다가 불미스러운 사건이 터지면 적대적 관계로 변모할 때도 많기 때문이다.

미국은 닉슨 대통령의 사임을 초래한 워터게이트 정치 음모를 파헤

9 최대석·김진환 등(2010). 북한의 정치체제 변화와 국가정보기관의 역할, 『국가정보연구』. 제3권 1호. 101.

친 「워싱턴 포스트」 지의 최초 특종, 카터 대통령이 승인한 이란에 억류된 외교관 구출 작전 실패를 보도한 「뉴욕 타임스」 지와 CBS TV 보도, 레이건 대통령이 인지한 가운데 전개된 이란-콘트라 무기 판매와 판매대금의 공작금 사용 사건, 대량살상무기 제조 근절을 명분으로 부시 대통령의 이라크 파병에서 보여준 언론기관의 현지 조사에 의거한 사실 보도와 이에 대한 뉴스 해설은 언론 기관에 의한 국가정보기관의 비판, 견제의 적나라한 사례이다.[10]

우리나라의 경우 1980년대 초반까지만 해도 언론에 대한 보도지침이 강력한 힘을 발휘하면서 언론이 정보기관을 감시하기보다는, 정보기관에 의해 감시되고 통제되는 양상을 보였다. 그러나 민주화 이행 이후 언론은 정보기관의 잘못된 행태를 집요하게 추적하여 폭로하는 감시기능을 충실히 수행하고 있다.

언론의 정보기관에 대한 부정적인 보도로 인해 일반 대중들이 정보기관에서 발표하는 간첩 검거 등과 같은 정보들을 전적으로 신뢰하지 못하는 경우까지 유발하고 있다. 2011년 4월 거의 한 달 가까이 농협 전산망이 제기능을 발휘하지 못하고, 그 배후에 북한 해커부대가 있다는 검찰의 발표에 대한 불신이 그 한 예가 된다.[11]

이외에도 디지털 시대에 접어들면서 사생활과 안보 사이의 '밀고 당기기'가 현안으로 부상하고 있다. 각국 정보기관들은 테러방지와 국가안보라는 절대적 명제를 지키기 위해 카드 사용, 비행기 탑승 기록 등 다

10 최평길. 앞의 책. 570.

11 김병선(2012). 간첩사건의 행위자 네트워크 : 북한과의 접촉사건에 대한 스토리텔링의 패턴과 그 변화. 『경제와 사회』. 통권 94호. 113.

양한 정보를 모으고 분석하고 있다.[12] 영국 경찰의 경우 "테러 정보 수집과 비밀 유출의 근원지를 찾는다"는 명분하에, 일부 기자들의 이메일 등 전자정보를 수집한 사실이 드러나면서 '사생활 보호'와 '언론인에 대한 감시'의 적법성 여부에 대한 논란도 대두되고 있는 실정이다.[13]

바로 이러한 국제적 상황과 더불어, 한국 현대사를 규정해 왔던 '87년 체제'도 그 한계를 드러내고 있는데다, 급작스럽게 찾아올지도 모를 통일 환경에 대비하는 차원에서라도 언론기관과 정보기관이 시대 변화에 맞는 새로운 협력적 모델을 모색해야 하는 시점이 아닌가 한다. 언론과 정보기관 모두 자유민주체제를 수호하는 제도적 기관이란 점에서 더욱 그러하다.

'비밀 시대의 종언'이라는 말이 나올 정도로, 개방과 공개가 중시되는 민주주의 국가에서 '작지만 알찬 비밀의 원칙'하에 언론과 정보기관 간에 '한국적인 적절한 규범' 마련이 필요하다.

따라서 미국, 영국 등 6개 국가의 정보기관과 언론과의 관계를 사례를 중심으로 살펴보고, 1981년 중앙정보부에서 국가안전기획부(약칭 안기부)로 명칭을 변경(김대중 정부 시절 국가정보원으로 다시 개칭)한 김영삼 정부에서부터 이명박 정부에 이르기까지 언론 특히 주요 신문들이 시대 상황에 따라, 정보기관과 관련된 사건이 발생될 때마다 어떤 시각을 갖고, 어떤 프레임을 구축했으며, 또 그 프레임은 사별로 어떤 차이점과 공통점을 보

12 NSA는 9·11테러 이후 위상이 올라갔다. 알카에다와의 전쟁 시 미국이 중동에서 입수한 정보가 없다는 사실이 드러났기 때문이다. 그래서 해결책으로 디지털 데이터 분석에 관심을 갖기 시작했다. 10억달러를 투입하여 FBI와 CIA가 보유하고 있는 데이터베이스 통합작업을 하는 한편으로 방대한 소비자 및 인구동태 관련 자료, 항공기 탑승 기록, 호텔 영수증, 국제전화 및 인터넷 교신내용 등을 집중적으로 수집하여 수학적 모델을 이용, 테러용의자를 찾아내고 있다.

13 "GCHQ captured emails of journalists from top international media", *The Guardian*, January 19, 2015.

여 왔는지를 분석하고자 한다. 언론이 설정한 프레임은 '가랑비에 옷 젖듯이' 부지불식간에 국민들에게 스며들어 정보기관에 대한 인식 또는 이미지를 결정하는 요인으로 작용하기 때문이다. 아울러 이 같은 통시적인 분석을 토대로 언론과 정보기관 간의 바람직한 발전 방향도 부가적으로 제시하고자 한다.

제2절

이론적 배경

1. 언론과 정부 그리고 정보기관

1) 언론과 정부

전통적으로 저널리즘 연구 영역에서 언론과 정부와의 관계는 규제와 육성, 견제와 보호라는 대립적 구조에서 파악되었다. 조항제는 정언(政言)관계를 언론의 정부 권력관계와의 친밀도에 따라 네 가지로 구분하였고,[14] 최경진(2003)은 상호의존, 정치 우위, 언론 우위, 공생, 상호침투의 다섯 가지 모델로 구분하였다. 상호의존모델은 정치 체계와 언론 체계가 그 존립과 유지를 위해 상호적인 기능 관계를 형성하고 있다고 본다. 상호공생모델은 언론과 정치가 상호 타협하면서 공존한다고 설명한다. 또 상호침투모델은 정치는 언론을, 언론은 정치를 도구화함으로써 자신의 체계를 유지하거나 강화한다고 본다. 이러한 논의들은 정부와 언론의 관계

14 4가지는 감시견, 애완견, 보호견, 공격견이다.(조항제, 2001)

를 상호적 관계(mutual relationship)를 전제하고 있다.[15]

미디어 사회학의 관점에서 언론과 정부의 관계는 소스에 대한 의존에 따라서도 구분된다. 언론과 정부의 관계는 자유주의적 다원주의 시각과 비판적 혹은 급진적 미디어 사회학의 시각에 의해서 구분되는데, 자유주의적 다원주의 시각은 언론이 정부, 정치 엘리트와 같은 소스에 의존하지 않으면서 공공의 이익을 위해 힘의 집중을 견제할 수 있다고 본다. 반면 급진적인 미디어 사회학의 시각은 언론이 정부와 같은 소스에 의존하며, 사회적 힘을 가진 집단에 의해 필연적으로 영향을 받게 된다는 입장을 가진다. 후자의 관점에서 미디어는 국가권력으로부터 자유롭지 않다. 한편 허먼과 촘스키의 선전모델(propaganda model)의 경우, 언론은 공공의 이익을 대변한다기보다 국가와 자본의 이해관계를 도모하게 된다고 강조한다. 미국의 주류 미디어들이 자국 정부의 대외정책에 대한 국민의 동의를 강제적으로 생산해 왔다고 비판한다.[16]

그러나 자유민주사회에서 정부와 언론 역시 하나의 제도적 기구로서 그 체제 내에 속해 있으며, 그 체제를 유지하고 발전시킨다는 측면에서 보면 방향성은 같다고 볼 수 있다. 다만 그 방향을 찾아가는 접근 방법이 다를 뿐인 것이다. 특히 한국 사회는 '정이 중요시되는 네트워크 사회'이다. 이 점 때문에 정언 관계도 정부의 성향이나 역사적인 상황이란 외부적 변수 외에도 한국적인 특성이 물밑에서 크게 영향을 끼쳐 왔다. 언론계 내에 특정 고교나 대학 출신들이 친목회 형식의 모임을 결성하고, 각 대학들도 매년 연말이면 '자랑스러운 동문 언론인'을 선정하는 형태

15 서영남·박종민(2008). 문민·국민·참여정부의 언론중재 현황을 통한 정부의 대언론관계. 『한국언론학보』. 제52권 2호. 12.

16 김성해 등(2011). 리비아 사태와 글로벌 정보전쟁. 2011년 한국언론학회 봄철 학술대회 발표논문. 88

로 언론과 연계 관계를 맺어 자신들에게 우호적인 여론을 만들 수 있는 토대를 형성해 온 것은 부인할 수 없는 엄연한 현실이다. 여기에서 한 발 더 나아가 고향 출신별로 언론인 모임을 결성하고 활동하는 것도 정부와 언론의 관계를 겉으로 드러나는 표피적인 모습만 보고 분석해서는 안되는 근거이기도 하다.[17]

김동률(2009)이 "김대중, 노무현 정부하에서의 언론이 과거와 달리 정부 지지와 정부 비판 세력으로 뚜렷이 양분되는 새로운 양상을 띠었으며, 김대중 정부는 영남과 보수층으로 대변되는 주류 언론과 대립하는 것은 필연적인 선택이었다"고 본 것은 이를 잘 지적한 것이라고 하겠다. 특히 노무현 정부가 출범 직후부터 정부 말기까지 5년 동안 우호적인 언론과는 동지적 또는 동업자적인 밀착 관계를, 그렇지 않은 언론과는 극히 적대적인 대결의 관계를 지속함으로써, 언론뿐 아니라 지식인 사회 전체가 양분되는 갈등 상황을 만들었다. 이러한 부정적 상황은 국가 안보의 최후의 보루로서 보수적일 수밖에 없는 정보기관에게도 영향을 주었다.

이 때문에 정보기관도 정권이 바뀔 때마다 그 정권에 우호적인 언론과 주로 호의적인 관계를 맺고자 노력함으로써, 언론에 대한 공보 활동이 널뛰기식이 될 수밖에 없었다. 때에 따라서는 특정 정부를 비판하고자 하는 언론사는 그 정부를 비판하는 수단으로 정보기관을 비판 소재로 삼는 현상도 예삿일로 일어났으며, 이는 부지불식간에 정보 능력을 손상시키는 결과를 초래했다. 김성해(2008)가 "미국 언론은 국가이익을 달성

17 언론비평지 「미디어오늘」은 2003년 10월 4일자에 "위스키와 캐시로 기자들 녹였다" 제하로 "박지원 씨가 언론 로비를 위해 기자들에게 술 접대 및 민원을 대행하며, 촌지도 살포했다"고 보도한 바 있다.

하기 위해 전략적으로 채택된 대외정책을 보도함에 있어, 미국 정부와 밀접하게 협력하고 있다"고 분석한 것은 우리나라의 언론과 정보기관 간의 관계 모델을 찾아보는 관점에서 볼 때 시사점을 던져준다 하겠다.

결론적으로 국가와 언론의 관계는 국가와 언론이 처한 사회역사적 맥락, 언론과 정부의 각각의 성격, 해당 국가의 미디어 정책과 환경 등 다양한 요인을 고려하여 이해될 필요가 있다. 더욱이 과거 군부 권위주의 정권 아래서 정권의 도구적 권력으로 사용되었던 한국 언론이 이제 대의제 정치권력의 대리자로서, 또 확실한 권력 집단으로 부상한 점을 감안한다면[18] 그 필요성은 더욱 크다 하겠다.

2) 언론의 정보활동 등에 대한 보도와 견제/감시

언론과 정부와의 관계가 시대와 상황에 따라 진자운동처럼 변동하기는 해도, 언론은 감시견 역할에 보다 많은 비중을 둘 수밖에 없다. 이러한 역할의 대상에는 당연히 정보기구도 포함된다. 비밀을 유지해야 하는 정보활동의 성격상 언론의 빈번한 보도는 적절치 않다는 비판도 제기될 수 있으나, 서론에서 서술한 바와 같이 언론의 정보기관에 대한 감시견 역할은 시대적 대세로 자리 잡았다.

힐리브랜드(Hillebrand, 2012)는 정보기관의 감시 활동에 대한 언론의 역할을 분석한 결과, 3가지 유형이 나타나고 있음을 제시한 바 있다. '감시견 대리 역할' '합법화 역할' 그리고 '애완견 역할'이 그것이다. '감시견 대리 역할(a substitute watchdog)'은 공식적 감시기구가 엄밀하게 조사하거

18 김동률(2009). 언론의 정치권력화 – 재벌정책 보도의 정권별 비교 연구. 『한국언론정보학보』. 통권 45호.

나 감시하지 못하도록 하는 역할이다. 합법화 역할(a legitimizer)은 정보기관들의 활동을 국민들에게 긍정적 톤으로 알려주는 것이다. 애완견 역할(a lapdog)은 정보기관의 여러 활동에 대해 충분히 의문을 제기하지 않거나, 불충분한 정보기관의 주장을 가감 없이 전달하는 보도 행태를 지칭했다.[19]

그러나 언론에 의한 정보기관에 대한 견제·감시는 몇 가지 근본적인 제약을 가지고 있다. 무엇보다 언론의 정보기관에 대한 감시가 지속성을 띄기 어렵다는 점이다. 언론의 주목적이 정보기관 감시에 상당한 역량을 쏟아야 할 만큼 중요한 취재 대상이라고 보기 어렵고, 언론사도 사기업인 이상 이윤 추구에 적합한 곳에 취재 역량을 투입해야 하기 때문이다. 두 번째는 언론이 보다 적극적으로 감시견 역할을 수행하려 해도 이미 발생한 사안과 문제점에 국한할 가능성이 크다. 존재하기는 해도 아직 가시화되지 않은 정보활동 사안을 보도해도 독자들의 주목을 끌지 못할 소지가 있기 때문이다. 이외에도 정보활동에 대한 보도는 '국민에게 사실을 알려야 한다'는 직업적 소명과 '국가 안보나 국익에 손상을 줄 수도 있다'는 양면성으로 인해 언론인들이 딜레마에 빠지기도 하는 것이다.

언론의 정보기관 통제는 정보활동에 필수적인 비밀 유지와 밀접한 관련이 있다. 언론에 의한 감시 활동은 언론에 의해 사실이 공개됨으로써 가능하며, 정보활동 비밀이 유지되는 가운데 감시 활동이 이뤄질 수 없기 때문이다. 비밀 정보를 공개하는 언론의 행태가 바람직한 가에 대한 논란은 정보기관에 대한 적합한 통제 역할을 수행하는 기구로서의 언

19 Vian Bakir(2015).News, Agenda Building, and Intelligence Agencies: A Sytematic Review of the Field from the Discipline of Journalism, Media,and Communications. 『The International of Press/Politics』, 135

론의 가치를 저하시킬 우려도 있다. 국내 일부 언론의 경우, '정보활동 자체를 무력화'시키려는 의도도 엿보이기는 하지만, 본질적인 목적은 정보활동을 위축시키고자 함은 아니기 때문이다. 본질적인 목적이 나름대로 타당성을 가져온 이유는 정보활동과 관련한 흥미성 있는 보도에 있는 것이 아니라, 정보활동을 성공적으로 유지하는 가운데 국민들의 기본권 침해가 방지되는 것에 보도의 중심을 둔 데 기인한다.[20]

언론의 정보기관에 대한 통제가 쉽지 않은 요인 중의 하나는 언론의 이러한 보도 행태가 정보기관을 통제하는 역할을 수행하는 것이 아니라, 경우에 따라서는 정보기관에 이용될 수 있는 점이다. 예를 들면 특정 정보를 정보기관이 모종의 여론을 조성하기 위해 언론에 흘리는 경우이다. 정보기관의 흘리기는 정보기관 내의 잘못된 점을 밝히려는 내부자로부터 나올 수도 있지만, 경우에 따라서는 특정 정보활동에 대한 인식을 확산시키기 위한 것도 있기 때문이다. 정보기관들은 서로 상대방을 속이기 위해 언론을 활용하여 역정보(disinformation) 전략을 펴기도 한다.[21] 이 경우 언론은 정보활동과 관련된 정보의 신뢰성을 정확하게 판별할 수 있을 만큼 강압적인 권한을 갖고 있지 못하므로, 정보의 진실성 여부를 걸러내기는 어렵다.

그러나 디지털 정보 시대를 맞이 하면서, 정부의 정보독점과 통제는 사실상 불가능해졌다. 비밀로 유지되어야 할 정보활동 및 그 내용도 점점 감추기가 어려워지고 있다. 모두가 감시자인 시대가 디지털 미디어 시대

20 신유섭(2009), 미국의 경험을 통해본 민주정치제도에서의 바람직한 정보통제 방안 고찰, 『한국정치외교사논총』, 제32집 1호. 209~210

21 미국의 올리버 노스(Oliver North) 중령은 1985년 지중해에서 일어난 선박납치 사건에 관한 비밀정보를 의회가 뉴스위크에 제공했다고 비난했지만, 뉴스위크 자체 조사결과, 노스가 정보 제공자였음이 드러났다.

이다. 그 점에서 언론은 스스로 정보기관에 대한 감시 역량을 키우지 않아도 정보활동에 관심 있는 시민들이 '시민 감시자'가 되어 언론의 한계를 보충해 주고 있는 점은 정보기관에는 부담으로 작용할 수 있으나, 역으로 언론에게는 보이지 않는 원군이 되고 있다.

다만 특정한 맥락에서 정보기관과 언론 관계는 비슷한 경향성을 가져왔다는 점을 주목할 필요가 있다. 국가이익이 걸린 대외정책 추진이나 전쟁과 지역 분쟁의 발발과 같은 상황이 대표적이다. 언론과 국가이익의 관계는 특히 군사 분쟁, 인질 사태, 정치적 위기, 국제 협약 등과 같은 이슈에서 두드러진다. 이런 상황에서 언론은 정책 결정자와 국가를 옹호하고 국민적 공감대를 형성하는 여론을 조성하는 방식으로 국민들을 국가로 결집시키는 기능을 수행한다. 특히 전쟁 보도에서 미디어들은 국익을 우선해 왔다. 이러한 행태들은 언론 매체가 전통적으로 전쟁 수단으로서 심리전과 같은 하나의 선전기제로서 사용됨을 스스로 묵인해 준 것이다. 정보기관과 언론의 관계는 '특수하면서도 복잡한 관계'로 정의할 수 있겠다.

2. 미디어 프레임과 이미지

1) 미디어 프레임과 의미화 전략

수용자로 지칭되는 독자들은 언론 매체를 통해 정보를 취득하고 사회를 바라보는 안목을 배양한다. 하루에도 무수히 일어나는 사건들을 언론이라는 매체가 없다면 빠른 시간 내에 알 수도 없을 뿐 아니라, 사건 또는 특정 사안이 왜 발생했는지에 대해서도 제대로 이해할 수 없다. 지난 2012년 대선 때 종합편성채널들의 파급력이 이를 잘 보여준다. 양로당에 거의 매일 상주하다시피 하는 노인들이 거의 하루 종일 종편에 채널을 고정해 놓고, 이를 반복적으로 시청하는 과정에서 상당한 정치적 식견을 축적했다는 것이다. '종편'이 설정하는 '프레임'이 노인 유권자들의 대선에 대한 '인지'를 구성하는 데, 일정한 역할을 했음을 보여주는 사례라 할 것이다.[22] 이는 대선이 끝난 뒤, 종편 출연을 거부하던 새정치민주연합이 소속의원들의 종편 출연을 허용한 데에서 이를 잘 알 수 있다.

고프만(Goffman, E)이 사회의 각 조직에 고유한 의미 부여 방식이 있음을 지적하고 이를 '틀(frameworks)'이라는 용어로 개념화한 관점에서 보면, 언론이 만들어가는 '프레임'은 독자들로 하여금 자신도 모르는 사이에 그 '프레임'에 젖어 들게 한다. 수용자는 무수히 많은 구체적인 사건을 틀에 의해 규정된 한계 내에서 인식하고, 지각하고, 확인하고, 규정하는 것이다.[23] 뉴스 보도는 인지된 현실에 관해 서로 경쟁하는 입장들 가운데 특정 관점을 선택하고, 다른 관점은 배제한다. 프레임은 뉴스 텍스트 속에서 특정 관점과 입장을 강조하거나 축소함으로써 논리적인 연관성을 가진 관점(perspective)을 만든다. 이에 소피 러철러(Sophi Lecheler)는 프레임 구축에 있어 '선택적인 기능'이 작용하여 특정한 부분을 강조하는 방식으로 개인에게 영향을 준다고 강조하고 있다.[24]

22 김성해 · 최종환(2011)은 손석춘의 '한국 신문사들의 여론 시장 독과점에 대한 연구' 결과를 토대로 조선일보와 동아일보, 그리고 중앙일보가 운영하는 종편 채널은 사실이 아닌 주장에 근거한 보도가 많았을 뿐 아니라, 일자리 창출과 같은 종편과 당시 정부에 유리한 프레임만 강조했다고 지적했다.

23 이준웅(2000). 프레임, 해석, 그리고 커뮤니케이션 효과. 『언론과 사회』, 29호, 89.

24 Sophie Lecheler and Claes H.deVreese(2012). *News Framing and Public Opinion : A Mediation Analysis of Framing Effects on Political Attitudes*, Journalism & Mass Communication Quarterly. 186.

그간 다섯 가지 부류로 이루어진 프레임에 대한 연구는 다차원적이고 복잡성이 뒤얽힌 사회현상이나 특정 현안을 이해하는 데 상당한 통찰을 제공해 주었다.[25] 그 각각의 연구들은 나름대로의 이론적 타당성을 갖고 있고, 의미 있는 연구 결과를 만들어 내고 있다. 그러나 신문은 기사라는 텍스트를 통해 수용자에게 정보를 전달하고 수용자의 인지에도 영향을 미친다는 점에서, 텍스트 분석적 접근 방법이 신문 사설과 같은 텍스트를 분석하는 데 있어 보다 유용한 방법이 아닌가 한다.

텍스트 분석적 접근은 뉴스 텍스트의 구성 방식이 곧 뉴스가 구성하는 현실의 구성 방식이라는 가정에서 출발하고 있다. '뉴스가 구성하는 현실' 속에는 '이데올로기적 성격'이 녹아 있다. 특히 한국에서처럼 신문들 간에 이념적 지향성이 뚜렷하고, 자신들의 색깔을 드러내는 것에서 그치지 않고 한국 여론 시장 혹은 담론 시장을 장악하려는 헤게모니적 성격이 강하다는 점에서 이데올로기적 성격의 분석은 필수적이다. 기틀린(Gitlin)의 관점이 이에 대한 성격을 규명하는 데 유효한 지표가 된다. 기틀린은 "뉴스 프레임이 구성하는 현실이란 제도화된 현실뿐 아니라, 특정한 관점이나 해석을 적극적으로 옹호하거나 공격하기 위한 패권 투쟁에 의해 가공된 현실"이라는 것이다. 나아가 "뉴스 프레임은 현실에 대한 인식·해석·제시·선택·강조·배제와 관련된 지속적인 패턴이며, 이 패턴에

25 5가지 부류의 연구는 ①사회적 상호작용적 연구 ②사회운동론적 접근 ③예상이론적 접근 ④메시지 효과론적 접근 ⑤텍스트 분석적 접근 등이 그것이다. 사회적 상호작용 연구는 "프레임은 한 개인이 상호작용에 사용하는 지식, 특히 상호작용에 대한 기대구조를 산출하는 구조화된 지식"이라는 정의에 기반을 두고 있다. 사회운동론적 접근 방법은 프레임을 단선적으로 본 것이 아니라, 순차적인 개념으로 확장시켰다는 점이다. '프레임 정렬' '프레임 연결' '프레임 증폭' '프레임 확장' '프레임 변환' 등이다. 예상이론적 접근은 "메시지가 조직되는 방식에 따라 메시지가 제시하는 대안에 대한 개인의 선택과 판단이 어떤 영향을 받는지 탐구"하는 데 있다. 코뮤니케이션 효과론적 접근은 프레임 작용의 결과 즉 프레이밍 효과에 대한 논의다. 텍스트 분석적 접근은 뉴스 텍스트 구성 방식이 곧 뉴스가 구성하는 현실의 구성 방식이라는 가정하에 뉴스제작의 결과물로 생산되는 과정을 집중탐구한다.

따라 상징조작자가 일상적으로 언어적 담론을 조직한다"고 정의한다.[26]

특히 뉴스 프레임을 도형적 관점에서만 그치지 않고, 뉴스의 의미 자체를 구성하는 담론 영역으로까지 확장한 엔트만(Entman, Robert M)의 관점은 사설 텍스트 속에 녹아 있는 이데올로기적 성격 등 세부적인 내용을 분석하는 데 유용한 함의를 던져준다 하겠다. 뉴스 프레임은 매체 담론의 핵심적인 요소로서 "이 이슈가 문제가 되는 이유가 무엇인가"라는 질문에 중심적인 견해를 제공하면서, 이슈에 대해 자신들이 내린 정의, 곧 프레임이 지배적인 해석으로 받아들여지도록 하는 것이다. 그러기 위해 "이 이슈가 문제되는 이유가 무엇인지"를 논리적으로 설파하기 위한 한 방법으로 '의미화 전략'을 구사한다.

첫째, '정당한 범위' 설정하기이다. 이는 미디어 내용에서 어떤 의미나 실천은 강조되고, 논의할 가치가 있는 것으로 제시되는 반면, 다른 의미들은 일관되게 간과하거나 배제하는 패턴을 지칭한다. 우리 신문들이 흔히 사용하는 '무보도 전략(non-reporting)'[27]이 해당한다. 체계적인 강조나 배제를 통해 대안적 신념이나 가치관에 대한 사고의 범위를 제한하고, 동시에 무엇이 정상이고 정당하고 진실인지를 끊임없이 제시하는 것이다. 한국 언론은 민주화 이후 한겨레신문 등의 등장으로 정파와 이념에 따라 분열되기 시작했으며, 진보정권의 출현 이후에는 더욱 정파성을 드러내었다. 보수지들은 보수적인 독자들에게 보수적 취향의 기사를 제공하면서 독자적인 시장을 형성해 나갔고, 진보지들은 진보적인 독자를 겨냥해서 진보적 코드의 기사를 제공하면서 남은 시장을 점유해 나갔다.

26 이준웅(2000). 프레임, 해석 그리고 커뮤니케이션 효과. 『언론과 사회』, 제29호. 95.

27 정연구 · 김수정(2011). 무보도 현상과 언론윤리 그리고 한국사회의 이념갈등 : 국정원, 기무사 민간사찰관련 보도사례를 중심으로. 『한국언론정보학보』, 통권 53호. 5.

이런 양태는 정보기관을 대상으로 한 보도에서도 예외는 아니었다.

둘째, 하나의 현상이나 사건이 가지는 다중적 의미 억압하기이다. 이는 대다수의 사회 구성원들에게 현실이 단지 하나의 당연한 설명을 구현하는 것처럼 보여지게끔 유도하는 의미화 방식을 지칭한다.

셋째, 저항적 의미를 확산시키려는 집단에게 의미화의 수단에 대한 접근 제한하기이다. 다양한 담론 집단이 미디어 장을 놓고 투쟁을 벌이는 일차적 목적은 공중에게 자신들의 목소리를 들려줄 수 있는 기회를 확보하기 위한 것이다. 그러나 대체적으로 권력 집단들의 이해를 대표하는 사람들 예를 들어 공직자, 관리, 경영진 등에 매체 접근에 더 큰 혜택을 부여하는 것이 좋은 사례이다.

넷째, 특정 담론이 사회적·정치적인 힘을 획득해 나갈 경우, 미디어가 '허용할 수 있는' 범위 내에서 '의미의 범위 확장하기'이다. 저항 담론의 핵심을 이루는 급진적 담론 요소는 체계적으로 배제되어 공중의 시야에 노출될 기회를 박탈당하고 주변화될 수밖에 없다. MBC 해직기자 출신인 최승호 등이 운영하고 있는 인터넷 매체 「뉴스타파」가 그 적합한 사례가 된다. 「뉴스타파」는 국정원, 삼성 등 특정 대상에 관해 다른 언론사들이 외면 또는 배제하고 있는 내용을 가감 없이 드러내어 심층적으로 보도하고 있는데, 만일 「뉴스타파」의 보도 프레임이 지배적인 담론으로 부상할 가능성이 높아지면, 일정한 범위 내에서만 '보도'라는 틀 속에 수용하는 것이다.

마지막으로 한 텍스트 내에서 혹은 여러 텍스트 장르에 걸쳐서 다양성과 상충되는 의미 허용하기이다. 이러한 전략은 주로 TV 뉴스 보도 관행에서 나타난다. 저녁 9시 종합 뉴스와 같은 권위 있는 장르에 텍스트 배치를 서열화하는 것이다. 즉 뉴스를 보도할 때 자연스러운 방법으로

특정 집단에 불리한 내용을 축소하거나, 뉴스 시간의 뒤에 배치하는 것이다.[28]

결론적으로 "주로 내용의 선택과 강조를 프레임"이라고 부를 수 있으며, 이런 관점에서 뉴스 프레임은 "메시지의 특정한 측면을 선택해서 그것을 두드러지게 만드는 것"이라고 정의할 수 있다.[29] 이는 특정 프레임이 반복적으로 사용될 경우, 사회 구성원들이 사고하는 데 있어 준거틀 역할을 하게 되고, 이러한 준거틀은 다시 미디어 프레임이 전달하는 의미의 정당성과 보편성을 강화하게 된다.[30] 아울러 기본적인 사실이 동일할 때(예, 국가보안법)조차도 이슈들과 해결책(선택할 수 있는 정책들)을 달리 프레이밍하게 되면 이에 대한 반응들이 달라질 수 있다는 것을 실험과 조사 방법에서도 보여준다.[31] 나아가 각 신문들은 권력을 감시하고 뉴스 생산자로서 언론의 역할을 강조하면서, 프레임 경쟁까지 벌이게 된다. 이에 대한 연구는 사안의 전개 과정을 잠재기·점화기·고조기·쇠퇴기로 구분하고, 그에 따라 프레임 형성기·경쟁기·주도기·쇠퇴기로 분석한 이동훈과 김원용의 연구가 대표적이다.[32]

이 같은 연구는 신문사들이 담론 시장의 주도권을 장악하기 위해 벌이는 '신문사 간 프레임 경쟁'의 양태를 보여주지 못하는 한계를 갖는다고 하겠다. 그렇기 때문에 송용회는 앤트만(Robert M.Entman)의 주장을 빌

28 양정혜(2000). 대중매체의 의미화 전략과 헤게모니 : 엘리트 갈등에서 언론의 역할에 대한 사례연구. 『언론과 사회』, 통권 29호. 43~84.

29 이준웅(2000). 앞의 논문. 132.

30 양정혜(2000). 앞의 논문. 51.

31 로버트 엔트만 지음. 안병규 옮김. 『권력의 투사법』. 서울 : 커뮤니케이션북스. 46.

32 이준웅·이상률(2014). 프레임 경쟁에 따른 언론의 보도전략 : 언론의 기사근거 제공과 익명 정보원 사용. 『한국언론정보학보』, 제58권 3호. 380.

표 1 뉴스 프레임에 대한 정의

학자	뉴스 프레임의 정의
고프만 (Goffman, 1974)	• 수용자들이 현실을 올바르게 지각하고 파악하고 이해할 수 있도록 도와주는 해석적 스키마
터크만 (Tuchman, 1978)	• 뉴스는 세계를 묘사하는 틀 • 제도화된 뉴스 제작 과정의 선택과 배제에 의해 이데올로기적으로 구성되는 현실
기틀린 (Gitlin, 1980)	• 인지, 해석, 제시 그리고 선택과 강조와 배제의 지속적 패턴 • 미디어가 언어적·영상적 담론을 상투적으로 조직하는 헤게모니 장치
아이엔거와 킨더 (Iyengar & Kinder, 1987)	• 판단과 선택의 문제를 진술하거나 제시하는 데 있어 미묘한 변형 틀로 작용 • 중요하게 인식된 이슈나 개념을 반복하면서 후속적인 인지 과정에 영향을 미침
갬슨 (Gamson, 1988)	• 이슈, 문화를 사회적으로 이해하게 하는 해석적 패키지 • 다양한 수사적 표현과 의미전달 요소들로 하나의 뉴스 스토리를 형성, 수용자에게 전달하는 것
아이엔거 (Iyenger, 1991)	• '프레이밍(Framing)'이란 용어를 사용. 프레이밍은 판단 및 선택의 문제를 표현하거나 제시하는 과정의 미묘한 변경
엔트만 (Entman, 1993)	• '선택'과 '현저성'의 개념 도입. 이슈 구성에서 몇 가지 관점들이 선택되고 텍스트에서 보다 두드러지며 유의미하게 되는 과정
팬과 코시키 (Pan & Kosichi, 1993)	• 다양한 정보를 조직화하고 구체화해 수용자의 인지에 영향을 주는 '해석구조'. 수용자 프레임에 대한 이해를 강조
이준웅(1997)	• 독자나 시청자가 특정한 방식으로 뉴스를 이해하도록 돕는 이야기 구성 방식
쉐펠 (Scheufele, 1999)	• 현실적인 사건, 사고들을 다양한 관점에 따라 전달하기 위해 해석적 기능을 담아 재구성한 것

■ 출처 : 임미영·안창영(2010)의 '박근혜에 대한 보도프레임 분석'에서 재인용.

려, 비교 연구가 프레임을 찾아내는 데 필수적이라고 강조한다. 특히 한국의 언론들은 보수와 진보라는 이념적 잣대에 따라 편집 방침이 확연히 구분되고 있어, 서로 다른 현실을 구성하는 과정에서 어떤 프레임을 사용하고 있는지, 각 프레임이 한국 사회의 어떤 가치나 이데올로기를 바탕으로 깔고 있는지를 보다 확실하게 드러낸 준다는 것이다.[33]

아울러 미디어 프레임은 고정된 것이 아니며 정치적·경제적·역사적 맥락과 상호작용한다는 점이다. "미디어 프레임이 역사적 맥락의 변화와 더불어 변천 한다"는 인식은 지난 수십 년간 형성되어 온 정보기관에 대한 프레임의 변천 과정을 규명하는 데 도움을 줄 것이다. 그래서 알우드(Alwood, 2007)는 역사적 접근 방법과 케이스스터디가 정보기관에 대한 언론의 프레임을 분석하는 데 유효한 방법으로 지적하면서, 다만 프레임 분석도 유효한 방법이긴 하나, 이 방법은 특히 정보 제공자가 정보기관으로 보일 경우 진정한 프레임 분석에 문제가 있으므로, 다른 방법론과 병행한다면 훨씬 더 타당성을 가질 수 있다고 강조한다.[34] 참고로 뉴스 프레임에 대한 학자들의 다양한 정의를 정리하면 앞의 〈표 1〉과 같다.

2) 미디어 프레임과 이미지

"사람이나 사물에 대해 상상할 수 있는 의견이나 심상"으로 정의되는 이미지란 단어는 우리 일상 속에 깊숙이 자리 잡고 있다.[35] 일반인들의 대화 중에서도 특정인에 대해 "누구의 이미지는 좋은데, 누구는 나쁘

33 송용회(2005). 미디어, 프레임, 현실구성 : 미디어 프레임연구의 과제와 발전 방향 모색을 위한 소고. 『프로그램/텍스트』, 제13호. 150~151.

34 Vian Bakir. opt. cit, 140

35 유세경(1998). 우리나라의 경제위기상황에 대한 해외 언론 보도경향과 국가 이미지. 한국홍보학회편, 『홍보학연구』, 제2호. 258.

다는 식"으로 흔히 얘기한다. '첫인상이 오래 간다'는 얘기는 이미지가 가지는 의미를 단적으로 표현한다.

또 이미지는 사람에만 국한하지 않는다. 경찰이나 정보기관과 같은 특정 조직에 대해서도 이미지를 그리며 평가한다. 경찰과 같은 기관도 경찰의 대(對)국민이미지가 여러 가지 면에서 경찰의 위상에 영향을 미친다는 사실을 인식하고, 다양한 홍보 활동을 펴고 있는 것이 이를 입증한다. 그린필드(Greenfield)가 분석한 것처럼 "이미지가 모든 것(image-is-everything)"[36] 이라고까지 할 수 있는 이미지는 실체를 대신하고 있다. 특정인이나 특정 조직의 실체를 대부분의 사람들은 정확히 알 수 없다는 점에서 겉으로 표상되는 '그 어떤 상' 즉 이미지를 보고 평가하게 되는 것이다. 이미지는 '종합적인 인식체계'이기도 한 것이다.[37]

더욱이 정치 분야의 경우, 언론에 의해 형성되는 후보자의 이미지가 선거 결과가 매우 크게 영향을 미친다는 점이 입증됨에 따라[38] 정치인은 그 어떤 조직 못지 않게 호감 있는 이미지를 형성하기 위해 다각적인 이미지 창조 작업을 하게 된다. 이미지는 직접적 관찰을 통한 1차적 경험에다가 언론 매체와 같은 2차적 경험을 통해서 형성되기도 하며, 단순한 인지적 차원에서만 머무르는 것이 아니라, 그것에 대한 긍정적 혹은 부정적 가치판단이 개입되기 때문이다.[39]

여기에 언론의 프레임 구축과 이미지 형성과의 연결점이 생긴다. 언

36 강준만(1995). 『TV와 이미지 정치』. 서울 : 공간미디어. 101.

37 최영재(2004). 정치인의 이미지 형성에 관한 실험연구: 2차 의제설정 이론의 검증과 확장. 『언론과 사회』, 12권 4호. 120.

38 임미영 · 안창현 등(2010). 앞의 논문. 466.

39 염성원 · 오경수(2003). 한국의 국가이미지 홍보 활동 현황과 인식에 관한 연구. 한국홍보학회편, 『홍보학연구』, 제7-2호. 103.

론의 프레임이 특정 대상에 대한 이미지 형성과 연결되는 사례로 윈필드(Winfield)의 연구를 들 수 있다. 윈필드는 '미국의 힐러리 클린턴의 보도 프레임 변화에 대한 연구'를 통해, 백악관은 힐러리에 대해 초기에는 건강·복지·개혁 등의 정치적인 활동을 언론에 부각시키고, 여성성을 강조하는 이미지에 대한 언론 보도는 철저히 통제하였다는 것이다. 그러나 힐러리의 부정적 이미지가 언론에 부각될 때는 전통적인 여성 이미지 프레임을 이용했다. 그런 과정에서 언론은 힐러리에 대해 전통적인 퍼스트레이디의 이미지와, 전문적 정치인이라는 이미지 사이에서 혼란에 빠지게 되었다. 힐러리가 퍼스트레이디로서 부적절한 행동을 할 때마다 더욱 부정적인 이미지를 언론이 강조하였다는 것이다.[40]

결국 '단어가 곧 힘'이라고 할 수 있는 뉴스나 사설 같은 형태의 언론의 보도가 어떤 양태로 프레임 되느냐에 따라 사건의 성격이 달라질 수 있고, 특히 사건의 주체자에 대한 이미지가 달라진다. 제뉴스의 경우를 보면, 제3세계 국가로 분류되는 저개발 국가들에 대해 재난, 재해, 위기, 폭력, 테러 등 자극적이고 부정적인 프레임으로 보도하는 경향이 강하다. 이는 대중으로 하여금 제3세계에 대한 부정적 이미지를 형성하게 하고, 나아가서 부정적인 여론으로 발전한다는 것이다.[41] 부정적인 보도물은 인지의 왜곡이라는 문제와는 상관없이 기존에 형성되어 있는 부정적인 이미지를 언제나 강화해 주는 효과를 갖는다.[42]

그렇기 때문에 중국 같은 국가도 "중국의 이미지는 서방 미디어들이 일정한 프레임을 갖고 중국에 대해 수립한 것"이며, 여기에는 '고정관념'

40 임미영·안창현 등(2010), 앞의 논문. 467.

41 유세경(1998). 앞의 책. 257.

42 미하엘 쿤치크 지음. 윤종석·권혁준 옮김(2008). 『국가 이미지전쟁』. 서울 : 커뮤니케이션북스. 140.

으로 가득하다고 지적하면서, 이미 서양 언론이 설정해 놓은 이 같은 프레임을 극복하려면 "반드시 국제 여론의 의제 설정 속으로 들어가야 한다"고 주장한다.[43]

또 MI5 또는 MI6와 같은 영국 정보기관들은 내부적으로 많은 취약점을 갖고 있음에도 '제임스 본드'라는 만능 정보맨의 이미지를 창출하여 이를 적극 활용하고 있으며, CIA도 할리우드 영화사들과 내밀히 협조하여 영화라는 수단을 통해 CIA에 대한 긍정적인 이미지를 창출해 왔다. 9·11 테러 이후에는 '치욕에 갇힌 인질'로까지 불리자 테러와의 전쟁이 본격화한 점을 이용해서 '제임스 본드 같은 살인 면허자(a James-Bond-like license to kill)'란 새로운 이미지를 창출해 내기도 했다.[44]

43 허재철(2013). 『미디어 보도와 지역안보』. 서울 : 경인문화사. 58.

44 Richard J. Aldrich(2008). op. cit. 109.

제2장 테러리즘과 언론, 그리고 정보기관

제1절

테러리즘과 미디어

테러리즘은 지구적인 현상으로, 대부분의 정보기관들도 정보 목표의 최우선 순위로 설정하고 테러의 징후에 관한 정보를 수집, 즉 조기경보를 위해 다각적인 노력을 펼치고 있다. 많은 국가들이 직접적으로 테러 공격의 위험에 처해 있거나, 테러에 따른 깊은 충격으로부터 고통받고 있기 때문이다.

그런데 우리가 전 지구적인 대중 미디어 문화 속에서 살아감으로 인해, 테러리즘은 국제정치를 규정하는 요소 중의 하나로 자리매김했다. 테러리즘이 무엇이냐에 대한 정교하고도 합의된 개념 정의는 아직 없으나, 대체로 "비국가행위자가 민간인들을 대상으로 어떤 정치적 목적을 달성하기 위해 사용하는 폭력"이라는 점에 의견이 일치한다. 그러면서도 비국가행위자와 국가 행위자(state actors) 둘 다 정치적 마일리지(mileage)를 달성하기 위해 테러리즘을 도구로써 사용한다는 점에서도 공통적인 이해를 보이고 있다.

테러리즘은 정치적인 목적을 성취하는 과정에서 이를 가속화시키는 폭력의 한 형태이다. 폭력은 인명이나 재산을 손괴시킬 목적으로 물리적인 자원을 행사하는 것인 반면, 미디어는 이런 폭력을 보다 많은 수용자에게 보도의 형태로 전달한다. 잔인한 범죄를 저지르는 범죄자들은 테러리스트처럼 자신들의 행위에 대해 선전할 필요성은 느끼지 못한다. 반면 테러리스트들은 자신들의 행위 — 즉 정치적 목적, 자신들의 애로상 등 — 에 대해 미디어의 주목을 받고자 시도한다. 그래서 나코스(Nacos) 같은 학자는 테러리스트들의 행동은 단순한 폭력이 아니라, '가급적 집중적 뉴스 보도를 탈 수 있도록' 기획하고 실행하는 것이라고 주장한다.

뉴스 미디어를 이용하는 것은 현대의 테러리스트들에게는 불가피한 무기 중의 하나이다. 자신들의 행위를 보도하게 함으로써 사람들에게 충격을 주고 동시에 메시지를 널리 알리는 이중 삼중 효과를 노리는 것이다. 심지어 자신들의 존재를 전 세계에 알려 새로운 멤버나 동조자를 구하는 것도 가능해졌다. IS(이슬람 국가)의 선전 행태가 이를 잘 보여준다.

미디어를 의식한 테러 전략은 전혀 새로운 것은 아니다. 1968년 팔레스타인 인민해방전선(PFLP)에 의한 하이재킹 사건, 1972년 검은 9월단(BSO)에 의한 독일 뮌헨 올림픽 선수단 숙소 습격 사건[45]을 비롯해 많은 테러 조직들은 미디어를 의식해 활동해 오고 있다. 한마디로 미디어라는 무기를 이용해 사람들의 마음까지도 공격하고 있는 것이다.

미디어(과잉 보도, 편파 보도, 테러리스트에게 호의적인 보도) → 정보조작과 선전효과 → 수용자(공포, 흥미, 호기심, 오락으로 간주) → 정부(국민감정을 고려,

45 이 사건에 직접적인 피해를 입은 이스라엘은 대외 정보기관인 모사드를 앞세워 보복에 나서게 된다. 그런데 주모자를 잘못 특정하여 엉뚱한 인물을 살해하는 실책을 빚게 된다. 주모자가 알리 하산 살라메(Ali Hassan Salameh)였는데 리레함메르에 소재한 식당의 모로코인 웨이터 Ahmed Bouchiki를 핵심 인물로 오인하여 살해하게 된다.

정책 결정을 행하거나 변경)[46]

미국 국토안보부 자료 등에 따르면, 1970년부터 2008년까지 2100여 개의 테러 집단과 8만 7000여 명의 테러리스트들이 전 세계를 상대로 테러를 저질렀는데, 마가렛 대처(Margaret Thatcher) 전 영국 수상의 표현을 빌리면 "미디어가 이들에게 홍보할 수 있는 산소(the oxygen of publicity)를 제공했다"고 평가할 수 있다.

특히 TV, 인터넷 및 IT 정보기술 발달에 기인한 즉각적인 전파성 덕분에 리얼타임으로 혹은 종일 내내 어디든지 테러리즘을 목도하고 있다. 테러리즘은 하나의 아이콘이자 물신화(fetishised)되면서도 대단히 광학식 캐릭터이다. 그러기에 시청자의 주목도는 그들의 행위에 대한 일정 정도의 오디오와도 비례한다.

> 전자 및 디지털 매체의 영향력은 테러리즘을 더욱 스펙타클한 것으로 보이게 하는데, 이는 미디어의 보도에서만은 아니고 테러 그 자체가 '일종의 커뮤니케이션 행위'이자 '상징적으로 조직화된 이벤트'이기 때문이다.[47]

테러리스트들에게 있어 선전을 목적으로 한 미디어 이용의 중요성은 테러 대상을 선정할 때나, TV에 지속적으로 보도될 가능성, 메이저 언론과의 인터뷰 가능성, 자신들이 하고 싶은 메시지를 광범위하게 유포

46 大泉光一 저, 강영숙·이민용 역(2002). 『테러의 이해』(서울: 백산출판사). 86쪽 도표를 필자가 재구성.

47 Muhammad Zubair Iqbal (2015). The Media-terrorism symbiosis : a case study of Mumbai attacks, 2008. *Asian Journal of Communication*. 198

할 수 있는지 여부 등에서 분명히 드러난다.

이런 계략 때문에 미디어 보도가 필요 이상으로 확대되는 것이다. 현대 테러리스트의 무기와 그들만의 특수 언어(jargon)가 큰 변화를 하고 있다. 더욱이 정보기술의 발달이 전쟁의 성격까지 변화시키고 있는 것은 우리가 잘 인식하고 있는 현상이며, TV의 선정적이고도 지속적인 보도는 — 하이재킹, 인질 사건 등에 대한 — 더 많은 시청자를 끌어들이는 자극제가 되고 있다. 테러리스트들은 자신들의 목적 달성을 위해 미디어를 이용하고 조작하는 데 보다 심혈을 기울이고 있는 것이다.

제2절

미디어와 테러리즘과의 관계는 상호공생관계인가?

상호공생관계는 사회학에서도 사용되는 생물학적 용어이다. 생물학에서는 상호공생관계란 같이 가까이 살며, 서로 의존하며 서로에게 특별한 이익을 주는 관계를 의미한다. 좋은 예는 꽃과 벌과의 관계이다.

사회학적으로는 인간과 기업 등이 서로에게 이익이 되는 관계를 의미한다. 상호공생이론에 따르면, 미디어와 테러리스트들은 자신들의 목적에 나아가기 위해 서로를 이용하는 것으로 본다. 테러리스트들은 미디어를 이용해서 홍보를 하고, 반대로 미디어는 보다 많은 시청자들을 끌어들이기 위해 극적인 사건을 필요로 하는 것이다. 이를 위해 테러리스트들은 하이재킹, 폭탄 테러, 파괴와 살상 등과 같은 극적인 방법을 통해 세상의 무대에 올려놓음으로써 미디어에게 도움의 손길을 확장(extend their helping hand)하는 것이다. '미디어는 테러리스트의 가장 친한 친구이다.' 사실 테러 자체는 별것 아닐 수도 있는데, 홍보가 되면 이 세상의 전부의 일이 된다. 브라이언 젠킨스(Brian Jenkins)는 '테러리즘은 자유의 산물인

데 그것도 언론자유의 산물'이라고 단순하게 정리하기도 했다.[48]

언론의 자유는 어떤 경우에 테러의 원인을 부추키기도 하지만, 그것만으로 언론의 자유 때문이라고 책임을 지우는 것은 정당하지 못하다. 프랑스 사회학자 미셸 비비오르카(Michel Wievorka)는 이 문제를 테러리스트의 관점에서 고찰한 학자이다. 테러리스트가 미디어와 관계를 맺는 것은 4가지 차원(dimension)이 있다고 주장한다. '미디어에 대한 순수한 무관심' '상대적인 무관심' '미디어 지향적인 전략' '미디어와 결속' 등이다. 테러리스트들은 미디어의 호의적인 보도를 이끌어내기 위해 언론인들에 대한 물리적·정신적 위협이나 살해 등과 같은 다양한 강력 수단을 사용한다. 2015년 1월에 발생한 프랑스 극우 잡지사 「샤를리 엡도」 사건이 대표적이다.

한편 9·11 테러 이후 미디어의 역할은 새롭게 주목을 받아 '테러리즘과 미디어 보도와의 관계'는 새로운 시대의 문턱에 들어섰다고 할 수 있다. 테러를 자행하는 요소 중의 하나가 테러 원인을 알리고 프로파간다를 목적으로 하는 것이라면, 미디어는 명백히 과잉 반응했다고 할 수 있다. 그래서 커뮤니케이션의 한 형태로서 테러리즘은 현대 테러리즘과 갈등 커뮤니케이션에 관한 담론의 중요한 일부분을 차지한다.

48 Muhammad Zubair Iqbal, Ibid., 200

제3절

IS의 선전 전략과 미디어[49]

2014년 6월 29일 건국을 선언한 소위 '이슬람국가(Islamic State of Iraq and the Levant, 이하 IS)'는 2015년부터 극단주의 이슬람 이념에 기반한 무장 테러 집단이 국가로 이행할 가능성이 있는지 여부와 관련, 국제사회의 이목을 집중시켜 왔다. 기존 이슬람 극단주의 테러 집단인 알카에다와 달리 IS는 구체적인 지역(시리아, 이라크 북부)에 명시적인 통치기구를 구축하고, 현지 주민들을 국민으로 복속시켰음을 선언함으로써 주권과 영토, 그리고 국민이라는 국가의 3요소를 획득했다고 주장하고 있다.

그런데 특정 지역에 국한된 테러 집단이 국가와 유사한 통치체제를 수립하고 수많은 '외로운 늑대(lone wolves)'[50]를 유인할 수 있었던 바탕에

49 IS의 선전 전략과 내용은 인남식이 2016년 5월 20일 국립외교원 주최 세미나에서 발표한 「ISIL 선전전의 내용과 함의」 자료를 일정 부분 인용하여 재정리한 것이다.

50 '외로운 늑대'라는 단어는 무리에서 따로 떨어져 홀로 행동하는 늑대를 가리키는 전문용어이다. 주로 젊은 수컷과 권력을 다투다 무리에서 방출된 늑대, 새로운 거주지를 찾아서 이동할 때 무리에서 걸림돌이 될 가능성이 있는 늙고 병든 늑대를 지칭했다. 이후 외로운 늑대(lone wolf)는 뉴베리상(미국 아동문학에 크게 공헌한 작가에게 주는 상) 수상 작가인 캐스린 래스키가 쓴 『늑대를 넘어서』(2010년)라는 동화책에 등장하면서 대중적으로 널리 알려졌다. 외로운 늑대를 자생적 테러리스트라는 의미로 처음 사용한 사람은 미국 극우 인종주의자인 엘릭스 커티스였다. 그는 1990년대 "백인우월자들이 집단에 의존하지 않고 독자적으로 활동해야 한다"며 이 용어를 사용했다. 그런데 2009년 미국 텍사스 군부

는 IS의 독자적이고 뛰어난 선전전이 자리 잡고 있다.[51] 인터넷망을 이용하여 '초국경·실시간'으로 IS의 이념과 목표, 정황 그리고 기타 조작된 이미지를 광범위하게 유포하고 있다. 이 선전 선동 조직에 인터넷과 디자인, 그리고 심리전에 익숙하고 능통한 전문가들이 포진하여 빠른 속도로 선진적인 콘텐츠를 생산·확산시키고 있는 것으로 알려지고 있다.

1. 선전 이념 및 목표

극단주의 이념을 전파하여 칼리프 국가의 21세기 재현을 시도하는 IS 선전전의 목표는 ▲역사 의미 부여 및 선명성 과시를 통한 충원 경로 구축 ▲잔인한 수법을 보여주어 공포 심리 전파 ▲경쟁 심리 확산 등을 설정하고 있다. 특히 인질 참수, 사살, 분신 및 강제 익사 등과 같은 잔인한 장면을 지속적으로 공개함으로써 점령 지역 주민 및 국제사회에 공포감을 확산시키고, 동시에 자신들의 존재감을 드러내려는 것이다. IS의 선전전의 핵심은 과거 회귀 특히 '영화로운 칼리프 시대'를 재현하려는 것이다.

또 다른 담론은 식민주의 시절 배태한 모순과 왜곡을 타파하여 궁극적으로 중동 지역에 만연한 서구 중심의 유산을 척결하고자 함이다. 불안정과 갈등이 만연한 중동 정치 질서의 원인을 1916년 '사이크스-피코

대 총기 난사 사건, 2011년 노르웨이 정부청사 폭탄 테러, 2013년 보스턴 마라톤대회 테러 사건 등 지난 4~5년간 개인이 주체가 된 테러 행위가 늘어나면서 외로운 늑대가 아예 이슬람교를 추종하는 자생적 테러리스트를 일컫게 되었다.

51 IS의 선전에 빠져 '해외 테러 전사'로 가담하면 월 500~800달러 수준의 급여가 지급되고 있다.

체제'에 의한 서구 열강의 강제적 국가 수립 및 국경 분할로 설정하고, 이를 해체하여 이슬람의 이름으로 전 중동·아랍 및 이슬람권을 통합하는 것이 정치적 목표라고 선전하고 있다.

2. 선전물 생산 거점 및 전파 수단

1) 생산 거점

선전물 생산 그룹은 IS의 점령 지역 내(시리아, 이라크, 리비아 및 아랍 일부 지역)를 대상으로 하는 그룹과 역외 불특정 다수에게 전파하는 그룹으로 대별되고 있다. 초기에는 '알-후르킨 재단'에서 주로 CD, 비디오 테이프 및 인쇄물 등 전통적 방식의 선전물을 제작 배포했다. 2013년부터는 역내·외로 역할을 분담하는 미디어 센터로 분기했다.

역내는 '알-아즈나드 미디어'를 중심으로 구체적인 통치 사안의 안내 홍보를 담당하고 있으며, '알-바이얀 라디오'를 통해 아랍어, 러시아어 및 영어 등 3개 언어로 주변 지역에 송출하고 있다.

역외의 경우 2014년 여름에 결성된 '알-하야트 미디어'를 중심으로 역외 홍보 전반에 대한 콘텐츠를 생산·확산시키고 있다. '알-하야트 미디어'는 이슬람 법치주의가 완벽하게 작동하도록 믿게 만드는 라카(Raqqa)의 가공된 정황을 'The Islamic State Report'라는 이름으로 정기적으로 생산 전파하고 있다. 이외에도 터키어 잡지인 「콘스탄티니야(Konstantiniiyye, 이스탄불이라는 뜻)」 및 불어 잡지 「다르 알-이슬람」을 발행하여 터키와 유럽권을 공략하고 있다. 중동 지역 중 테러 무풍지대에 가까웠던 터키 이스탄불에 2016년에 여러 건의 테러가 발생한 것이 이와 무관하지 않다. 여기에는 터키가 국경에 대한 경비를 느슨하게 함으로 인해 IS 가담 세력들이 쉽게 터키 국경을 통과시켜 주고 있는 점도 IS에게는 유리하게 작용하고 있는 환경적 요소가 되고 있다.

2) 시그니처 간행물 : 다비끄

IS의 대표적인 간행물인 「다비끄(Dabiq)」는 원래 시리아 북부 지방의 지명에서 유래했다. 종말과 최후의 심판을 상징하는 '이슬람판 아마겟돈'을 의미한다. 평균 70~80쪽 내외의 컬러 잡지로 내용은 도발적이나, 편집과 문체는 정제된 형식을 취하고 있으며, 매호 커버스토리와 관련된 분석은 IS의 정치적 어젠다를 선명하게 전달하는 기제로 사용하고 있다.

그러면서 IS의 이념과 강령 그리고 전략을 담아내는 조직 내 이념적 교본 역할을 동시에 수행하고 있다. IS는 「다비끄」를 통해 구체적인 이념 정향, 투쟁 전략을 대내외에 알림으로써 지명도를 높이고 있다. 각 호를 웹 사이트를 통해 어디서든 다운로드 받을 수 있도록 무차별 살포하고 있다.

3) 사회관계망 활용

IS의 선전팀은 30대 초반의 디자이너, 프로그래머, 미디어 전문가 및 심리 전문가 등이 포진하고 있는 것으로 보인다. 이들은 젊은 감각의 세련된 디자인, 유려한 문체, 가독성 높은 편집 기법을 활용하여 IS의 극단주의적 이념을 효과적으로 전파하고 있다. 미국보다 더 정교하게 SNS망을 이용하여 선전 효과를 극대화하고 있으며, 주로 트위터[52]를 매개로

52 전 CIA 국장 마이클 헤이든(Michael Hayden)은 2016년 5월 영국 가디언지와의 인터뷰에서 "트위터

숫자로 보는 IS(2015. 7 현재)

4만 개	전 세계에서 IS를 추종하고 있는 트위터 계정
3만 1500명	이라크와 시리아에 주둔하고 있는 IS 전투원
8000명	전투 도중 사망한 IS 대원
3027명	IS가 시리아에서 살해한 인원수
143명	스파이 행위 등을 이유로 처형한 대원의 수
5세	IS의 최연소 전투대원

다양한 네트워크 서비스와 연동시켜 선전물을 살포하고 있다. 해시태그(Hashtag) 캠페인을 통해 유사어 검색 기능을 극대화하고 IS의 활동과 관련된 검색어들을 연계시켜 다양한 경로로 선전물에 접근이 가능하도록 운영하고 있다. 트위터 본사에서 의심 계정을 추적, 즉각 차단하면 지속적으로 신규 트위터 계정을 개설하여 우회하는 수법도 구사하고 있다.

IS는 뛰어난 선전술을 기본 바탕으로 포섭·전리품 분배와 같은 다른 방법도 병행하여 3만여 명의 외국 전사를 끌어들이는 성과를 거두었다.

의 위력이 막강해 프라이버시에 대한 침해 즉 감시의 위협은 정부나 정보기관이 아니라, SNS"라고 강조한 바 있다.

3. 서방 정보기관의 발 묶임과 IS의 정보부 '암니'의 활약

이 같은 허점에는 서방 정보기관들이 발이 묶인 것도 한몫하고 있다. 2013년 미국 NSA의 협력 업체 직원이었던 에드워드 스노든이 NSA의 데이터 감시 실태를 폭로한 이후 각국에서 정보기관의 테러리스트 등에 대한 감시 활동을 개인의 프라이버시 보호 차원에서 감독을 강화하고, 테러리스트 감시 강화 법안도 통과를 미루거나 제정을 기피하는 등 정보기관의 테러 관련 정보의 탐지 기능이 약화되고 있는 것도 IS가 창궐하는 원인으로 작용하고 있다.[53]

아울러 IS의 정보부인 '암니'의 위협과 공포정치도 IS의 선전 정치를 뒷받침함과 동시에 세력 확장에도 기여하고 있다. '암니'는 실제 존재하거나 잠재적인 내부 적들로부터 IS를 보호하는 임무를 맡고 있다. 그들은 전투부대원들이 적지에 침투하기 전에 먼저 해당 지역과 마을에 정보원을 침투시키는 임무를 맡는다. 예를 들어 2013년 3월 '암니'의 행동 요원들은 터키에 소재한 알레포, 라카, 그리고 다이르앗자우르와 하사카에 침투한다. 30여 명의 행동 대원들은 IS가 점령한 모든 마을에 접선 인물을 포섭하고 비밀 정보원들과의 연락망을 조직했다. 그리고 '암니'도 서방 정보기관과 마찬가지로 필요하면 서방 기자의 보조원이라고 가장(cover)하여 정보를 얻기 위해 주민들에게 접근한다. 항상 구미를 당기는

53 IS는 다음과 같은 방식으로 조직원을 모집하고 있다. 첫째, SNS를 통해 자신들의 이념을 전파하면서 젊은 층을 유혹한다. '미국의 무차별 폭격으로 무슬림 가족의 자녀들이 살해됐다' '우즈베키스탄에서 CIA의 고문을 당해 숨졌다는 이슬람교도 사진 등'을 게시한다. 둘째, SNS에서 자신들의 게시물에 적극 동조하는 이들을 파악한 뒤, 이 가운데서 조직원을 선발한다. IS 모집책은 트위터에서 선별한 IS 추종자에게 "얘기를 나눌 수 있느냐?"는 메시지를 보내 접근을 시도한다. 셋째, 지원자에게 상당한 복지를 제공한다. 일정한 급여는 물론 주택 무상 제공, 자녀 양육비, 유족 보상금 등 각종 복지 혜택까지 지원한다. 이에 필요한 비용은 석유를 팔아 연간 3억 달러(약 3100여억 원)의 수익에서 충당한다.

미끼를 이용해 주민들을 유혹한다.

심지어 '암니' 요원들은 CIA 요원을 사칭하기도 한다. 터키 쿠르드 지역의 디야르바키르(Diyarbakir)에서는 가짜 CIA 요원이 이라크의 군사 수송을 돕기 위한 관리인을 모집하기도 했었다.

가짜 CIA 요원은 공고를 보고 온 사람에게 5만 달러를 주면서 만약 그가 IS에 대해 불리하게 사용될 수 있는 정보를 제공하면 매달 똑같은 금액을 주겠다고 약속한다. 이 작전은 2014년 9월 중순까지 계속되어 일정 부분 성과를 거두기도 했다.[54] '암니'는 끊임없이 거짓 정보를 뿌리며 공격적인 활동을 하고 있다. '가짜 정보작전'은 지금도 계속되고 있다.

정보전을 담당하는 사령관이 아부 오마르 알무라킨(Abu Omar al-Murakin)인데, 한때 미군에 의해 오랫동안 티크리트 지역에 억류된 적도 있었다. 알무라킨은 2012년 시리아 IS에 합류한 뒤 라카 지역을 담당하는 '암니'의 우두머리인 알알와스를 지지하면서 자브하트 알누스라 창설에 관여했다. 알무라킨은 알레포 폭격으로 인해 다리를 잃은 뒤 정보부의 수장을 맡게 된다. 본부는 라카에 있는데 '아티쌈(Attissam)'이라고 부르는 중앙통제소를 두고 있다. 아부 하피즈(Abu Hafz)라는 가명을 사용하는 자가 컨트롤하고 있는데 실질적으로 누가 통제하는지 모른다. 이곳은 정보 수집과 해킹 외에도 프로파간다 작전을 전개하고 있다.[55]

54 사뮈엘 로랑 지음. 은정 펠스너 옮김(2014). 『IS 리포트』. 서울 : 한울아카데미. 108~109쪽

55 앞의 책. 117쪽

제4절

미국의 대응
: IS와의 심리전 패배 자인

미국 국무성과 정보기관은 2015년 12월 IS와의 심리전 싸움에서 패배를 자인하고 새로운 방책을 강구하고 있다. 마케팅 전문가, 데이터 전문 학자, 트위터 및 여타 IT 기업과 구글 등 6명으로 평가단(sprint team, 한 시적으로 활동하는 팀)을 구성했다. 이들은 3주간에 걸친 평가에서 미국 정부가 테러 집단에 대한 심리전에서 '신뢰성 있는 목소리'로서 역할을 하고 있는지 의구심을 나타냈다. 이는 테러 집단의 온라인 선전 활동을 약화시키려는 오바마 행정부의 노력이 혼선이 빚고 있음을 보여주었다.

국무성 내에는 정보전을 담당하는 부서가 있다. 그 부서에 지난 몇 년간 트위터, 페이스북, 그리고 여타 미디어 플랫폼을 이용해서 IS에 가담하려는 사람들이 의구심을 품도록 노력해 왔다. 그러나 몇 가지 점에서 문제점이 드러났다. 첫째로 해외 무슬림들의 미국에 대한 신뢰의 우려가 크고, 둘째로 국무성 심리전 프로그램이 IS 가담자를 줄였다는 증거가 희박하며, 셋째로 국무성의 '전략적 테러 커뮤니케이션 센터'의 책임자인 라샤드 후세인 (Rashad Hussain)이 전략과 심리전 담당관을 빈번하게 교체하여 상당한 혼란을 일으키게 된다. 후세인은 백악관과 돈독한 무슬림이다. 이로 인해 미국에서 보내는 메시지는 질서가 없고, 담당관들은 사기가 떨어지고 하고자 하는 일도 지휘부가 명확한 지침을 내려주지 않아 혼돈 상태에 빠지게 된다. IS를 상대로 더 직접적으로, 팩트에 기반한 메시지를 만들어야 함에도 그렇게 하지 못한 것이다. IS가 자신들의 실수에서 교훈을 얻고 디지털 전장에 맞게 기민하게 바꾸고 있는 것과 사뭇 대조적이다. 이에 따라 국무성은 심리전팀 규모를 줄이고 공격 방향도 IS를 변절하도록 하는 방향으로 좁히는 한편, 영어 메시지도 언론 매체를 타깃으로 하고, 트위터 등은 IS 동조자들이 의혹을 가지지 않도록 하는 데 초점을 두는 등 실추된 심리전 능력 회복에 노력하고 있다.

제5절

프랑스 언론사 테러와 정보 실패

2015년 1월 7일 오전 11시 30분(파리 현지 시각), 검은 복면을 하고 중무장한 알제리계 쿠아쉬(Kouachi) 형제는 파리 11구역에 위치한 풍자 시사만화 주간지 「샤를리 엡도」의 편집실에 난입해 10명의 편집진과 2명의 경찰관에 총기를 난사해 잔혹하게 살해하고, 다른 4명에게 중상을 입혔다. 이날 처형된 「샤를리 엡도」의 편집주간 및 만화가들은 프랑스 대중들로부터 사랑을 받은 프랑스의 만화계를 대표하는 중진 인사들이었다(정확한 희생자 명단은 다음과 같다. 샤르브, 카뷔, 오노레, 티그누스, 볼린스키 등 풍자 만화가 5명과 그 이외에 편집자문을 맡은 경제학자 마루와, 정신분석학자 카야와 르노, 교정위원 무스타파, 우라 등이 희생되었고, 주간지의 경호를 맡고 있던 경찰관 2명, 부린솔라로와 메르다베 등도 시신으로 발견되었다).

1·7 테러 사건은 특히 언론인들을 대상으로 했다는 점에서 여타 테러 사건과 차별성을 갖는다.

첫째, 미국 자본주의와 군사력의 심장부였던 세계무역센터 건물과 국방부 건물에 테러를 가한 2001년 9·11 테러와 달리, 대중매체 즉 미디어 거점을 테러 공격 목표물로 삼았다는 데 있다. 이번 살인 테러는 대중에게 노출된 대중매체를 표본 목표물로 설정했다는 특징을 띄고 있다. 테러리스트들이 의식했던 의식하지 않았던 대중매체의 언론인들을 살해함으로써 나타날 실제적 파워의 공적 의미를 이들은 간파하고 있었다고 볼 수 있다. 다시 말해 특정 정치인들을 살해한 것이 아니라 대중의 마음을 움직이고 여론을 형성하는 언론의 중심부를 공격했다는 점을 정확히 인식할 필요가 있다. 다시 말해 테러의 목표물을 기존의 경제·군사·정치의 영역에서 언론매체라는 다른 범주의 제도적 기관으로 옮긴 것이다.

둘째, 1·7 테러는 시사만평 주간지의 만화가들을 개인별로 지목하여 살해했다는 점이다. 그 패턴은 1989년 이란의 정치 지도자였던 아야툴라 호메이니(Ayatollah Khomeini)가 이슬람의 신성모독을 범한 혐의로 지목된 작가 살만 루시디(Salman Rushdie)에 대해 시도한 암살 시도의 패턴을 따르고 있다. 9·11 테러의 잔혹함이 정치적 폭력을 탈개인화 한 것이라면 1·7 테러의 잔혹성은 개인화와 사인화를 상징한다. 대중매체가 지배하는 정보사회에서 정보를 구성하고 유동시키는 데 고용된 사람들을 테러의 무대 장면의 중심부에 갖다 놓았다는 점에서 특이하다.

셋째, 극단주의 추종 세력 테러에는 공통점이 있다. IS 지도부와의 연결 고리를 찾기 힘들다는 점과 주류 사회에서 배척받아 온 자 즉 소외받은 자들이 주도자들이란 점이다.

넷째, 프랑스 정보기관(해외는 DGSE, 국내는 DST)의 정보 실패를 지적하지 않을 수 없다. 사건 발생 후 마누엘 발라스(Manuel Valls) 프랑스 총리가 TV에 출연하여 "이번 사건은 명백한 정보 실패라고 규정하며, 프랑스 정보기관과 경찰은 사이드(Said)가 예멘으로부터 돌아온 이후에 쿠아쉬(Kouach) 형제들에 대해 감시 활동을 했으나, 더 위협이 될 수 있는 부분에 집중한다는 이유로 감시 활동을 줄이거나 아예 중단했음"을 자인

했다. 테러범 연락소 역할을 하는 예멘을 미국은 중점 감시하고 있는 데 반해, 프랑스는 중점 감시 대상으로 선정하지 않았다. 테러범 쿠아쉬 형제에 대한 정보도 프랑스 정보기관이 수집한 것이 아닌 미국 CIA가 제공한 것으로 알려져 있다. 프랑스 정보기관의 구조적인 문제점도 정보 실패의 한 요인이다. 3300여 명의 정보 요원 중에서 경찰 인력을 합친 500~600명 정도가 잠재적인 국가 안보 위협 인물 2만여 명을 체크하는 등 업무가 과중된 측면이 있고, 담당관들의 태만(omission)도 한 몫하고 있다. 주변국 정보기관들로부터 테러 의심자들을 눈여겨 보라는 정보 통보를 받고서도 별다른 대응 조치를 취하지 않은 경우도 빈번했다. 그리고 파리 테러는 유럽 안보 딜레마의 핵심적인 부분을 노출시켰다.

첫째, 유럽의 정보기관들은 외부의 위협에 대항하기 위해 디자인되어 있어, 그들 자체 내의 급진적인 시민들의 공격 행위에 대해 대처할 수 있는 준비가 제대로 되어 있지 못하다. 패러다임은 변해가고 있는데도 테러 대처 방식은 구태의연함을 노출시켰다.

둘째, 국경은 자유롭게 드나들도록 하면서 정보기관끼리 정보 공유도 원활하지 못하다. 28개의 EU 가입 국가들과 정보 공유를 하는 것이 아니라 호의적인 국가와 쌍방끼리만 정보를 공유하려고 한다. 테러리즘, 이주민 문제, 부채 문제 등으로 인해 EU 국가들의 관계가 더 멀어진 것도 원인 중의 하나다.[56] 이 때문에 유럽의 테러 전문가들은 현재와 같은

56 영국의 국내보안기관인 MI5는 「샤를리 엡도」에 대한 테러의 여파가 영국에 까지 미칠 위협성이 크다는 점을 염려하고 테러 단체 등에 대한 감청 강화와 더불어 정보기관이 감청을 보다 쉽게 할 수 있는 정보기관 권한 강화법을 통과시키려 노력하고 있다. MI5 앤드류 파커(Andrew Parker) 국장은 "알카에다 같은 극단주의 세력들에 의한 영국에 대한 테러 가능성이 증대되고 있으나, 이를 막아야 할 정보기관들의 능력은 크게 떨어지고 있다"고 우려하면서, "프라이버시도 보호받아야 할 중요한 가치이지만, 프라이버시가 너무 절대적인 성역이 되어 테러리스트들이 탐지당하지 않고 활개를 치는 단계로 나아가선 안 된다"며 테러 의심자에 대한 감시 활동을 강화하도록 법적 정비를 필요성을 주장한다.

유럽의 안보시스템하에서는 극단주의자들의 테러 위협에 대처할 명확한 수단이 없는데다, 유럽의 지도자들 마저 9·11 테러를 당한 미국의 교훈을 무시하고 과감한 조치를 취하지 않고 있는 점도 큰 문제라고 지적한다. 한마디로 '유럽의 정보기관들은 테러에 관한한 장님(blind)'에 가깝다.

그러나 가디언지 등은 "웹 로그기록 보관 문제와 정보기관들이 너무 쉽게 개인정보를 털 수 있다"는 이유로 반대하고 있다.

제3장

해외 정보기관들의 언론과의 관계 및 시사점

제1절

미국 CIA와 언론과의 '복잡한 관계'

1. 정보 수집 시 언론인 활용을 둘러싼 논란

미국의 언론과 정보기관들은 1970년대까지만 해도 '공생과 협력의 관계'를 유지하는 사례가 많았다. 1940~50년대의 경우 미국의 언론들은 냉전인 점을 고려하여 '국가이익' 수호라는 측면에서 정보기관의 요청 사항을 가급적 수용하고 협력하는 모습을 보였다.[57] 예를 들어 「글로마르 익스플로러(Glomar Explorer)」 지(紙) 같은 경우, 하와이 부근에 침몰한 소련 잠수함의 인양 작업을 확인하고서도 비밀을 지켰다. 특히 냉전 기간 동안 프리랜서로 활동하던 미국의 언론인들은 정보기관을 위해 다양하게 활동하는 모습을 보였다. 미국에서 언론인의 활용할 필요성을 제일 먼저 제기한 사람은 아이젠하워 시절 CIA 국장을 역임한 알렌 덜레서(Allen Dulles)이다.

1953년 CIA 국장으로 취임한 덜레스는 첫 번째 조치 중의 하나로 언

57 문정인(2002). 『국가정보론』. 서울 : 박영사. 319.

표 2 CIA – Media Intelligence Activites

유형	구체적 행위
수집한 첩보의 교환	• 지득한 내용 교환 및 사실 여부 확인해 줌 • 득문한 내용을 정보 요원에게 디브리핑 • 주요 자료에 접근
지원	• 파티 주선 • 안전 가옥 제공 • 전언 등을 전달하는 메신저 역할
심리전	• 특정 내용을 기사화 • 특정 대상을 부정적으로 묘사한 영상물 제작 및 보도

■ 출처 : Locke Johnson, 193

론과 밀접한 작업을 할 수 있는 가능성을 탐색하는 것이었다. 언론 매체는 두 가지 점에서 정보기관의 활동에 도움을 줄 수 있을 것으로 내다보았다. 정보 수집과 심리전 분야였다. 언론은 정보 요원들의 신분을 가장(cover)해 줄 수 있고, 각종 매체는 다양한 심리전에 활용할 수 있을 것으로 판단했다.[58] 이때부터 일부 언론인들과 정보기관 간의 협조 관계가 긴밀히 형성되어, 1952년부터 1976년까지 약 400여 명 이상의 언론인들이 정보기관과 직·간접적으로 유대 관계를 맺었다. 그러나 시간이 흐르면서 미국신문편집인협회(ANSE)를 중심으로 언론인들이 정보기관의 활동을 직·간접적으로 지원하는 것에 대한 회의적인 의견이 대두되기 시작했다.

58 Lock Johnson(1989). *America's Secret Power*. Oxford University Press. 183.

(1) CIA가 언론인 신분을 정보 요원 신분을 감추는 '가장(cover)' 수단으로 사용할 수 있는가?

(2) 정보 요원과 언론인들이 정보를 교환하는 것이 타당한가?

(3) 국가 안보에 긴요하다고 해서 언론과 정보기관이 민감한 뉴스거리를 은폐해도 되는 것인가?

(4) 언론이 정보기관의 심리전에 협조하는 것이 타당한가? 등이 주된 내용이다.[59]

이어 정보기관의 언론인 활용 시도는 언론인들의 신상에 위협 요인이 될 뿐 아니라,[60] '언론의 자유'라는 측면에서도 바람직하지 않다는 이유로 수시로 정보기관에 대해 언론을 활용하려는 시도를 자제 내지는 중단할 것을 촉구하게 된다. 이러한 반발과 문제 제기가 잇따르자 조지 부시(George Bush) 당시 CIA 국장은 1976년 2월 이른바 '부시 디렉티브(Bush Directive)'라는 것을 발표하게 된다.

"CIA는 풀타임 기자든 파트타임 기자든 미국 통신사, 신문 계간지, 라디오 또는 방송사들의 보도기자들에게 금전을 지불하거나, 그 어떠한 계약관계도 맺지 않는다(CIA will not enter into any paid or contractual relationship with any full-time or part time news correspondent accredited by an

59 Ibid., 184.

60 2015년 1월 22일 이란 당국은 「워싱턴 포스트」 지의 이란 특파원인 제이슨 러자인(Jason Lezaian, 38세) 부부를 간첩 혐의로 체포했다. 혐의 내용은 "비밀공간인 대통령 집무실에 침투했다"는 것인데, CIA와 협조했는지 여부는 공식적으로 밝혀지지 않았다.(WP, 2015년 2월 14일) 또 2002년에는 월스트리트저널 기자인 다니엘 펄(당시 38세)이 "이스라엘 정보기관인 모사드를 위한 첩보활동을 했다"는 이유로 파키스탄의 과격무장단체인 '하르카트 울 무자헤딘'에게 잡혀 처형된 바 있다.

U.S news service, newspaper, periodical, radio or TV)."[61]

그러나 이런 약속에도 불구하고 '부시 디렉티브'는 3가지의 애매한 표현 때문에 또다시 언론계로부터 비판을 받기 시작한다.

첫째, 'accredited'란 단어가 모호하다는 것이다. 동 단어는 언론 매체나 언론기관에 정규적으로 고용한 언론인에 국한함을 의미함으로써, 스트링거(임시고용 언론인)나 프리랜서 등이 정보기관의 협조자(assets)로 이용될 가능성을 열어 놓았다는 것이다. 둘째는 미국인이 아닌 기자들의 이용 여지도 남겨 놓았다는 것이다. 셋째는 언론인의 범위를 '보도기자'로 국한시킴으로써, 비보도부서(카메라맨, 회계부서 근무자 등)에 근무하는 종사자의 이용 여지도 제공했다고 지적했다.[62]

그러면서 미국신문인협회는 미국인 기자든 외국인 기자든 CIA는 '불간섭 원칙(bands-off rule)'을 견지할 것을 요구했다. 이런 와중에 1977년 카터 행정부가 들어서면서 CIA 국장은 부시에서 스탠스필드 터너(Stansfield Turner)로 바뀌게 된다. 평소 CIA에 대해 부정적인 인식이 강했던 터너 국장은 언론계의 문제 제기를 받아들여 '부시 디렉티브'를 보다 정교하게 다듬은 '터너 디렉티브(Turner Directive)'를 발표하기에 이른다.

(1) CIA는 정보 요원의 가장(cover)을 위해 미국 언론기관의 시설이나 이름을 활용하지 않는다.

61 Ibid., 185.

62 Ibid., 186.

(2) 언론 매체의 경영진의 승인 없이는 non-journalist staff를 활용하지 않는다.

(3) CIA는 미국뿐 아니라 외국 언론 매체에 종사하는 언론인을 정보활동을 목적으로 관계를 맺지 않는다. 이 범주에는 정규직과 파트타임(Stringer) 종사자도 포함한다

(4) 단, 언론인들이 국익에 관한 정보를 자발적으로 제공하는 것은 무방하다.[63]

'터너 디렉티브' 발표를 계기로 언론계와 정보기관 간의 언론인 활용을 둘러싼 갈등은 진정 국면에 접어들었으나, 1996년 2월에 다시 한 번 논란이 대두된다. CIA가 공작할 때 언론인을 신분 가장(cover)에 활용한 것이 노출되었기 때문이다. 이에 "언론인을 신분 가장에 활용하려면 대통령의 승인을 받도록 했지만, 자발적인 협조는 무방하다고 함으로써 빠져나갈 구멍을 만들었다"는 비난을 받기도 했다.[64] 이에 국제언론인협회(IPI)는 1996년 3월 26일 존 도이치 당시 CIA 국장이 "자신은 언론인들로부터 정보를 입수하거나 정보 요원이 기자로 가장(假裝)하는 것을 허용할 권리를 보유한다"고 밝힌 것에 반발하여, "모든 정부에 대해 정보 요원이 언론인으로 가장(假裝)하는 것을 금지할 것"을 촉구하는 결의안을 채택한 바 있다.[65] 미국신문편집인협회도 2002년 3월 21일 조지 태닛 당시 CIA 국장에게 보낸 서한에서 "월스트리트저널(WSJ) 다니엘 펄 기자가 CIA 요

63 Ibid., 187.

64 Robert Dover and Michael S. Goodman(2008). Spinning Intelligence. Columbia University Press. 24.

65 연합뉴스. 1996년 3월 27일

표 3 CIA Directives on Media Relations

금지 사항	골비 (1973)	부시 (1976)	터너 (1977)
미 보도기관의 스태프(Staff)와의 관계	×	×	×
미국 특파원(정규 · 비정규 포함)과의 관계 맺을 때 보수 지급		×	×
언론인과의 관계 형성 대상에 스트링거(Stringer) 포함 여부			×
언론사 경영진 승인 없이 비보도부서 언론인과의 관계 형성			×
언론 매체를 신분 가장 목적으로 활용			×

원으로 오인받아 살해되었다면서, 앞으로 어떤 상황하에서도 CIA 요원들이 기자 신분을 이용해 정보활동을 하지 않겠다"는 내용을 공식 선언하도록 요구하기도 했다.[66] 그러면서도 국제 및 군사 분야를 담당하는 언론인들은 간헐적으로 버지니아주 랭글리에 위치한 CIA 본부를 방문한다. 거기서 CIA 간부와 대좌하면서 몇몇 사건에 대해 공개되지 않은 비밀성 내용을 중심으로 브리핑을 받은 뒤, 출처를 '정부의 한 관리' 또는 '행정부 소식통' 명의로 보도하는 방식으로 정보기관의 출처를 보호한다.[67]

66 탐파 트리뷴지는 1996년 4월 28일자 '언론인을 스파이로 고용해서는 안 된다' 제하의 기사에서 "정부는 정보를 수집할 수 있는 여러 수단을 갖고 있으나, 신뢰를 잃은 언론인은 설자리가 없고, 미국 시민은 외국에 대해 안정적이고 신뢰성 있는 정보를 받아볼 권리가 정보기관의 그것보다 중요하다"는 이유를 들어 정보기관의 언론인 이용을 반대했다.

67 김종찬(1993). 『CIA와 언론조작』. 서울 : 정암문화사. 152.

그러나 2001년에 발생한 9·11 테러는 다시 언론과 정보기관 간의 관계를 새롭게 형성하는 계기가 된다. 미국이 테러와의 전쟁을 벌이면서 정보기관은 과거보다 더 많은 비밀 공작을 벌이게 되고, 이 과정에서 언론 또는 언론인의 도움이 절실히 필요하게 된다. 국가 안보를 위태롭게 하는 사안에 대한 보도를 자제해야 한다는 목소리가 설득력을 더하게 된다. CIA가 '정보에서의 성공은 사람에 달려 있다'면서, 언론인을 포함한 우수한 민간인의 활용해야 한다는 점을 강조함에 따라, 언론과 정보기관은 복잡하고도 미묘한 관계(complex and interwined relationship)가 만들어지고 있다. 최근(2016년)에도 미디어 보도를 컨트롤하면서 「워싱턴 포스트」, 「뉴욕 타임스」, 「월스트리트저널」 등 주요 매체의 기자들과 연계를 맺고 있다는 사실이 정보자유법(FOIA)에 의한 정보공개에서 밝혀졌다.

한편 미연방수사국(FBI)은 2014년 11월 미국의 대표적인 뉴스 통신사인 AP 기자로 속여 폭탄 테러 위협범을 체포했다고 자랑했다가 AP의 강력한 항의를 받기도 했다. 코미 FBI 국장은 2014년 11월 「뉴욕 타임스」 기고문에서 지난 2007년 워싱턴주 고교에서 폭탄을 터트리겠다고 위협한 15세 소년을 체포하는 데 AP 기자로 신분을 위장한 요원이 큰 공을 세웠다고 자랑한 것이 발단이 되었다. FBI 요원은 AP 기자로 신분을 속이고 용의자에게 접근해 공정하게 쓴 기사가 있다며 인터넷을 보라고 권유했다. 가짜 기사에는 접속한 사람의 인터넷 주소를 빼내는 소프트웨어를 숨겼다. 용의자가 이 기사를 클릭하는 순간 접속한 컴퓨터의 위치와 인터넷 주소가 드러났고, 용의자의 신원도 밝혀냈다. 이에 AP 통신사의 프루이트 사장은 코미 FBI 국장의 주장이 언론사의 입장에서는 불쾌하다면서, AP의 객관성·진실성·정확성 그리고 체면에 손상을 입혔다고 비판했다.

2. 대외 심리전 활동에 언론 매체를 활용

정보계에서 심리전으로 통칭되는 선전(Propaganda)은 "어떤 이념이나 의견을 특정한 설득적 목적을 가지고 다른 사람에서 전파하려는 것"으로 정의된다. 심리전의 역사는 길다. 언론 매체가 발달하지 않았던 수천 년 전부터 중국은 '인간이라는 매체'를 활용하여 심리전을 벌여 왔다. 전국시대 중·후기의 군사전문가가 강태공의 이름을 빌려 지어낸 것으로 알려진 『육도(六韜)』라는 병법서를 보면, 심리전을 담당해야 할 사람과 방법까지 구체적으로 적시하고 있다.

> "술사(術士) 2인은 속임수와 거짓 선전을 주로 하는데, 귀신을 동원하는 등 유언비어로 대중의 마음을 현혹시키는 일을 맡는다." 또 "우익(右翼) 4인은 군의 명예를 선전하여 먼 곳과 사방 변경을 진동하게 만들어 적의 마음을 약하게 만드는 일을 맡아 본다."[68]

또한 중국의 고대 군사전문가들은 '적과 군중을 아는 것은 적장의 성격을 아는 것만 못하다(知敵知衆 莫如知敵將之性)'라고 말했다. 심리전에서 적장의 성격을 이용하는 것이 얼마나 중요한가를 강조하기도 했다. 현대의 심리전이 최고 수뇌부를 겨냥하고 있다는 점을 염두에 두고 보면 상당한 혜안이 아닐 수 없다.

이렇게 유구한 역사를 지닌 심리전은 근대적인 정보기관이 탄생하면서 보다 정교하고 체계적으로 발전하게 된다. 비약적인 발전의 선봉역

68 김영수(2006). 『역사를 훔친 첩자』. 서울 : 김영사. 176.

할을 한 기관이 미국 CIA이다. 미디어가 심리전에 미치는 점을 잘 간파했다. 미디어는 여론 공세의 새로운 '핵무기'로 그 영향력과 파괴력이 매우 크고, 또한 직접적으로 사람들을 놀라게 하는 '제압봉'으로 심리를 불편하게 하며, 사람들 사이를 어우러지게 하는 '촉매제'로서 감정상의 소통을 더 매끄럽게 하기도 한다는 점이 정보기관의 입장에서 보면 매우 매력적으로 보인 것이다. 그렇기 때문에 현대 정보전이나 전쟁에서 미디어를 이용한 심리전은 필수불가결한 요건이 되었다.[69] 미국은 또한 제도적으로 국방부나 국무부 등도 심리전을 전개할 수 있도록 법적 뒷받침을 했다. 1948년에 스미스먼트 법(Smith-Mundt Act)을 제정하여 국무부가 선전업무를 전개할 수 있는 법적근거를 마련했다. 그러나 이 법을 근거로 국무부가 선전업무를 독점한 데 따른 문제점으로, 1956년에는 미국 법전(US. Code)을 통해 국방부와 정보기관도 선전업무 및 심리전을 할 수 있도록 합법적 권한을 부여했다. 1984년에는 미국 국방부(DOD) Directive S-3321을 통해 평화 시기뿐 아니라 특정국가를 상대로 한 심리전 공작도 허용했다.[70]

1990년대부터 미국은 초강대국의 지위를 이용하여 십여 개의 반미 혹은 비친미적 국가를 대상으로 CIA가 중심이 되어 광범위한 심리전을 벌여 왔다. 군사 쿠데타를 책동하거나 선거를 조작하고 동란을 일으키는 등의 방법으로 이들 국가의 정권을 붕괴시키거나 붕괴까지는 아니더라도 최소한 국가 정국의 추세를 바꾸어놓는 데 성공했다. 예를 들면 통일된 유고슬라비아를 상대로 미국이 코소보 전쟁을 벌일 때, 70여 일 동안

69 추이스숑 지음. 이아형 옮김.(2013). 『심리전쟁』. 서울 : 연암사. 302.

70 Emma L. Briant(2015). Allies and Audiences : Evolving Strategic in Defense and Intelligence Propaganda. 『The International of Press/Politics』 Vol. 20(2)

군사공격을 퍼부어면서 전략적인 심리전을 동시에 실시했다. 유고슬라비아 반미정권은 미국의 무력공격을 이겨내긴 했지만, 심리방어전에서는 실패했기 때문에 정권을 빼앗겼다. 그리고 대통령이던 밀로셰비치는 자신의 측근에 의해서 헤이그 특별전범재판소에 이송되었다.[71] CIA는 대체로 4가지 유형의 방법을 통해 심리전을 구사했다.

첫 번째 유형은 해외에 방송국을 설립하고, 이들 매체를 막후에서 지원하는 것이다. 미국 정부는 동유럽과 소련에 거주하는 사람들을 대상으로 1949년과 1951년에 각각 자유유럽라디오방송(Radio Free Europe)과 자유라디오(Radio Liberty)를 설립하였다. 〈미국의 소리〉 방송과는 달리 이 방송국들은 미국의 공식적인 견해를 전달하는 것을 목적으로 하는 것이 아니라, 이 지역 사람들에게 서방세계에 대한 정보는 물론 그들 국민들이 잘 모르는 내용을 전달하는 것을 목표로 삼았다. 이 두 방송국들은 미국의 민간 기구로 위장되었으며, 이러한 은폐수단을 뒷받침하기 위해 일반인들을 대상으로 기부금을 모금하기도 했다. 실제로는 CIA가 운영하였다.

두 번째 유형은 독립적인 언론 매체에 기사를 게재토록 하거나, 중립적으로 보이는 작가나 출판사들로 하여금 책을 집필하게 하고, 출판되도록 하는 것이다. 가장 유명한 사례 중의 하나는 1956년 흐루시초프가 스탈린의 '개인숭배(cult of personality)'를 공격한 '비밀 연설' 내용을 미국 이외의 지역에 발간되는 다양한 신문들에 실리도록 한 것이다.[72]

71 추이스숑 지음. 앞의 책. 203.

72 흐루시쵸프 연설문의 정확성 여부에 대해서는 다른 견해가 있다. 외국 언론사들에게 제공한 연설문 중 일부는 CIA 전문가들이 흐루시초프 스타일을 모방하여 소련과 우호적인 국가들의 혼란을 조성할 목적으로 '조작된 내용'이었다는 주장도 있다.

다른 하나는 한국에서도 한동안 인기리에 판매되었던 「리더스 다이제스트」를 이용한 선전 공작이다. 미국 CIA는 70년대에 독재자였던 칠레 아옌데 정권을 무너뜨리기 위해 노심초사하고 있었다. 이를 위해 「리더스 다이제스트」가 사회주의 국가 내의 구리 광산에 깊은 관심을 보인 점을 착안하여 심리전을 펼치게 된다. 프레드 디킨슨(Fred Dickenson)이란 「리더스 다이제스트」 직원을 포섭하여 칠레의 구리 광산의 산업재해에 대해 취재하도록 한 뒤, 이를 동 잡지에 기사화하도록 하여, 당시 광산노동자들이 파업을 일으키도록 여론을 조성했다. 이외에도 당시 CIA는 「EL Mecurio」 「Copley News」 「Time-life」와 같은 언론 매체 종사원들을 에이전트로 채용하여 수시로 심리전을 펼치곤 했다.

또 1989년 12월 30일 미국이 파나마 침공 당시(작전명 : 분명한 대의), 작전에 정당성을 부여하기 위해 노리에가 당시 파나마 대통령을 악마로 상징조작하는 심리전을 전개하게 된다. 「뉴욕 데일리 뉴스(New York Daily News)」는 노리에가를 수배하는 포스터를 게재했으며, 뉴욕 포스트(NewYork Post)는 "쥐새끼 어디에 있는가?"라는 제목의 글을 1면에 게재하였다. 미국의 정보기관의 영향을 받은 파나마 지역 신문들은 여기서 한 걸음 더 나아갔다. 악마의 뿔을 단채 파나마시티 상공을 비행하는 노리에가의 모습을 반 페이지에 걸쳐 게재한 신문도 있었는데, 이 신문의 표지 상단에는 "외교적 주술이 효과가 있겠는가?"라는 질문이 쓰여 있었다. 이 전략은 성공을 거두어 당시 여론조사에서 부시 대통령은 지지율이 70퍼센트에서 90퍼센트로 상승하기도 했다.[73]

한편 CIA는 자신들의 정보 능력과 활동 능력을 돋보이게 하기 위해

73 피터 영 지음. 권영근 · 강태원 옮김(2005). 『언론 매체와 군대』. 서울 : 연경문화사. 302~303.

거짓된 심리전도 펴기도 했다. 9·11 테러 이후 벌어진 아프가니스탄 전쟁 중 국방부의 특수 작전부대는 광범위한 작전을 펴게 된다. CIA는 이 특수부대의 활약상을 평가한 일부 신문기사를 보고, CIA도 특수부대처럼 고도의 정보를 수집하고 또 반탈레반 세력을 연결시켜 주는 고난도의 업무를 하는 것처럼 스토리를 만들어 낸 뒤, 기자들에게 취재하도록 했다. 그러나 CIA는 특수부대들이 반탈레반 세력을 만나도록 해주지 못했으며, 이로 인해 자신들의 공을 과장하기 위해 언론 매체를 이용했다는 것이 드러나 조롱을 받기도 했다.[74]

저서 출판을 이용한 심리전 공작은 1980년대까지 20여 명의 언론인을 활용하여 1000여 권의 책을 출판한 것으로 알려져 있다. 가장 대표적인 것이 소련의 엄혹한 내부를 알리기 위해 보리스 파스테르나크가 저술한 『닥터 지바고』 출판 공작이다. 이 사례는 CIA 홈페이지에 스스로가 성공 사례로 꼽은 내용이다. CIA는 1958년경 자금을 지원하여 네델란드에서 러시아판 『닥터 지바고』을 출판하게 한 뒤, 이를 브뤼셀에서 열린 세계박람에 참가한 소련 방문객들에 배포하는 방식으로 전파에 노력한다. 이어 파스테르나크가 1958년에 노벨 문학상까지 받게 되자 『닥터 지바고』는 날개 돋힌 듯 팔리게 되어 크게 성공한 심리전 공작으로 평가받게 된다.

세 번째 유형은 선전활동의 매개로 전위단체(front group)를 활용하는 방식이다. 이 단체들은 출처가 밝혀지지 않는 선전활동과 똑같은 기능을 수행한다. 이들은 자신들을 통제하는 정부의 이익을 증진시키는 관점을 견지하는데, 그렇게 되면 국민들은 별다른 저항감 없이 발표하는 내용

74 함승희 등(2011). 『국가정보기관 무엇이 문제인가』. 서울 : 오래. 102.

등을 받아들이게 된다는 점이다. 1974년에 만들어진 자유의회 재단 등이 그것이다. 자유의회재단은 1975년 '자유의회 재생을 위한 위원회'라는 이름으로 폴 웨이리치(Paul Weyrichd)에 의해서 설립되었다. 폴 웨이리치는 미국 내 기독교 단체와 손을 잡고 동구권 내에 자유주의를 따를 수 있는 단체를 간접적으로 후원함으로써, 당시 공산주의 세력의 일단을 무너뜨리는 데 작은 기여를 하게 된다. 이 기관이 직접적으로 CIA의 지원을 받았다는 사실은 드러나지 않았으나, 지원 받았을 가능성에 많은 무게를 두었다.[75]

결론적으로 정보기관은 흑색선전, 거짓정보 유포 등과 같은 심리전을 위해 언론과 유대를 비밀리에 맺으려 한다. 언론인에게 정보와 금전 등과 같은 물질적 수단을 제공함으로써 회색 또는 흑색선전을 언론인들이 하도록 유도하는 것이다. 공작관들이 '보도되기를 원하는 메시지'를 전달하기도 한다. 그러나 언론계 특히 미국 언론들은 이 같은 언론 매체를 활용한 심리전에 대해 몇 가지 위험성을 들어 부정적인 견해를 나타내고 있다.

첫째, 정보기관이 심리전으로 채택하는 내용들이 한마디로 우스꽝스럽고 가치도 적다는 점이다. CIA는 중국과의 국교를 수립하기 이전에 타이완을 이용해서 중국 본토에 선전물을 날리는 공작을 한 적이 있는데, 중국 본토에 살포되기보다 거꾸로 타이완으로 돌아오는 경우가 비일비재했다.

둘째, 미국 국민들이 오도된 정보를 받아들여 한마디로 진실이 무엇인지 헷갈리게 한다는 점이다. 심리전의 역풍(blowback)인 것이다. CIA는

75 김종찬. 앞의 책. 199.

그러한 경우가 매우 드물다고 부인하지만, 심리전으로 활용하기 위해 조작한 중국이나 베트남에 대한 정보가 도리어 미 국무부의 중국 담당분석관의 판단을 흐리게 한 경우도 발생했다고 전직 CIA 간부였던 레이클레인(Ray Clane)은 언급한 바 있다.[76]

3. 정보기관의 활동상에 대한 보도 억제 노력

언론사 데스크는 정부 또는 정보기관의 책임 있는 당국자가 '특정 사안이 비밀이고, 이를 보도할 경우 국가 안보에 심대한 영향을 끼칠 수 있다'는 점을 내세워 보도 자제를 요청할 때 심각한 고민에 빠진다. 사실 언론은 '국가 안보'라는 논리를 내세워 무언가를 막으려는 움직임에 대해 본능적으로 회의적인 반응을 보인다. 이 점이 언론과 정보기관이 긴장을 유발하는 요인으로 작용한다. 비밀스러운 내용을 보도하는 데는 몇 가지 유형이 있다.

첫 번째는 정보기관 출신 등이 언론사에 특별한 의도를 갖고 흘리는 사례이다. 두 번째는 정보기관 출신이 공개해서는 안 되는 내용을 담은 책자를 본인 명의로 출판하는 경우이다. 세 번째는 특정한 기자에게 공작 내용과 같은 비밀을 제공해 주어 해당 기자 명의로 출판하는 경우로 나눌 수 있다.

첫 번째 사례로는 1971년 펜타곤 외교문서 사건이 대표적인데, 이 이후로 유사 사건이 터질 때마다 '비밀 내용 보도'와 '국가 안보를 이유

76 Loch K Johnson, Ibid., 196~197.

로 한 보도자제 문제의 타당성 여부'를 놓고 최근까지도 논란이 되고 있다. 펜타곤 외교문서 사건은 워낙 유명한 사건이지만 간략히 보도 경위와 쟁점 및 판결 내용을 살펴볼 필요가 있다. 뉴욕 타임스의 닐 쉬한(Neil Sheehan) 기자는 1971년 전직 국방부 관리 엘스버그(D. Ellsberg)로부터 1급 비밀로 분류된 7천여 페이지의 미국 월남전 개입 경위 분석자료(1945~67)를 입수한 뒤, 7명의 기자들이 3개월간 집중적인 분석을 거쳐 그해 6월 13일부터 신문에 게재하기 시작했다. 2회분이 나간 뒤 존 미첼(John N. Mitchell) 법무장관이 뉴욕 타임스에 공한을 보내 그 문서가 1급 비밀이고 이를 보도하는 것은 '간첩법' 위반일 뿐 아니라 국방상 중대하고 돌이킬 수 없는 피해를 준다면서, 즉시 게재중지와 문건의 반환을 요청했다. 그러나 뉴욕 타임스가 게재중지가처분 신청을 내고 법원으로부터 '일시 게재 중지 명령'을 받아 냈으나 정부 측에서 상고하여 결국 대법원까지 가게 된다. 이 공판에서 정부 측은 주로 이 문서가 절취된 것이므로 주인에게 돌려주어야 한다는 점과 당장 보도를 중지하지 않으면 회복할 수 없는 손해가 발생한다고 주장했다. 그러나 언론 측은 사전 보도통제는 위급하고 피할 수 없는 재앙이 발생할 것이 명백한 상황에서만 허락될 수 있다고 반박했다. 1971년 6월 30일 극히 이례적인 초스피드로 연방대법원은 6대 3으로 정부 쪽의 패배를 선언했다. 판결 요지는 '국방부 문서의 보도를 중지시키는 것은 표현의 사전 억제라는 극히 이례적인 권력 행사이므로, 이를 정당화할 만한 사유에 대해 충분한 입증을 못했으며, 공개해도 국가 안보에 치명적인 손상을 주지 않는다'는 것이었다. 다만 이 판결 내용을 사후에 분석한 법학자들은 "법원의 판단이 결정적으로 언론의 승리를 의미하는 것은 아니었다"면서 "국가 안보와 관련한 언론 보도는 경우에 따라서 조건만 갖추어지면 사전 억제가 가능하다는 의견이

표 4 2015년 현재 비밀 누설 혐의로 재판 또는 조사 중인 사건

누설자	혐의 내용	진행 상황
퍼트레이어스 (전 CIA 국장)	정부(情婦)이자 전기작가인 파울라 브래드웰 (Paula Bradwell)에게 CIA 전산 접근 권한 부여	플리바게닝으로 기소유예
John c.Kirakou (전 CIA 대테러분석관)	자신의 회고록『The Reluctant Spy』에 비밀공작원 이름을 누설(2012년)	2년 복역 후 2015. 2 석방
Jeffrey Sterling (전 CIA 요원)	NYT기자 라이즌(Risen)에게 이란 핵 프로그램을 저지하기 위한 공작 내용 누설	재판 진행 중
Cart Wright (예비역 소장)	이란 핵 시설에 컴퓨터 바이러스를 심어 작동을 방해한다는 내용을 언론에 누설	조사 중

대세를 이루었다"고 분석하기도 했다.[77] 그러나 법학자들이 사후에 정보기관 등에 유리하게 비칠 수 있는 해석을 했다 하더라도 이 판결은 '국가비밀을 보도하느냐'에 대한 판단기준을 제공하는 역할을 하게 되고, 언론은 항상 정보기관 등이 보도 자제를 요청하면 이 판결을 거부하는 논거로 내세우게 된다. 정보기관 등 비밀을 취급하는 기관은 내심 상당히 곤혹스러운 입장에 놓이게 된다. 이후 레이건 행정부 시절 또 한번 언론과 정보기관이 비밀에 대한 보도 여부를 놓고 충돌하게 된다. 「워싱턴 포스트」 지는 1985년에 체포된 전 NSA(국가안보국) 직원 로버트 펠튼(Robert Pelton)으로부터 "미국 NSA가 구소련의 통신을 감청하기 위해 오츠크 해 시베리아 연안에 해저 케이블을 설치했다(코드 네임 IVY Bells)"는 내용을 취재하고 이를 보도하고자 했다. 이를 눈치 챈 윌리암 케이시(William Casey)

77 김옥조(2006).『표현과 보도의 자유는 어디까지 인가』. 서울 : 커뮤니케이션북스. 32~33.

CIA 당시 국장은 국가 안보에 손상을 준다는 이유로 「워싱턴 포스트」 지에 보도 자제를 요청하면서, 만일 보도를 강행하면 기소하겠다는 위협까지 하게 된다. 그러나 「워싱턴 포스트」 지 이외에 다른 유력 매체들이 이를 인용 보도하면서, 결국 CIA의 노력은 효과를 거두지 못하게 된다. 한편 비밀스러운 내용 보도에 있어 또 하나의 변수가 의회 정보위원회이다. 어떤 면에서 언론과 의회 정보위원회는 한통속이다. 정보기관은 이를 '누설자(the leaker) 와 누설내용을 받아먹는자(lekee)의 관계'라면서 상당히 우려하는 부분이다. 이유는 정부 또는 정보기관을 견제하려는 속성이 같기 때문이다. 이런 점 때문에 정보기관이 아무리 집안 단속을 해도 '의회 내 정보위원들을 통해 정보가 새어 나가는 경우'도 빈번하게 발생한다.

둘째는 정보기관 출신이 재직 시절 겪었던 내용을 회고록 형식으로 출간하는 경우이다. 정보기관 요원은 공개적인 저작물을 출판하고자 하는 경우에는 사전 심사를 받도록 하고 있으나, 이를 제대로 준수하지 않는 사례가 가끔 발생한다. 더욱이 문제가 되는 것은 공개해서는 안 되는 비밀 공작내용을 공개한 사례이다. 대체로 소명의식이 부족한데다 돈을 벌려는 속셈 또는 어쭙잖은 영웅 심리 등이 동기로 작용한다. 정보기관은 이 같은 사실을 알게 되면 적극적으로 출판을 막으려고 하는데 언론에서는 보통 이를 '사전 억제(prior restraint)'라고 부르기도 한다. 가장 대표적인 사례가 전 NSA(국가안보국) 협력 업체 직원이었던 에드워드 스노든(Edward Snowden)의 폭로이다. 스노든은 2013년 NSA가 영국의 감청전문 정보기관인 GCHQ(정보통신본부)와 공조하여 프리즘이란 프로그램을 활용하여 미국 시민들의 전화 기록, 이메일, 표제 정보 등을 동의 없이 수집하였으며, 전 세계를 연결하는 해저 광케이블에 도청 장치를 부착했다고 폭로하여 커다란 논란을 일으킨 사건이다. 영국의 「가디언」 지는 동명의 언급을 토대로 2014년에 〈스노든의 위험한 폭로〉라는 제목으로 그 상세한 내용을 공개한 바 있다. 이 사건은 인터넷 시대가 되면서 전자통신정보의 중요성이 높아지고 있는 상황에서 수집 기법 등을 생생하게 폭로하고, 나아가 러시아로 사실상 도피함으로 인해 미국과 영국 정보기관의 정보 수집 능력에 적지 않은 타격을 준 사건이다. 스노든의 폭로만큼은 충격적이지는 않았으나 언론의 주목을 받은 사건이 있었다. 1990년부터 2004년까지 CIA 대(對)테러분석관이었던 존 키리아커우(John Kiriakou, 당시 50세) 사건이다. 그는 2012년에 자신의 회고록 『The Reluctant Spy』를 통해 9·11 테러 이면사를 서술한 바 있는데, 2007년에는 CIA의 관타나모 감옥에서의 물고문 사실을 폭로하여 언론의 주목을 받은 일도 있었다. 그러나 그는 2012년에 매튜 콜(Matthew Cole)이라는 프리랜서 기자에게 CIA 비밀 공작요원 이름을 누설한 혐의로 기소되어 2년을 복역한 뒤 2015년 2월에 석방되었다.

셋째는 가장 흔한 사례로, 정보 요원이 불법적으로 신문이나 잡지사에 비밀 내용을 은밀히 제공하여 보도하도록 하는 것이다. 한마디로 보안 누설인데 언론은 이를 내부고발자로 추켜세우며 은근히 부추킨다. 1988년 미 해군 정보분석관 모리슨(Morison)은 책상 위에 있던 흑해에서 건조 중인 소련의 핵공격용 항공기 제1호를 찍은 미 첩보위성 사진을 영국의 군사전문지 「Jane's Defense Weekly」에 제공한 사건이다. 이에 관계기관은 동명을 체포하여 간첩죄로 기소하였다. 재판 과정에서 피고인 측은 소련 공군의 기술 수준이 얼마나 고도로 위협적인가를 알리기 위한 수정헌법 제1조의 정신에 따른 정당행위였다고 항변했고, 「워싱턴 포스트」 지 등 유력 언론들도 그를 처벌하면 시민들이 당연히 알아야 할 정보로부터 소외된다는 이유를 들어 모리슨(Morison)의 행위를 지지했다. 이에 대해 연방소법원은 "표현의 자유가 헌법상 보호되어 있다고 해서 법률에 위반하여 뉴스를 취득한다든지 전달할 권리까지 당연히 주어지는 것은 아니다"라며 유죄를 선고했다.[78] 그러나 비밀을 누설하는 정보 요원에 대해 법원이 비교적 엄중한 처벌을 하고 있음에도 수시로 정보누설 사건이 터져 정보기관을 곤혹스럽게 하고 있다. 오바마 행정부는 정보 요원뿐 아니라 고위급 관리들의 정보누설 행위에 대해서도 강경한 방침을 견지함에 따라 처벌을 받았거나 조사 재판 중인 사건이 4건이나 된다.

결론적으로 미국의 경우 비밀스러운 내용에 대한 언론의 보도는 4가지 기준을 갖고 사례별로 판단해야 한다는 것이 지배적인 규범으로 자리 잡고 있다. 첫째 비밀유지책임이 있는 정부의 권리, 둘째 공중의 알 권리, 셋째 언론의 자유, 넷째는 국가 안보이다.

78 김옥조, 앞의 책, 34.

제2절

영국 정보기관(MI5, MI6, GCHQ)과 언론, 협력적 갈등관계

영국의 정보기관은 국내 방첩과 대테러 업무를 담당하는 MI5와 해외 정보를 담당하는 MI6(별칭 SIS),[79] 통신 감청을 전문으로 하는 정보통신본부(GCHQ)로 크게 대별할 수 있다. 영국의 정보 역사는 엘리자베스 1세로 거슬러 올라간다. 잉글랜드 출신인 엘리자베스는 사촌 동생이던 스코틀랜드의 여왕이 자신을 배신할 것 같은 느낌을 받아 왔다. 그래서 별도의 우편 검열 조직을 만들었고, 그것이 조직적인 정보 체계의 시초가 된다. 이후 스페인과의 해전에서 이기고 제해권을 장악한 뒤 월리엄 경을 필두로 각 식민지와 대륙에 걸쳐 인적정보 네트워크를 구축한다. 정보기구(Agency)까지는 이르지 못했지만 보다 확장된 정보조직 체계였다. 특정 인사를 중심으로 세계 각지에 있는 영국의 사업가, 군인, 식민지인과 연계된 정보조직 체계는 빅토리아 여왕의 대영제국 시대까지 이어졌

79 MI6는 영국 정부와 외교 및 국방정책에 관계되는 국가 안전의 보호, 영국의 경제적 이익 보호, 중대범죄의 예방 및 조사를 위한 업무에 한해 고유한 임무를 수행하고 있는 까닭에 목적의 중복으로 인해 외무부와 종종 마찰을 빚곤 했다. 여기에는 외무부가 과거에 정보기관 역할을 해왔기 때문에 자신의 권능을 빼앗기지 않으려는 이기적 속성도 작용했다. 그리고 MI6는 1992년 5월 6일 하원에서 처음으로 공식 승인을 받았고, 1993년 11월 24일 정보기관법안이 통과되어 법적 근거를 갖게 되었다.

다. 그래서 1920년대 미국에서는 여섯 개 기관이 전 세계를 지배한다는 말이 나돌 정도였다. 여섯 개 기관은 '버킹검 궁, 백악관, 영국은행, 미국 연방은행, 바티칸, 그리고 영국비밀정보부'를 지칭했다.[80]

근대적인 정보기관이 만들어지기 이전까지 영국의 국내외 정보는 외무부에서 주관하고 있었다.[81] 각국에 파견된 대사들이 정보책임자 역할을 했다. 외무부 내에서도 사무차관(Permanent Under-Secretary)이 정보를 총관리했으며 관련 사무부처를 편성·운영했다. 외무부 정보직 사무차관이 하는 일로는 '행정부 비밀정보기금'을 지급함과 동시에 정보네트워크를 관리하는 것이었다. 이 외무부 정보직 사무차관실은 1909년에 육군성, 해군성의 정보기구와 통합하여 제임스 본드의 MI6와 영국판 FBI인 MI5의 모체가 되는 비밀정보국(Secret Service Bureau)으로 개칭된다. 이는 최초로 특정 인사가 주도하는 것이 아닌 독립기관으로서의 정보기관이 탄생한 것이다.

영국은 세계를 통치하던 향수가 강하게 자리 잡고 있어, 제1·2차 세계대전 동안 총 19개의 정보기관을 운영한다. 이때 정보기관 명칭을 영국 첩보부(Military Intelligence) 번호를 붙여 명명했는데, 이것이 MI1에서 MI9이 된 것이다. GCHQ도 당시에는 MI11로 불렸다.[82] 제2차 세계대전이 끝난 후 패권이 미국으로 넘어간데다 경제적 어려움 및 포클랜드 전쟁 등에서의 잇따른 정보 예측 실패까지 겹쳐, 영국의 정보기관은 미국의 하부기관 정도로 위상이 떨어지게 된다. 오죽했으면 영국 신문들조차 "영국 정보기관이 허약해서 영국은 소련 스파이의 '공개된 집'(Britian was

80 문정인, 앞의 책. 520.

81 국가정보포럼. 앞의 책. 57.

82 문정인. 앞의 책. 521.

'open house' for Soviet agents)"이라고 비아냥거릴 정도였다.[83] 특히 감청분야에서는 GSHQ가 미국 국가안보국 NSA와의 정보 협력을 조건으로 매년 수백만 달러를 지원받고 있는 것으로 알려져 있다. 이러한 영국의 정보기관은 영국 특유의 비밀주의 관행까지 더해져 '협력적 갈등 관계'라는 '독특한 관계'를 형성하게 된다. D 통고제도(D-Notice), 공무비밀법 등과 같은 법적, 또는 비공식적 자기검열 제도가 그 밑바탕을 이룬다.

1. D 통고제도(Defense-Notice)

제1차 세계대전을 전후해 영국 정부와 언론은 일종의 자발적인 메커니즘(voluntary mechanism)이라고 할 수 있는 전시 정보 통제 계약을 맺는다. 'DA Notice' 제도가 그것이다. 신문과 방송사 측에서 나온 13인의 대표자와 정부의 5개 기관(the Admiralty, the War Office, the Air Ministry, the Ministry of Defense, the Ministry of Aviation)의 사무차관들이 모인 위원회(통상 D 통고위원회)인데, 1993년에 '국방자문통고(Defense Advisory Notice, DA)'라는 이름으로 변경됐다. 정보기관은 정부의 5개 기관 대표로 들어가지는 않고, 국가 안보나 정보기관과 관련된 사안에 대해 가이드라인을 제시하는 방법으로 간접적으로 참여한다.

가이드라인 대상은 군사기획 및 작전, 핵무기 배치, 암호관련내용(Cry-ptology), 국가 안보주요시설(Sensitive Sites), 정보기관 및 특수작전부

83 Jonathan Haslam & Karina Urbach(2011). Secret Intelligence in the European States System. Stanford University Press. 162.

대에 관한 사항 등이다. 국가 안보에 관한 사안은 사안별로 상황에 맞게 기준을 정하려고 하는데, 3가지 정도를 기준으로 설정하고 있다. 첫째 현재 진행 중인 공작내용이 노출되었을 경우 타격은 어느 정도인지, 둘째 미래의 공작에 주는 영향의 정도, 셋째 대중들이 인지하고 있는 정도 등이다.[84]

이 위원회는 문제가 될 만한 정보에 대해 사전, 또는 사후에 이 D 통고제도를 활용해 비보도를 요구하게 되는데, 이에 응하지 않는 경우에는 법적 대응이나, 해당 기자에게 더 이상의 정보를 제공하지 않는 등 다양한 제재를 가한다. 이 위원회의 간사(Secretary)는 주로 군 고위 장성이 맡는데(현재는 Andrew Ballence라는 예비역 공군소장이 맡고 있다), 간사는 직권으로 즉각적인 D 통고를 할 수 있다. 이 위원회는 군사기밀뿐 아니라 때로는 단순한 공공정보까지도 보도 금지 결정을 내리곤 했으며, 허가되지 않은 정보의 누출은 이적행위로 간주했다.[85]

그런데 이 통고는 상당히 개괄적이고 모호한 표현을 사용함에 따라 언론 매체 및 정부 양쪽 모두를 만족시키는 데 어려움을 겪고 있다. 이 때문에 최근에는 로드 래드클리프(Lord Radcliffe) 판사를 외부자문위원으로 선정해 검토를 하도록 하고 있다 외부인을 합류시켜 검토를 받기도 하지만, 해석을 어떤 식으로 내리느냐 여부는 위원회 간사가 열쇠를 쥐고 있다.[86] 2013년 6월 전 NSA 협력 업체 직원이었던 에드워드 스노든이 NSA와 영국의 GCHQ가 합작하여 전 세계를 상대로 이메일 등을 감청하

84 Ibid., 134~135.

85 이현주(1999). 『뛰는 로비기자 나는 언론플레이』. 서울 : 중앙M&B. 52.

86 박철언(1994). 언론자유와 국가 안보의 상충과 조화에 관한 연구 - 국가비밀에 대한 접근이용의 제한을 중심으로. 서울대학교 박사학위 논문. 94.

고 있다는 사실을 폭로하자,[87] 간사인 앤드류 밸런스(Andrew Vallance)는 2013년 6월 17일자로 BBC와 신문사를 상대로 국가 안보 쟁점을 염두에 둘 것을 상기는 내용의 서한을 비밀리에 돌렸다. 그는 GCHQ를 대표하여 'DA 통고문'을 배포하기도 했다.[88]

그러나 'DA제도'에 대한 논란이 여전히 지속되고 있다. '민주주의가 성숙되어가고 있는 상황에서, 그리고 방대한 정보에 쉽게 접근할 수 있는 디지털 환경에서 많은 비밀을 어떻게 규제해야 하는지, 국민들이 이를 관용해야 하는지', 그리고 '이 제도가 유용한 역할을 할 수 있는지' 등이 논쟁의 핵심이다. 그러면서도 언론계는 동 제도의 유용성을 인정하고 있다. 언론과 정부 관계자가 정기적으로 머리를 맞대고 국가 안보와 국제 문제 등과 같은 까다로운 사안에 대해 논의할 수 있는 접촉면(interface)이기 때문이다.[89]

2. 언론과 정보기관의 협력 : 심리전 분야 및 언론인 활용

1) 심리전 분야

영국은 전통적으로 심리전이나 정보 공작(information operation)을 행함에 있어 미국과는 대조적으로 까다로운 법적 규제가 없었다. 해외 정

87 비안베이커(vian Bakir)는 2015년 『언론/정치 국제저널』 지에 기고한 논문('News, Agenda Building, and Intelligence Agencies')에서 "스노든의 폭로는 지금까지 제한적으로만 알려져 있던 정보기관들의 커뮤니케이션 감시능력과 어젠다 조작 기법을 보여주었다"고 평가했다. 그러나 영국 국민들은 스노든의 폭로에 대해 우호적이지 않았다고 덧붙였다.

88 루크 하딩 지음. 이은경 옮김.(2014). 『스노든의 위험한 폭로』. 서울 : 프롬북스. 327.

89 로버트 도버 & 미카엘 굿맨(2008). *Spinning Intelligence*. 콜롬비아대 출판부 : 뉴욕. 147.

보부인 MI6는 마음만 먹으면 폭넓게 심리전을 할 수 있으며, 내각의 제재도 받지 않았다. 1994년 정보기관법(The Intelligence Service Act)은 "MI6는 외국인들의 의도나 행동과 관련된 임무를 수행할 수 있다"고 명시하여 해외를 상대로 한 심리전에 법적 뒷받침을 하고 있다. 영국 정보기관의 심리전 활동은 대체로 제1차 세계대전을 계기로 본격화한다. 스페인 무적함대를 격파한 정보작전과 전 세계 식민지 개척 당시의 국제 정보를 기반으로 제1차 세계대전에 통신정보, 감청, 암호해독, 낙하산 부대 투입, 파괴공작활동, 지상공중 사진 촬영 및 심리전을 전개한다. 전쟁부 산하에 '전쟁심리전국'이 조직되어 영국 국민과 장병은 물론 연합군의 사기진작, 독일, 오스트리아, 헝가리, 터키 동맹군의 사기 저하를 노리는 전단과 선전 책자를 살포하는 방법을 주로 활용했다. 공상과학소설가로 투명인간(Invisible Man)의 저자 웰스(H.G.Wells), 인도 생활 경험을 토대로 저술한 정글북(Jungle Book)으로 노벨상을 받은 키플링(Rrudyard Kipling), 탐정가 셜록 홈스(Adventures of Sherlock Holmes)를 쓴 범죄소설가 코난 도일(Herbert George Conan Doyle) 등이 심리전국 요원으로 활동했다.[90]

특히 영국 정보기관들은 미국에게 참전 분위기를 만들기 위해 우호적인 언론 매체를 물색하여, 편집인 등을 통해 자료를 넘겨주고 기사화함으로써 객관적이고 독립적인 언론 보도인 것처럼 보이게 하는 방법도 애용했다. 예를 들면 미국인의 마음속에 있는 고립주의적인 정서를 약화시키고 독일에 대한 반감을 불러 일으키기 위해 독일의 비밀활동에 관한 정보를 로드아일랜드주에 있는 「Providence Journal」과 같은 우호적인 매체에 전달했다. 당연히 기사화되었고 이 기사들은 미국의 다른 신문들

90 최평길. 앞의 책. 61.

에 의해 인용 보도되어 소기의 성과를 거두기도 했다.[91]

1960년대까지는 MI6(해외정보부)와 협조적인 관계(냉전시절 동구에서 돌아온 사람들을 대상으로 수집한 정보를 공유)에 있었던 IRD(the Foreign Offices' Information Research Department)가 심리전 활동을 주도했다. 처음에는 반공산주의 어젠다를 퍼뜨리는 데 주력했으나, 점차로 반나세르(Nasser), 반수카르노(Sukarno)등에 대한 정치적 선전에 이어 국내의 체제전복 세력 등으로 영역을 확장해 갔다. 앰퍼샌드(Ampersand) 출판사와 같은 중립적으로 보이는 출판사를 이용해서 반공산주의 서적을 출판해서 국내외에 퍼뜨리는 작업도 병행했으며, 베를린에도 지부를 설치하기도 했다. 한때는 인원이 500여 명이나 될 정도로 거대한 기관이었다.

그러나 1960년대 이후부터는 미국의 CIA나 NSA가 운영하는 협력업체처럼 외부 노출을 가급적 하지 않는 형태로 변화했다. 이후 영국 정보기관 등의 심리전은 포클랜드 전쟁에서 절정을 이룬다. 월남전에서 미국이 방송매체의 위력을 과소평가한 나머지, 방송사들이 베트남 전장을 제집 드나들 듯이 취재하고 이를 여과 없이 내보낸 결과가 베트남전의 패배의 한 요인으로 작용했다는 점을 영국 정보기관과 군 당국은 잘 알고 이를 반면교사로 삼았다.[92]

근래에 들어와 영국은 흑색선전(Black Propaganda)을 잘 하지 않고 있다. 과거 군에서 심리전 업무를 책임졌던 장성들조차도 "영국의 심리전 업무는 하얗다(white)"라고 표현하고 있을 정도다. 진실한 정보를 이용하

91 아브람 슐스키& 게리 슈미트지음. 신유섭 옮김(2014). 『국가정보의 이해』. 서울 : 명인문화사. 174.

92 르윈 제독은 포클랜드전이 발발하자 "우리가 원하는 역정보작전을 위해 언론은 매우 유용한 수단이었다. 이는 결코 언론이나 국민을 속이는 일이 아니니다. 우리가 원하는 건 전쟁에서의 승리다"고 말했다.(이헌주. 286.)

는 것이 더 좋은 심리전이란 견해도 한몫하고 있으며, 미국과 다르게 영향을 미쳐야 할 대상이 작은 것도 또 다른 요인이기도 하다("in the loop"). 그러다 보니 심리전 분야에 종사하는 요원이 손가락에 꼽을 정도로 적어졌다.

물론 인터넷으로 대표되는 글로벌 미디어 환경 변화는 거짓 정보를 손쉽게 판별해 내고 있도록 해주고 있다. 수용자는 세분화되어 있고, 이런 세분화된 수용자를 상대로 모순된 메시지를 보낸다는 것이 상당한 위험을 수반한다. 변화된 미디어 환경에 따라 심리전 담당들은 변화시키려는 타겟 수용자(target audience)들이 끌어당길 수 있는 중간 영역을 대상으로 하고, 신뢰성 있는 출처에 그 바탕을 두고자 하고 있다.[93]

2) 냉전 기간 중 MI6(SIS)와 언론인[94]

돌출 배경

1968년 12월 18일 구소련의 통신사인 「타스(TASS)」와 기관지 「이즈베치야(Izvestiya)」 및 주간지 「Nedelya」 등은 영국의 「더타임즈」, 「텔리그래프지」, 「로이터」 소속의 언론인들이 영국 정보기관 MI6와 "주의 깊게 가장된 관계(carefully masked connections)"를 맺고 있음을 폭로했다. 이에 「더타임즈」는 같은 해 12월 20일 타스 통신 등이 이러한 기사를 게재한 목적은 "영국의 신문 업계(Fleet Street)와 영국 정보기관과의 음흉한 관계

93 엠마 브라이언트. 앞의 논문. 153.

94 스테판 도릴(Stephen Dorril) 영국 허드스필드 대학 교수가 2015년 「언론과 정치 국제저널」 지에 발표한 논문 "Russia Accuses Fleet Street" : Journalists and MI 6 during the Cold War을 토대로 재정리한 것이다.

를 부각시키고, 영국의 언론의 자유가 신화"임을 대외에 보여주려는 의도라고 반박함으로써 세간의 관심사로 떠오르게 된다.

영국 정보기관의 에이전트로 지목된 언론인 「선데이타임즈」 특파원 헨리 브랜든(Henry Brandon)은 "이 문제가 불거진 것은 1971년 당시 영국 정부가 구소련이 외교관의 신분을 달고 정보활동을 하는 사람이 많다는 점을 문제화함으로 인해 영국과 구소련과의 관계가 악화된 것이 원인"이라고 지적했다. 이에 MI6는 구소련 외교관의 추방은 MI6의 모스코바에서의 정보활동을 상당히 위축시킬 것이라고 우려하기도 했다. 양국 간에 긴장 국면에 조성되고 있는 상황에서 1968년 12월 22일 「Nedelya」는 "영국 해외 특파원들은 MI6의 에이전트"라고 주장하고, 이들의 개인적인 특성, 전문가로서의 자질, 지위 등에 대한 평가를 담은 Special Operational list를 공개했다. 이들은 코드명을 갖고 MI6와 접촉을 해왔다는 것이다. 「데일리 메일」 지의 로드 애런(Lord Arran)은 "Bin-946"이었다.

MI6는 구소련 매체의 폭로대로 실제 언론인을 활용했는가?

사실 MI6는 제2차 세계대전이 끝날 즈음 구소련에 대한 정보 수집 방법을 놓고 자체적으로 논쟁을 벌인 적이 있다. 논쟁의 주제가 언론인으로 가장해서 — 이를 natural cover로 호칭 — 활동하는 문제였다. 아무래도 언론인은 의심을 덜 받는 장점이 있다고 보았다. 영국은 1948년에 Controller Production Research(C/PR)라는 기관을 만들어 영국 기업이나 기관 이름으로 정보 요원을 가장했으며, 구소련으로 여행하는 영국 시민들로부터 협조를 얻기도 했다. C/PR은 또 언론인 에이전트, 신문소유주, 카운트 반덴 휴벨(Count Vanden Heuvel)이 재정 지원하는 통신사 등을 대상으로 Z-network를 구축하여 관리 했다. MI6 해외 파견 요원들은 상당수가 반덴 휴벨(Vanden Heuvel) 소속 통신기자로 가장해서 나갔다.

심지어 「선데이 타임즈」 국제부는 해군정보부(NID) 책임자였던 이안 플레밍(Ian Fleming)[95] 이 컨트롤하면서 80명의 해외 특파원들을 조직적으로 관리했다. 그러나 플레밍은 천추의 한이 되는 실수를 하게 되는데, 1980년대 KGB의 최고 협조자가 되어 영국 정보계를 발칵 뒤집어 놓은 킴 필비(Kim Philby)를 스트링거로 가장해서 중동 지역에 보낸 일이다.

MI6는 구소련에 대한 정보 수집에 어려움을 겪자, 외곽 기구인 C/PR 책임자로 조지 블레이크(George Blake)를 임명했다. 블레이크는 언론인을 에이전트로 채용하고 이들에게 정보 수집 임무를 부여하는 한편, 은행 계좌를 통해 정보 수집 협조비 명목으로 금전을 제공하기도 했다. 대표적인 인물이 리 트레이시(Lee Tracy)로서 그는 1950년대 MI6의 공작관으로 활동하면서 「데일리 미러」의 사진기자였다.

마이클 베리(Michael Berry, 코드 네임 BIN-943)는 1954년부터 「네일리 텔리그래프」의 소유주로서, 필요한 정보를 수집해서 보내는 것뿐 아니라 고위층의 지지와 제재를 획득하는 데 상당히 쓸모가 있었다. MI6는 필요할 때면 신문 소유주에게 허가를 받아 언론인을 협조자로 채용했다. 이 외에도 「옵저버」의 편집장 데이비드 애스터(David Astor, 코드 네임 BIN 183), 언론인 마크 아놀드 포스터(Mark Arnold-Foster, 코드네임 BIN 110), 소련전문가 에드워드 크랭쇼(Edward Crankshaw, 코드 네임 BIN 120) 등과도 좋은 관계를 맺었고, 이들은 소련을 여행하게 되면 여행 기간 동안 보고 청취했던 내용을 MI6에 제공하기도 했다. 크랭쇼(Crankshaw)는 1947년 「옵저버」의

95 이안 플레밍은 제임스 본드의 모델이 된 인물이다.

모스크바 특파원으로 부임한 이후 20여 년 동안 구소련의 감시 대상이 되기도 했지만, 진정으로 러시아를 사랑한 사람이기도 했다. 1960년 중국과 구소련의 관계가 심각하게 악화된 사실을 파악하여 서방 정보기관 내에서 이 내용이 사실인지 여부를 놓고 논쟁을 불러일으킨 일도 있었다. 이후에도 '세계 혁명의 관속에 있는 손톱' 등과 같은 구소련을 비판하는 칼럼을 빈번하게 기고하자, KGB는 크랭쇼를 매장하기 위한 공작을 시도한다. 성추문을 확산시키고 섹스파티에 연루된 사진을 은밀히 흘리는 등 다양한 방법으로 음해하려고 했으나 크랭쇼는 굴복하지 않았다. 다각적인 공작에도 불구하고 굴복하지 않자 이즈베치야를 통해 영국 정보기관의 협조자란 사실을 보도토록 한 것이다.

한편 MI6는 영국의 유명 작가들도 협조자로 활용했다. 추리소설 『자칼의 날』로 유명한 영국 작가 프레드릭 포사이드(Frederick Forsyth, 77세)는 MI6를 위해 20년 이상 일했다. 로이터 통신과 BBC에서 기자로 활동한 포사이드는 1971년 자신의 경험을 바탕으로 소설을 쓰기 시작했다. 프랑스 비밀 극우조직이 드골 프랑스 대통령을 암살하려는 음모를 그린 첫 작품 『자칼의 날』은 발표되자마자 세계적인 베스트셀러가 된다. 이 작품에서 사격술, 돈세탁, 신분 위조 등과 같은 은밀한 방법을 매우 사실적으로 그려내 "포사이드는 정보 요원이다"는 의심을 받아 왔다. 포사이드는 2015년 7월 자서전 『아웃사이더』를 발표하면서 이 소문을 인정했다. 한 예로 1968년 BBC 기자 시절에 갔던 나이지리아 비아프라 전쟁에 관한 정보 보고서를 MI6 요원에게 보내기도 했다.

끝으로 몇 가지 의문은 남는다. 첫째, 정보기관에 협조한 언론인 파일이 과장된 것은 아닌지? 둘째, 언론인이 정보기관으로부터 정보를 획득하려는 행위가 합법적인 관계로 볼 수 있는지? 셋째, 언론인을 에이전트로 운영하는 사실을 정확하게 기록하고 있는지 등이다. 어쨌든 언론인을 정보활동에 활용하는 것은 모든 해외 특파원들을 스파이로 간주되게 하는 위험성이 있는 것 만큼은 확실하다.

3. BBC와 정보기관 간의 협력 및 갈등

BBC는 영국을 대표하는 공영방송사이다. '공영방송사의 모범적 기관'으로 불리면서 많은 사람들로부터 긍정적인 평가를 받고 있는 방송사이기도 하다. 그러나 BBC는 냉전 기간 동안 영국의 국가 안보와 국익을 위해 해외 정보기관인 MI6와 직·간접적으로 협조하면서 국가 안보를 수호하는 첨병 역할을 했다. 구소련을 상대로 한 심리전이 그것이다. 영국은 정보 공동체의 활동 방향을 기획하는 '합동정보위원회(Joint Intelligence Committee, JIC)'라는 기구가 있는데, 이 합동정보위원회는 BBC가 방송망을 통해 수집하는 해외 국가들 – 특히 구소련과 같은 폐쇄적인 국가들에 관한 모니터 자료에 주목했다. 이 자료들이 구소련 등 공산국가들을 상대로 하는 심리전에 활용할 수 있을 것으로 판단하고 BBC에 협조를 요청하게 된다. BBC의 자료가 정치적이고 사실적(factual)이라는 점에서, 또 중요한 정보의 차이를 메울 수 있다는 점에서 정보기관들의 주목을 받았다. 한편으로는 정보기관들은 공개 정보 중에서 심리전에 유용하게 활용 가능한 자료를 정리해서 BBC에 넘겨주기도 했으며, BBC는 CIA와도 정보 자료를 공유함으로써 미국과 영국 간의 정보 협력

관계를 돈독히 하는 데 기여하기도 했다.[96]

BBC는 이런 자료를 작성하는 데 3가지 요소를 고려했다. (1) BBC 자체에 가치가 있는 것인가, (2) 정보기관에도 유용한가, (3) 미국의 요구에도 부응하는가 등이다. BBC는 서독에 지부를 설치하여 구소련을 상대로 영국 국가를 대신해서 활발한 심리전을 전개하게 된다. 심리전의 주요 공략 포인트는 구동독 등으로부터 이탈자를 양산하는 것이었다. 왜냐하면 이탈자들은 당시에는 정보 수집이 어려웠던 공산권 국가들의 정보를 수집하는 데 도움이 되었기 때문이다. 그러나 소련이 재밍(jamming, 전파방해) 등 방해 작전으로 인해 이탈자가 줄어들고, 구소련의 의도와 능력을 수집하는 데 BBC의 심리전이 효과가 적다는 비판에 직면하게 되어 예산이 깎이는 수모를 당하기도 한다. 영국 재무부가 이 '모니터링 프로그램'에 대한 예산 삭감에 앞장서게 되어 정보기관과 갈등을 빚기도 했다.

결론적으로 BBC는 '공격과 방어'라는 두 가지 목적을 갖고 일했다. 첫째는 다른 국가들의 방송을 모니터하는 것이고, 둘째는 정보 목적에 맞추어 방송을 이용하는 것이었다. 이렇게 정부 또는 정보기관과 내밀하게 우호적인 관계를 유지해 오던 BBC는 1982년 4월 2일에 발발한 포클랜드 전쟁을 계기로 정부와 갈등적 관계로 변모한다. 포클랜드 전쟁을 치루면서 대처 당시 총리는 여론을 따르기보다 여론을 주도해 나가야겠다는 생각을 갖게 된다. 영국 정부는 BBC가 냉전 기간 동안 협조적 태도를 보여준 것과 같은 자세를 견지해 줄 것을 희망했으나, BBC는 전쟁이 발발한지 한 달 뒤인 5월 10일에 심층 시사 프로그램인 '파노라마(Panorama)'를 통해 반전운동가의 관점뿐 아니라, 아르헨티나의 관점도 반영하는 내

96 로버트 도버 & 미카엘 굿맨. 앞의 책. 120~121.

용을 방영하게 된다.[97] 이 프로그램이 방영되자 보수당 의원이었던 버나드 브레인 경(Sir Bernard Braine)은 '파노라마'를 "매국에 해당하는 이적 선전물"이라고 격렬하게 비난하는 등 당시 지도층의 비판이 거세졌다. 그러나 BBC는 "우리 업무는 국가 홍보가 아니다. 어렵고 우려스러운 현안에 대해 가장 신뢰할 수 있는 해답을 제시하는 일이다. 진실은 가장 강력한 선전이다. BBC가 지금까지 유지해 오고 있는 명성은 정부의 손짓에 따라 움직여 가며 얻은 것이 아니다"고 반박했다. BBC에 대한 이 같은 비판은 여론조사에서 "BBC의 보도가 공정했다"고 판단한 유권자가 81퍼센트에 이르자 정치권의 흥분은 가라앉기 시작했다. BBC에 대한 격한 공세의 이면에는 전 세계 영상매체를 무대로 펼쳐 온 심리전에서 패배하지 않을까 하는 영국 정부 및 정보기관의 두려움이 도사리고 있었다.[98]

이 같은 일시적인 갈등이 있었다고 해도, 대체적으로 영국 정부(정보기관)과 BBC는 특히 국가 안보와 관련한 사안에 대해서는 협조적이라고 볼 수 있다. 위기가 예측되면 BBC는 Crisis' arrangements(위기 사항을 보도함에 있어 국가위기포럼[national Media Emergency Forum])와 the Regional Media Emergency Fora에서 정하는 우선순위를 준수해서 보도하는 것이 이를 잘 보여준다.[99]

97 피터 영 & 피터 저서 지음. 권영근 · 강태원 옮김(2005). 『언론매체와 군대』. 서울 : 연경문화사. 217.

98 이현주. 앞의 책. 276.

99 로버트 도버 & 미카엘 굿맨. 앞의 책. 52.

4. 정보기관 저작물 출판과 언론인 대상 정보 수집 문제로 논란

영국은 1911년 독일의 스파이 활동에 대한 우려 때문에 공무비밀법(정식 명칭은 '공문서 및 정보의 폭로를 방지하기 위한 법률', 10개 조로 구성)을 제정하여, "정보를 폭로하는 것뿐 아니라, 입수하고 보유하는 것도 법에 저촉된다"고 규정(제2조)하고 있어 언론인이나 정보기관 요원들이 이에 부담을 느껴 내부 비밀에 대한 폭로가 많지 않은 편이다. 1974년에 몇몇 젊은 기자들이 '도청자들' 제하의 기사에서 "GCHQ라는 감청기관이 존재한다"는 사실을 처음으로 폭로했다가 해당 기자들이 런던의 중앙형사법원에서 유죄 선고를 받은 적이 있다. 이 사건 이후 가장 상징적인 사건이 「선데이타임스」가 보도한 MI5에 대한 비판 기사이다. 1985년 영국의 국내 보안 방첩 기관인 MI5의 비밀요원이었던 피터 라이트(Peter Wright)가 자서전 『스파이캐처』를 호주에서 펴내게 된다. 이 책에는 MI5 내 소련 이중간첩 색출작업, MI6의 나세르 이집트 대통령 암살기도, KGB요원으로 의심받았던 해롤드 윌슨(Harold Wilson) 수상을 제거하기 위한 MI5와 CIA의 합동작전 등 숱한 비화가 담겨 있었다. 이에 영국 정부는 출판을 금지했다. 1987년 7월 7일, 앤드류 닐(Anderew Neil) 편집인은 이 책을 구하기 위해 콩코드를 타고 뉴욕까지 날아갔다. 다음날 런던으로 돌아오는 비행기 안에서 내용을 간추린 뒤 보도를 결심했다. 이를 눈치 챈 재무성의 법무담당관이 신문사로 팩스를 보내 "만약 라이트가 쓴 책 내용의 어떤 부분이라도 보도할 경우 법정 모독죄의 책임을 져야 할 것"이라고 경고 했다. 「선데이타임스」는 이에 아랑곳없이 'MI5는 어떻게 수상에 대한 음모를 꾸몄나?'라는 제목으로 기사를 냈다. 닐 편집인은 "MI5의 전 국장 로저 홀리스(Roger Hollis)가 소련의 이중첩자로 의심받는 상황인데도 적절한 조사가 이루어지지 않았고, 국민들에게도 알려줄 의무가 있다"는 판단 아래 보도를 강행하게 된다. 이에 정부는 법무장관 명의로 7월 13일 「선데이타임스」와 편집인을 상대로 책 내용을 더 이상 보도하지 못하도록 법원으로부터 출판금지명령을 받아냈다. 이후 15개월의 시간과 3백만 파운드가 든 이 소송은 지루한 공방 끝에 신문사의 승리로 끝이 났다. 그러나 닐 편집인은 '껍데기 승리'라고 자조했다.[100] 영국의 '공무비밀법'은 언론기관의 보도와 논평을 억누르는 역할을 함으로써, GCHQ를 제외한 모든 영국의 정보 조직과 보안 조직이 KGB의 손 안에서 놀고 있었는데도, 영국 국민들은 평온한 나날이 계속되고 있다고 믿었다. '공무비밀법'은 국가의 정당한 비밀뿐 아니라 고급 관료의 범죄행위를 숨기는데도 기여했다. 2013년에는 정보기관에 대해 비판적인 입장을 고수하고 있는 「가디언」 지가 에드워드 스노든이 폭로한 NSA와 GCHQ의 감청사실을 보도하면서도, '공무비밀법' 저촉으로 기소당하지 않을까 걱정할 정도로 이 법은 위력을 떨치고 있다. 정보기관 입장에서는 합법적으로 활동 내용을 숨길 수 있는 훌륭한 '보호 장치'가 될 수 있는 부분이다.

2011년 9·11 테러 이후에는 정보기관의 모든 목표는 테러 방지를 최우선적 순위로 놓고 정보활동이 이루어지고 있다. 이에 언론인도 예외가 아니었다. GCHQ는 언론인을 '영향력 있는 위협 출처(influencing threat sources)'로 간주하고, 특히 탐사보도 전문 언론인이 퇴직 공무원을 상대로 내부 정보를 캐내기 위해 노력한다는 점을 들어 국가 안보에 상당한 위협적인 존재라는 인식을 갖고 있다. 그래서 메이저 언론사인 BBC, 로이터, 가디언, 더 선 등과 주요 언론인들에 대한 통화 내용 등을 상시

100 손태규(2011). 『왜 언론자유, 자유언론인가』. 서울 : 기파랑. 181~182.

적으로 수집해 왔다. 심지어는 특파원들이 편집진과 기사 방향을 놓고 논의하는 내용까지도 수집했다.[101] 2015년 1월에는 정보기관과 긴밀한 협조체제를 갖고 있는 영국 경찰이 수사권한규율법(the Regulation of Investigatory Powers Act : RIPA)을 근거로 비밀 누설혐의가 있는 공직자의 출처를 찾아낸다는 명분으로 82명의 언론인의 이메일에 접근한 사실이 드러났다. 이에 언론계에서는 "저널리즘은 테러리즘이 아니다"면서 "반테러법을 합법적인 보도를 위협하는 데 악용한다"고 항의, 문화부장관으로부터 사과를 받아 낸 바 있다. 이 같은 상황 속에서 2015년 1월 프랑스 잡지사 샤를리 에브도(Charlie Ebbdo)가 이슬람 극단주의 세력에 의해 테러를 당하는 충격적인 일이 발생하자 프랑스 다음으로 무슬림이 많은 영국도 긴장하여 '감청 면허장(snooper'charter)'이라고 불리는 인터넷 감시 강화 법안을 다시 통과시켜야 한다는 여론이 일어나기 시작한다. 이 법안은 2012년 4월 9일 '여왕 연설'에서 공식 제기되었으나, 집권연정의 한 축인 자유민주당이 '전적으로 반대'하면서 주춤해 온 상태였다. 인터넷 감시 법안은 첫째는 영국의 정부가 모든 전화 통화, 이메일, 인터넷 사용을 모니터할 수 있도록 권한을 확대하는 것이고, 둘째는 감청전문기관인 GCHQ에게 실시간(real time)으로 이러한 정보에 접근할 수 있는 권한을 부여하자는 내용이었다. 보수당 정부는 페이스북과 같은 소셜미디어와 스카이프 같은 인터넷 전화가 '국제테러단체, 아동포르노 생산판매망, 범죄집단'에 의해 이용되고 있는데다, 기존의 '수사권한규율법 2000'만으로는 급속히 발전해가고 있는 소셜미디어를 따라잡는 데 한계가 있다는 점을 들었다. 이에 주요 언론들은 "영국 정부가 이메일이나 소셜미

101 가디언, 2015년 1월 19일

디어의 교신정보 즉 누가, 언제, 어디서, 누구와 교신했는지를 알아내어 영국에 해를 끼치려는 자들을 색출하려는 목적이라고 주장하지만, 카페에서 커피 한 잔 값으로 이메일을 보내는 세상에서 그런 권한을 정부기관이 갖는다고 테러리스트 등을 쉽게 잡아낼 수 있느냐"며 반대했다. 「가디언」 지도 블레어 총리가 총선 전에 이 법안을 밀어붙이려 한다고 비판하면서, '개인의 로그기록을 12개월 동안 보관'하는 것과 '정보기관 등이 이 기록에 접근하도록 허용'하는 조항에 대해 비판적 입장을 취하고 있는데다가, 3년 전에 이 법안을 처음 발의했던 노동당도 각 정당들의 합의와 기존의 데이터 감시 법안을 전부 조사할 필요성이 있다는 점을 내세워 소극적인 입장을 견지하고 있어 당분간 통과가 쉽지 않아 보인다.[102]

5. 영국 정보기관, 언론 홍보 활동 강화로 호의적 이미지 구축 추진

감청기관인 GCHQ(정보통신본부)와 국내 방첩 기관인 MI5 등은 그간의 폐쇄적인 태도를 버리고 언론과의 접촉면을 넓히고 있다. 에드워드 스노든이 NSA와 GCHQ의 전방위적인 감청 사실을 폭로한 2013년 이후 언론을 대하는 태도가 바뀌고 있다. GCHQ는 그간 소규모 홍보팀을 운영하긴 했으나, 이들 조차도 언론의 질문이나 접촉 요구에 대해 퉁명스럽게 대응해 왔다.

그러나 스노든의 폭로 이후 감청 업무의 정당성을 확보하고, 테러의심자 등에 대한 감시 활동 강화를 법제화하는 관련 법 심의를 앞두고 적

102 가디언, 2015년 1월 23일

극적으로 언론을 상대하고 있다. 단적인 사례가 영국의 일간지 「더타임즈」가 2015년 10월 GCHQ의 Doughnu 본부 건물 사진을 1면에 싣고, GCHQ의 변화된 태도를 칭찬하는 칼럼을 게재하는가 하면, the Cage 방문을 언론인에게 허용한 것 등을 대대적으로 보도한 데서 알 수 있다. The Cage는 정부의 암호 코드를 창안하는 기지이다.

베일에 쌓여 있던 GCHQ가 개방적인 태도를 전환한 데는, 미디어를 무시하기보다 미디어와 함께 가는 것이 더 좋다는 인식과 국민들로부터 보다 많은 지지를 얻는 것이 중요하다는 판단에 따른 것이다.

특히 시민들의 데이이터를 집중 수집하려는 법은 프라이버시권과 필연적으로 충돌하기 때문에 국민들의 폭넓은 공감대를 확보하지 못하면 입법도 어렵고 정보기관의 활동에 대해서도 정당성을 부여받기 곤란하기 때문이다.

한편 MI5도 적극적으로 언론에 다가서고 있다. 앤드류 파커 (Andrew Parker) 국장은 2015년 9월 BBC 라디오4와 정보기관장으로서 처음으로 인터뷰를 했으며, 같은 해 10월 28일에는 외부 강연에도 나가 "조사 권한 강화법" 제정의 필요성을 역설하기도 했다.[103]

103 가디언. 2015년 10월 28일

제3절

독일의 정보기관과 언론

1. BND의 실책·위상 회복 과정과 언론

연방정부에 설치된 각급 정보기관으로는 연방총리실 소속의 연방정보부(BND:Bundesnacrichtendienst), 연방내무부 소속 외청인 연방헌법보호청(BfV), 국방부 소속의 국방보안국(MAD) 등이 있다. 정보보안기관들은 연방하원 정보통제위원회의 통제를 받고 있다. 연방정보부, 연방헌법보호청과 국가보안국 등은 연방경찰관청으로 분류되지만, 직접 강제 수단과 집행경찰 공무원은 없다. 이처럼 독일 정보기관들은 방첩과 보안업무를 포함, 정보 수집·분석 업무만을 수행하고 있다. 정보기관들이 수사권과 집행 권한을 함께 갖지 않고 있는 데는 역사적 배경이 있다. 과거 나치 독재정권 시절 정보기관에 수사권과 권력이 과도하게 집중되었던 것과 같은 폐해를 막고자, 제2차 세계대전 후 정보기관에 수사권과 집행 권한을 부여하지 않게 되었다.[104]

104 BND가 언론인들에 대한 감시와 공작차원에서 접촉하게 된 동기는 언론인들에게 내부 정보를 누설

독일 정보기관을 대표하는 연방정보부는 1956년 4월 1일 설치되어, 1972년 뮌헨 올림픽 테러사건을 계기로 전 세계적인 테러단체의 활동과 조직망에 대한 감시가 주요 직무영역이 되었다.[105] 그렇다고 해도 통독 전까지 최우선 정보 목표는 동독이었으며, 전체 공작 역량 가운데 약 40퍼센트를 동독에 집중하여 동독을 무대로 바르샤바 조약국들의 정치 및 외교정책과 군사력에 관한 정보 수집에 주력하였다. 그러나 소련 및 동구 공산권 해체 등에 대한 예측정보에 실패한데다, 1994년 8월 10일 소위 '플루토늄 사건'으로 결정적 위기를 맞게 된다.

'플루토늄 사건'이란 제13대 독일 총선을 2개월 정도 앞둔 1994년 8월에 모스크바 발(發) 루프트한자 여객기 편으로 363.4그램의 플루토늄을 밀반입한 콜롬비아인 밀수조직 3명을 뮌헨 공항에서 체포하였다고 BND가 대대적으로 발표한 사건이다. 그러나 시사주간지 「슈피겔(Spiegel)」[106]이 "통독 후 여건 상실과 위상 저하로 인원 감축을 강요받던 BND가 위기 타개를 위해 공작원을 플루토늄 구매자로 위장하여 200여 명의 항공기 승객의 생명을 담보로 맹독성 물질인 플루토늄 밀수를 조작했다"고 폭로함에 따라 커다란 정치 문제로 비화하게 된다. 이 사건을 계기로 BND는 '민주주의를 위태롭게 하는 조직'으로까지 매도되면서 무

한 자를 색출하기 위한 것으로, 연방정보부법에 근거를 두고 있다. 연방정보부법 제2조 1항 1호에 따르면 "연방정보부는 보안을 위태롭게 하는 …… 활동에 대해서 연방정보부의 직원들, 시설물, 대상 및 정보 출처를 보호하기 위하여 …… 사람에 관련된 자료를 포함하여, 필요한 정보를 수집하고, 처리하고 그리고 사용할 수 있다"고 규정되어 있다.

105 BND의 인원은 총 6000여 명이며, 이 중 분석관이 1000여 명이다. BND 부장은 매주 총리에게 정보 브리핑을 실시하며 정보 보고서를 상보한다. 사안에 따라 정부 내 각급 회의에 참석하여 현안에 대해 설명하기도 한다.

106 「슈피겔」은 진보 성향의 잡지로서 정보기관에 대해 특히 비판적이다. 2013년부터 CIA와 미국의 감청기관인 NSA(국가안보국) 등이 독일에서 활동하고 있는 내용을 수시로 취재해 기사화하고 있다.

용론 및 해체론이 최고조에 이르게 된다. 언론에는 BND 요원을 '검은 안경을 쓴 떨거지들'로 비하하는 풍자 만평이 게재되는 등 BND에 대한 여론의 질타와 정치권의 불신이 오랜 기간 지속되었다. 90년대 중반에는 "아마추어 모임"이라는 비아냥까지 들으며 예산 감축과 더불어 요원들을 약 30퍼센트 감원하기도 했다.

조직이 해체 위기까지 갔던 BND는 2000년 이후 연방 수도가 본(Bonn)에서 베를린으로 이전함과 동시에 독일의 외교정책 및 안보정책상 새로운 수요가 증가하는 환경 변화에 힘입어 정책의 조언자 및 정책 서비스 제공자로서 연방정보부의 중요성이 새롭게 주목받게 되었다. 해외 정보를 수집·분석하여 정책 결정의 기초자료를 제공하는 역할을 하게 된다. BND가 냉전체제 종식 이후 예측이 어려워진 '새로운 국제사회'에 대한 분석능력을 갖추고 있었던 것이 위상 회복의 모멘텀으로 작용했다. 이외에도 BND 스스로 부장 직속으로 '홍보실'을 신설하고, 주요 현안에 대해 언론 홍보를 강화하는 등 이미지 개신을 위한 뼈를 깎는 개혁 조치가 뒤따랐음은 물론이다.

2. 언론인을 활용한 정보 수집 노력 및 관리

BND는 설립 초기부터 언론인을 활용한 정보 수집에 큰 관심을 갖게 된다. 주로 소련 및 동구권 주재 특파원들을 눈여겨보고 협조를 요청하게 된다. 때에 따라서는 이들 특파원들과 부임 전에 활용 계약을 맺고 보수를 지급하기도 했다. 70년대에는 독일 언론사 특파원들의 5퍼센트가량이 BND 및 헌법보호청에 협조했다는 것이 일반적인 평가이기도 했다.

BND는 이들을 통해 통상적인 첩보를 수집한 이외에 동독을 대상으로 한 심리전 활동에 활용하는 소위 '영향력 사업'도 추진하여 일정한 성과를 내기도 했다.

1993년 7월에는 전직 기자가 BND와 언론인의 커넥션을 고발한 책을 발간해서 독일 언론계가 한바탕 홍역을 치룬 적도 있었다. 전직 기자 출신으로 BND 전문가로 자처한 슈미트 엔봄(Schmidt Eenborm)은 『코 없는 염탐자 – 국가의 비밀권력 BND(Schnueffler ohne nase-Der BND ieheimliche Macht im Staat)』이란 저서를 출판하게 된다. "BND는 언론인과 출판계 종사자 230명을 3등급으로 분류, 관리했다. 1등급은 '완전히 신뢰할 수 있으며, 정기적으로 혹은 자주 접촉할 필요가 있는 언론인'으로 규정했다. 2등급은 '공식적인 접촉이나 필요에 따라서 접촉할 수 있는 언론인'을, 3등급은 '우연한 접촉 혹은 계획 등에 따라 접촉할 필요성이 있는 언론인'으로 나누어 관리했다"고 밝히고 있다. 또 이들을 '별명' 형태로 관리했는데, 「포쿠스(Fokus)」의 편집인 림바흐(Limbach)는 1등급으로 '리메스(Limess)'라는 별명을 붙였고, 독일의 4대 일간지 중 하나인 「디차이트(Diezeit)」의 발행인 된호프(Denhof)는 '도로테아', 4대 주간지 중 발행부수가 가장 많은 황색 저널 「빌트(Bild)」의 전임 편집장이고 헬무트 콜 정부 시절 정부 대변인이기도 했던 뵈니쉬(Wenish)는 '봉어트', 공영 2TV의 국장 홀짜머(Holzamer)는 '후퍼르츠', 공영라디오 독일 방송의 국장 슈타이그너(Schteigner)는 '슈터텔'이라고 별명을 붙였다. 심지어는 언론인의 약점을 잡아 협조를 강요하기도 했다. 「슈테른」의 발행인 난넨(Nannen)이 그 대표적인 경우다. 난넨은 밀수 혐의 때문에 1944년 '쥐드 슈테른' 부대로 전출된 전력이 있다. 이 부대는 당시 로마에서 연합군을 모함하는 전단을 만들어 뿌리던 나치친위대의 선전부대였다. 약점을 잡힌 난넨은 "전

후 냉전체제로 양분된 서독에서 일반적으로 관철되던 언론 보도 방침을 철저히 따를 수밖에 없었다"는 것이다.[107]

이외에도 유력 주간지 「포쿠스(Fokus)」의 자유계약직 기자였던 빌헬름 디틀(Wilhem Dietl)은 1982년부터 1998년까지 7억 원 이상의 돈을 받고 BND를 위해 자국 언론인들의 일거수일투족을 체크한 것으로 알려져 파문이 일기도 했다.[108] 이외에도 10여 명 이상의 기자들이 BND나 헌법보호청에 돈을 받고 협조한 것으로 알려졌다. 이 같은 사실이 드러나자 당시 하닝(Hanning) BND 부장이 실수를 자인하고 언론사를 상대로 사과했으며, '독일언론인연합' 등 언론단체는 정부와 정보기관을 상대로 '언론자유에 대한 침해'로 규정하고 일제히 비판하기도 했다.[109]

3. 비밀누설자 색출 명목의 언론인 사찰로 언론계와 긴장

해외 정보 수집 업무를 주로하는 BND는 국내 사찰의 경우 내부 보안에 위협을 받을 때만 예외적으로 허용하고 있지만, 그동안 BND의 활동에 대해 자주 기사를 쓰는 언론인과 그의 가족 및 주위 사람들의 사생활과 활동에 대해 감시한 일이 드러나 파문을 일으켰다.

2005년 11월 BND는 언론에 내부의 비밀 자료를 유출시킨 요원을 색출하기 위해 1980년 중반부터 2003년까지 수명의 언론인과 학자들을

107 "정보기관 BND가 언론인 230명 관리해 왔다". 월간 『말』. 1999년 2월호.

108 최유환(2009). 독일 정보기관의 정보개혁 – 연방정보부(BND)를 중심으로. 성균관대학교 국가전략대학원 석사논문. 36.

109 연합뉴스, 2006년 5월 16일

감시한 것이다. 독일의 일간지 「쥐드도이체타이퉁(SZ)」은 2005년 11월 11일 하닝(Hanning) 연방정보부장이 "BND 요원 가운데 정보누설자에 대한 사찰이 있었으며, 이 과정에서 언론인도 초점의 대상이 되었다"고 시인했다고 보도했다. 사찰을 담당한 부서는 요주의 인물에 대한 감청과 미행, 감시업무를 담당하는 QC30과(課)였다. 또 QC30과는 1994년 4월부터 1995년 1월까지 10개월간 BND에 관한 기사를 자주 작성했던 시사주간지 「Focus」의 요제프 후펠슐테(J.Hufelschulte) 기자를 2개 팀이 미행하기도 했다. BND는 동 기자가 1993년 연방범죄수사청이 적군파 테러리스트를 바트 클라인(Bad Klein)이라는 조그만 시골의 간이역에서 사살한 사건의 전모를 파헤친 기사를 동지에 게재한 것을 계기로 주시하게 된다.

한편 BND의 요청을 받은 경찰은 2005년 3월 요르단 출신의 테러리스트인 아부 무사 알 자르카위에 관한 기사를 게재한 정치 월간지 「키케로(Cicero)」에 대해 압수수색을 벌였다. 브루노 시라(Bruno Schirra)라는 기자가 연방범죄수사청이 작성한 알 자르카위 대한 700쪽 분량의 비밀문서를 토대로 기사를 작성한 때문이었다. 그 기사 내용에는 알 자르카위가 휴대전화로 통화한 상대들의 전화번호가 포함되어 있었다. BND는 이러한 정보가 현지 비밀요원들의 생명을 위태롭게 할 수 있다면서, 시라 기자의 자택을 압수수색하여 BND와 CIA, 모사드, MI6 등이 작성한 이라크와 이란에 대한 비밀문서를 발견하고 시라 기자와 「키케로」 지 발행인을 국가기밀 누설죄로 고발했다.

이같이 언론인에 대한 감시 문제를 놓고 수시로 언론계와 갈등이 빚어지자 2006년 5월 15일 앙겔라 메르켈 독일 총리는 BND가 언론인을 정보원으로 이용하지 말 것을 명령하는 한편, "앞으로 BND는 언론인에 대한 정부수집 활동을 하지 말아야 하며, 내부 정보 누설자을 색출하기 위한 목적이라도 이를 허용해서는 안 된다"고 강조했다. 정보통제위원회 차원에서도 쉬아페(Schaefer) 판사 주도로 2005년 11월 30일부터 조사가 진행되었다. 쉬아페 판사는 조사 결과 "언론인에 대한 감시조치는 불법적인 것이었으며, 필요성의 원칙 및 비례 원칙에도 부합되지 않았다"고 결론지었다. 정보원일 가능성이 있는 자들과 언론인들과의 대화를 감시한 것은 제3자의 권리 및 언론 보도의 자유를 침해했기 때문에 동 조치는 불법적이라고 적시했다. 그러면서도 "정보 출처로서 언론인들을 이용하는 것이 법률적으로 기본적으로 금지되지는 않지만, '연방정보부법' 제2조 1항 1호 – 4호에서 규정된 직무를 수행함에 있어서, 그 정보 출처가 언론의 자유를 침해하는 경우, 그런 조치가 반대 당사자의 이익을 침해하는지 여부(비교형량)에 대한 심사가 필요하다"고 덧붙였다.[110]

최근에는 인터넷 탐사보도 전문매체인 「넷츠 폴리틱(Netzpolitik)」 기자인 마르쿠스 벡케달(Markus Beckedhal)과 안드레 마이스터(Andre Meister)가 2015년 4월경 독일의 국내정보수사기관인 헌법보호청(BfV)이 운영하는 사이버 감시프로그램 내용과 운영 실태 – SNS와 온라인 채팅 등을 모니터링 – 를 상세히 보도한 바 있다. 이에 랑게 검찰총장은 "외부 법률 전문가들에게 검토를 의뢰한 결과, 국가반역죄(treason)에 해당된다는 통보를 받았다"며, 이를 보도한 기자 2명을 조사하도록 지시했다. 그러자 독일 언론계는 언론의 자유를 위협하는 행위이자 내부 고발자를 막는 결과를 가져올 뿐 아니라, 탐사보도를 더욱 어렵게 한다는 이유로 크게 반발했다. 파장이 적지 않게 퍼져나가자 앙드레 메르켈 총리는 언론인 조

110 임준태(2010). 독일정보기관의 직무영역과 법적 토대에 관한 연구. 『한 · 독 사회과학 논총』. 제20권 제1호. 20~22.

사를 지시한 랑게 총장을 해임함으로써 파문은 가라앉게 된다.

이 같은 조치는 영국의 공영방송인 BBC가 "나치 통치시절 지배권력의 혹독한 사회통제를 경험한 독일인들이 언론의 자유에 대해 민감하다는 걸 보여준 사례"로 분석한 것처럼, 독일의 정보기관은 나치 시대에 시민의 자유를 억압하고 나치의 일당 독재에 앞장섰던 전례를 거울삼아 잃어버린 정통성을 확보하기 위해 상대적으로 미디어에 대해 오픈 접근전략(open apporach)을 펴고 있다.

4. 「슈피겔」 지[111] : 정보기관의 저격수

「슈피겔」은 독일의 저명한 주간 시사 종합지로서 논조는 진보적인 성향으로 평가받고 있다. 동지는 미국 CIA나 BND 등 정보기관의 활동상에 대해 여러 건의 특종[112]을 보도함으로 인해 정보기관의 주목을 받고 있는데, 기사화할 때는 대부분 비판적 시각으로 보도하고 있다. 정보기관에 대한 감독 강화를 요구하거나, 정보기관의 본질을 뒤흔드는 투명성을 수시로 강조하고 있어 정보 공동체에 부담을 주고 있다.

일례로 2015년 7월에는 "2011년 여름 CIA가 독일의 고위급 정보관리인 귄터 하이스(Gunter Heiss)와 산책하면서 독일의 익명의 고위층이 언

111 「슈피겔」은 2000년과 비교했을 때 15년간 판매 부수가 23.6퍼센트가 감소했고, 광고는 70퍼센트나 줄었다. 2015년 발행부수가 79만 6234부로 한때 110만 부를 자랑하던 「슈피겔」의 자존심에 생채기가 났다. 특히 가판은 지난 10년간 45.6퍼센트가 줄었다. 이 같은 원인으로 "그간 환상에 젖어 부서 업무만 생각할 뿐 회사 전체를 위한 협업은 잘 하려 들지 않았다. 변화를 두려워하고 현상 유지에 급급했기 때문"으로 지적되었다.

112 2009년 독일계 이슬람 극단주의자인 모하메드 하이다르 잠마르를 시리아로 인도했는데, 그는 시리아에서 격심한 고문을 받았다는 내용 등이다.

론에 기밀 사항을 흘렸다며, 조치를 요구했다"는 내용을 보도했다. 유출자로 의심받은 인물이 한스 요세프 포르베크(Hans Josef Vorbeck)로 「슈피겔」과 수시로 접촉했다는 것이다. 하이스(Heiss)는 2011년 6월 버지니아 랭글리에 소재한 CIA 본부를 방문한 적이 있는데, 이 내용마저도 얼마 되지 않아 「슈피겔」에 보도되어 미국을 화나게 하기도 했다. 이에 동지는 독일에 거점을 두고 있는 NSA[113]가 독일 고위층을 대상으로 감청한 증거라며, 이를 CIA가 입수한 것이라고 주장함과 동시에 독일 국내법을 위반한 행위라고 비판했다. 독일 국내법은 '상당히 중대한(considerable importance)' 정보 사안의 경우 Bundestag's Pariamentary Control Panel(이 기구는 정보기관을 감독하는 위원회이다)에 보고토록 되어 있으나, 이 사안에 대한 조사 내용 등이 일체 보고된 바 없다고 꼬집었다.

이외에도 2015년 11월 7일자에 BND가 유럽의 유호적인 기관에 대해서도 광범위한 첩보 활동을 하고 있음을 폭로하여 또 한 번 정보기관을 곤혹스럽게 했다. BND는 미국 NSA의 요청에 의해서가 아니라 자체적으로 미국 정부 관리 및 바티칸 등을 대상으로 감청했다. BND의 감청 기지는 바이에른(Bavaria)주 바트 아이블링(Bad Aibling)에 위치하고 있으며, 이곳에서 제네바에 소재한 적십자 본부 등을 감청한 것이다. 이 밖에도 폴란드·오스트리아·덴마크·크로아티아도 포함되어 있는데, 방법은 브뤼셀에 소재한 미국 및 유엔의 외교 전진 기지들이 가동하는 통화 라인을 인터셉트하는 것이었다.

이런 사실은 메르켈 독일 총리가 2015년 10월 중순 정보기관 감독위

113 미국은 독일 Ramstein에 공군기지를 두고 있는데, 이 기지는 미국의 대테러전쟁의 핵심노드 역할을 하고 있다.

원회에 출석해서 "BND가 수년 동안 유럽 국가들과 우호적인 파트너 기관들에 대해 감청해 왔음"을 시인함으로써 처음 드러났다.

이에 독일 정부는 독일 정보기관 개혁 법안을 내놓고 논의를 거듭하고 있다. 개혁의 초점은 투명성을 제고하여 불신 분위기를 제거하는 것이다. BND가 불신을 받게된 원인 중의 하나는 미국 NSA 때문이기도 하다. 스파이 스캔들(espionage scandal)이라 불리는 이 사안은 NSA와 BND가 9·11 테러 발생 이후 2002년 정보 협력 양해각서를 교환하고 BND가 NSA를 대신해서 방위산업업체 등 주요 전략 기관이나 기업을 상대로 첩보를 수집한 것이다. 유로콥터나 EADS 등이 주요 타깃이었는데, NSA는 BND에 상당한 자금과 함께 73회선의 이들 기업 전화번호를 제공했다. 이 당시 감청 대상자가 4만여 명 이었으며, 68.7퍼센트가 유럽의 파트너 기업들이었고, 독일 기업도 상당수 포함되어 있어 여론의 따가운 비판을 받게되어 2006년에 종료했다. 이후 SPD(사회민주당) 내 일부 그룹은 BND가 독일 시민뿐 아니라 유럽기구나 시민 모두에 대한 감청을 엄격히 규제하는 법안을 내놓았다. "BND를 현대적이고 헌법적인 기반 위에 올려놓아야 한다"는 논리를 앞세우고 있다.

제4절

중국의 정보기관과 언론

1. 중국의 정보 역사의 흐름과 정보매체의 탄생

중국의 정보활동에 관한 공개된 자료는 많지 않으나 중국의 정보활동의 역사는 깊다. "잘 키운 첩자 하나 백만 대군 안 부럽다"고 할 정도로 정보의 중요성을 일찍 터득했다. 먼 옛날부터 정보를 수집하고 다루고, 만들어 내는 재주가 뛰어났다. 수천 년 동안 크고 작은 국가 간에 생사를 건 전쟁이 지속되어 개인이나 국가의 생존에 있어서 '사전 정보 수집'은 필수적인 요건의 하나였기 때문이다. 혹자는 춘추전국시대부터 기록에 나타난 공식적인 전쟁 횟수가 3700여 회에 달한다고 주장한 사람이 있을 정도다. 중국 남부의 경우 각종 싸움이 북방보다 더 잦아 1년에 130회 정도 전란을 겪은 촌락도 있었다고 한다.[114] 이런 여파로 『손자병법』이나 『육도』와 같은, 요즘으로 말하면 빼어난 첩보전략서가 출간되기에 이른다. 『손자병법』은 능이상지위간자 필성대공(能以上智爲間者 必成大功)이라고

114 유광종(2012). 『중국은 어떻게 모략의 나라가 되었나』. 서울 : 웅진지식하우스. 41.

단언했다.[115]

중국 역사에서 '정보 요원'을 '간자(間者)'라고 불렀는데, 그 원초적 한계와 은밀성 때문에 모호한 점이 많다. 그러나 확실한 문헌 자료로 입증되는 첩자기구는 삼국시대의 '패부교사(覇府校事)'와 '중서성(中書省)'이다. '패부교사'는 우리가 잘 아는 위나라 조조에 의해 설립되었는데, 주로 자신의 막료를 중심으로 한 '패부'라는 기구 안에 첩보와 통신을 책임진 '사인(舍人)' 외에 비밀첩자라 할 수 있는 '교사(校事)'라는 관직을 두면서 시작되었다. 이들 기구는 신료나 민간에 대한 감시와 정탐을 주로 담당하여 최고 통치자의 눈과 귀 노릇을 하였다.[116]

중국 최초의 정보기관은 당나라 고종의 황후로서 아들 고종을 폐위시키고 잔인무도한 여황제가 된 측천무후(624~705)가 625년경 만든 것으로 알려져 있다. 이 비밀기구는 잔인한 신문교범을 갖추고 45년 집권 동안 반대파들을 잔인하게 고문하고 처형했다. 이후 당나라는 방대한 첩자기구인 '진주원(進奏院)'도 만들었다. 이는 지방 번진들의 세력이 중앙을 압도하면서 만들어졌는데, 각지의 번진 세력들이 중앙 정부에 보고한다는 명목으로 경성 장안에서 각종 정보를 수집하던 첩자 정보 조직이었다. 특히 의미가 있는 것은 중국 역사상 최초의 '뉴스 정보지'가 만들어졌다는 사실이다. '개원잡보(開元雜報)'라는 것이 그것인데, 조판 인쇄로 '진주원' 관계자가 편집을 했다. 이 정보지는 정보 신문의 원조가 되었을 뿐 아니라 중국 첩보 역사에서 첩보에 의한 정보를 공개 문서의 형식으로 만드는 발단이 되었다.[117]

115 최태웅 옮김(2011). 『손자병법』. 서울 : 새벽이슬. 285.

116 김영수. 앞의 책. 183.

117 김영수. 앞의 책. 185.

표 5 국공내전 당시 공산당이 국민당에 심어놓은 고급 첩보원

이름	내용
숑샹후이 (熊向暉)	• 장제스의 최측근이었던 후쭝난(胡宗南)의 정보참모로 들어가 1949년까지 공산당을 위해 12년간 발각되지 않고 스파이 활동을 수행 • 동서고금을 통해 가장 뛰어난 정보요원이란 평을 받았음 • 저우언라이가 동명의 자질을 알아보고 침투시켰음
류페이 (劉斐)	• 국민당 총참모부 차장인 류페이 장군은 공산당에 포섭되어 주요 작전 정보를 공산당에게 보고 • 마오쩌둥이 공개적으로 '인민공화국 건립에 공헌한 훌륭한 시민'이라고 칭송했을 정도였음
옌바오항 (閻寶航)	• 1945년 소련 홍군의 만주 진입에 결정적인 정보 제공자 • YMCA 활동을 한 경력을 바탕으로 장제스의 처 쑹메이링에게 접근하여 신뢰를 획득한 뒤, 국민당 고위층의 정보는 물론 동북의 일본 관동군에 대한 기밀 자료도 모두 입수
리커눙 (李克農)	• 정보의 천재로 불렸을 정도. 국민정부 국방부 작전처장을 비롯해 국방부장과 참모총장의 '기요비서(機要秘書)'를 공산당원이 되게 했고, 상대편에 빼낸 극비 자료를 다음날 공산당의 해당 지휘관 책상 위에 올려놓았던 인물 • 협상 능력도 뛰어나 한국전쟁과 제네바 회담 대표로도 참여하여 '2시간 12분간 침묵 대치'라는 기상천외한 담판 모습을 선보이기도 했으며, 중국의 국제 공작 조직의 기초를 확립

■ 출처 : 〈김명호의 중국인 이야기〉와 〈중앙선데이〉에서 재정리

이어 중국 역사상 가장 악명 높은 첩자조직을 운영한 명나라를 거쳐 — 명나라는 환관이 중심이 된 삼창(三廠 : 동창, 서창, 내행창)을 운영[118] — 청나라 때 이르면 비교적 근대적인 모습의 정보기구를 만들면서도

118 주원장의 아들 영락제는 어린 조카를 제치고 즉위했다. 그 과정에서 환관의 도움을 많이 받았다. 북경 동안문 밖, 지금의 베이징미술관 건너 편에 '동창후퉁(東廠胡同)'을 설립하고, 환관에게 운영을 맡겼다. 법률의 구속도 받지 않았다. 잡혀온 고관대작들은 환관들에게 특이한 신고식을 거쳤다고 한다. 성기를 집중적으로 두들겨 맞고 서서히 죽어갔다.(중앙선데이, 2012년 12월 23일)

'정보매체'는 황제 혼자서만 볼 수 있는 '비밀 보고서' 형태로 운영했다. 강희제는 '밀절언사(密折言事)'라는 비밀 첩보를 제도화하고, 중앙과 지방의 각급 정부기구를 낱낱이 통제하고 감시했다. 옹정제는 공식문서인 제본(題本)과 다른 주접(奏摺)이란 방식을 활용했다. '주접'은 관리 개인이 비공식적으로 천자에게 보내는 친필 편지였다. 단순한 문안인사에서 군사상의 기밀도 담았다. 옹정제는 이런 방식으로 모든 관리와 일대일 직보 체계를 갖춰 상호 감시를 제도화하고 제국의 정보를 독점했다. 이외에도 함풍제 때는 홍슈찬이 일으킨 태평천국운동을 진압하기 위해 정보의 수집과 분석을 맡은 '정보채편소(情報采編所)'를 두기도 했다.[119]

근대에 이르러 장제스가 이끄는 국민당과 마오쩌둥이 이끄는 공산당이 대륙을 장악하기 위해 국공내전을 벌이게 되는데, 이때에도 빠지지 않은 부분이 당연히 정보였다. 장제스는 '군통(軍統 : 국민당 군사위원회 조사통계국)'을 만들어 다이리에게, 마오쩌둥은 '중앙특별위원회'를 만들어 저우언라이(周恩來)에게 맡겼다. 양측 간의 정보전쟁은 '공작의 달인'이라는 평을 들은 저우언라이의 승리로 끝났다. 정보전에서 국민당은 공산당의 적수가 되지 못했다.

2. 신화사 등 언론기관 활용 및 심리전 공작

중국은 경쟁국과 특정 현안을 놓고 충돌하면 세 가지 유형의 전쟁을 펼치는데, 심리전(군고위 관계자의 엄포 등) · 언론전 · 법률전이 그것이다. 중국

119 중앙선데이, 2014년 12월 20일

의 대표적인 정보기관인 국가안전부가 이 세 가지 전쟁의 첨병 역할을 하고 있다. 국가안전부는 1983년 6월 창설되기 이전에 국무원 산하의 공공안전부가 국가의 안전, 국내외 정보 수집, 방첩, 체제전복방지, 해외 공작, 경찰, 국경수비, 공작 및 보안업무를 담당해 왔다. 그러나 개혁개방 이후 중국에 대한 외국의 정보활동이 강화되자 국가안전부라는 보다 확장된 조직을 창설하게 된다.

국가안전부는 공공안전부의 국내외 정보 수집 기능과 방첩, 대테러 예방 및 진압, 그리고 인민해방군이 갖고 있던 국제 정보 수집 기능 일부를 흡수하게 되어 활발하게 대외 정보활동을 펴게 된다.[120] 국가안전부는 4명의 부부장 아래 본부는 27개 부서를 포함하여 50여 개 해외 거점(약 200여 명)을 운영하고 있으며, 본부 요원은 약 4천여 명으로 추산된다. 외곽단체로는 현대국제관계연구소, 광명일보, 과학기술일보, 경제일보, 청년신보 등을 두고 있다. 국가안전부는 이들 외곽 매체의 기자를 이용해서 거의 합법적으로 산업정보 등 전 분야에 걸쳐 정보를 수집하고 있다. 서방정보기관들이 애용하는 정보 요원을 기자로 위장하는 방식을 안 쓴다. 이유는 '기자가 곧 정보 요원이기 때문이다. 이런 형식으로 해외에서 활동 중인 중국 협조자는 약 4만 명으로 추산되고 있는데, 세계 곳곳에 퍼져 있는 화교 사회(vast diaspora)도 중국의 정보활동을 지원하고 있는 것으로 알려져 있다.[121] 정보 수집 방법도 유연하면서도 자연스러운 접근 방법 즉 사교적인 접촉(social contact)을 통해 정보를 도출해 내는 것이다. 특히 해외 거주 중국인들의 고향 의식을 이용하되, 수년간에 걸쳐

120 최평길, 앞의 책, 100~101.

121 세계일보, 2007년 5월 22일

표 6 중국의 인터넷 통제 조직도

중앙 인터넷 안전 및 정보화 영도소조(총 지휘)

- **설립** 2014년 2월
- **조장** 시진핑 국가주석
- **부조장** 리커창 총리, 류윈산 정치국 상무위원
- **조원(추정)** 왕후닝 중앙정책연구실 주임, 류치바오 선전부장, 판창룽 중앙군사위원회 부주석, 리잔수 중앙판공청 주임 등
- **판공실 주임** 루웨이 국가인터넷정보판공실 주임
- **임무** 인터넷 관리 통일적 지도
  사이버 안보 문제 총괄 조정
  국가 사이버 안보 거시 계획 및 정책 제정

국가 인터넷 정보판공실	공안부	국무원 신문판공실	공업정보화부	중앙선전부
(인터넷 관련 법률 제정)	(인터넷 범죄 단속)	(온라인 뉴스 내용 감독)	(통신네트워크 감독)	(인터넷 공간 내 보도지침 결정)

■ 출처 : 중앙일보, 2016년 4월 6일

협조자를 양성하는 방식이다. 돈으로 정보를 빼내는 방식을 선호하지 않는다. 결함이 있는 협조자보다 야심이 있으면서도 서로에게 도움이 되는 사람을 찾아내서 포섭한다.[122] 이 방식은 해당국 방첩 기관의 눈을 피하는데도 유리하다. 또 정보기관들이 전통적으로 구사해 온 기차역 등 비밀회동장소를 활용해서 정보를 교환하는 방법을 사용하지 않고, 협조자 스스로가 안전하다고 느끼는 환경이 만들어질 때까지 서둘지 않고 기다리는 것이다. 국가안전부는 캐나다에서 활동했던 협조자의 경우 무려

122 20년간 중국의 협조자로 활동했던 치마오(Chi Mao)는 "자신은 중국 정보기관으로부터 돈을 받은 적이 거의 없으며, 단지 광저우에 사는 매제의 어머니를 국가안전부가 돌봐준 것이 전부였다"고 술회한 적 있다.(I.C. Smith. *Historical Dictionary Chinese Intelligence*. The Scarecrow Press. 4~5)

24년간을 기다렸는데, 이는 협조자가 가치 있는 정보에 접근할 수 있는 자리에 승진할 때까지 걸린 기간이다. 이는 중국인 특유의 만만디 전략이다. 중국은 사회주의 국가답게 공산당과 언론이 한통속이다. 자유민주주의 국가에서처럼 정부와 언론 간의 갈등이 원천적으로 발생하지 않는다. 언론기구가 국가기구의 한 부서나 다름없기 때문이다. 이러한 연유로 중국의 대외 통신사인 신화사 등은 자연스럽게 정보활동을 하게 된다.

국가안전부 등 정보기관은 외곽에 설치한 언론사 이외에도 중국을 대표하는 통신사인 신화사를 적극적으로 활용하고 있다. 공신력이나 영향력 면에서 산하기구로 설치한 언론사와는 비교가 되지 않기 때문이다. 신화사는 1931년 11월 7일, 루이진(瑞金)에서 창설되었던 홍색중화통신사(약칭 홍중사)가 전신(前身)이다. 신화사는 중국의 소식을 대외에 전파하고, 외국의 소식을 국내에 보도하는 일반적인 통신사의 기능 외에 전 세계 각지의 소식을 수집·번역·요약·분석하여 중국의 고위급 지도자를 포함한 관계부처에 수시로 보고한다. 신화사는 국가안전부 등 정보기관 요원의 대외 파견 시 신분을 은폐하는 수단으로 사용되고 있다. 신화사는 당 선전부의 지휘·감독을 받으며, 신화사 사장은 인민일보 사장과 마찬가지로 국무원의 부장급(장관)에 해당한다. 국내 31개 지부, 국외 107개 지국을 운영하며, 고용 인원은 1만 3000여 명에 이르고, 이중 외국인이 200여 명이나 된다. 또 하루 기사 전송량만도 평균 1만 건에 이른다. 흥미로운 것은 신화사가 영어로 방송을 송출하기 이전까지만 해도 미국은 중국에 대한 정보를 주로 일본 도메이(同盟)통신사를 통해 수집했다.[123]

중국은 사실 서방권이 향유하는 언론의 자유를 '스파이 행위의 자

123 허궈핑 지음. 김일억 옮김. 『중국 대외보도 연구』. 서울 : 커뮤니케이션북스. 112.

유'로 이해하고 있다. 미국 의회에서 중국과 관련된 문제가 의제로 부상하면 중국인 기자가 대거 몰려든다. 그들 모두가 기자 신분증을 제시하곤 하지만 그들의 목적이 어디에 있는지는 알기 어렵다. 신화사 통신에 근무하는 기자가 어느 날 외교관의 자리에 앉아 있는 등 기자와 외교관 등 두 개의 신분을 갖고 활동하는 경우가 다반사다.[124] 또한 최근에는 이중간첩으로 활용하던 언론인이 대만으로 도망가는 사건이 발생하여 국가안전부의 언론인을 활용한 정보 수집 활동의 한 단면이 드러나기도 했다.

지난 2014년 10월 하순, 홍콩의 친중국 신문 대공보(大公報) 총편집조이던 왕산융(王善勇)이 가족을 버리고 일가족 4명이 살던 아파트 판 돈을 챙겨 대만으로 달아난 사건이 발생했다. 이 같은 사실은 왕(王)의 부인이 홍콩 경찰에 남편의 실종을 신고함으로써 세간에 알려졌다. 원적이 중국 푸젠(福建)성 출신으로 50대인 왕산융은 1970년대에 홍콩으로 밀입국한 후 대공보와 문회보 등 친중국 매체에서 대만 전문 기자로 재직하면서, 문회보 부총편집에 이어 대공보 총편집보 등 고위직에 올랐다. 왕은 대만과의 양안관계를 취재하는 과정에서 중국 정보기관에 스파이로 포섭됐다. 중국정보당국의 주선으로 지난 1982년 푸젠성 취안저우(泉州)에 화차오(華僑)대학을 졸업했다. 왕산융은 1997년 홍콩 주권이 중국에 반환된 뒤 문회보의 대만 특파원으로 발령 받아, 대만에서 중국을 위해 각종 정보를 수집해 온 것으로 알려졌다. 이 과정에서 대만 정보당국에 신분이 발각되자 대만 스파이로 포섭되어 이중간첩 역할을 하게 된다.

124 주일엽(2008). 외국정보기관의 인간정보 활동에 대응한 산업기술 보호방안. 『한국경호경비학회지』, 제17권. 326.

3. 자국 주재 외국 언론인 지속 감시

중국은 덩샤오핑의 개혁 개방 이후 외국 언론에게도 문호를 열면서 1993년 190명에 불과했던 외국 상주 기자가 늘어나기 시작했다. 2004년 315명이던 것이 2007년에는 세계 53개국 326개 언론사 823명으로 증가했다. 2008년 베이징 올림픽 때는 일시 다녀간 기자까지 포함하면 3만 5000여 명이었던 것으로 알려졌다. 외국 기자들의 폭증은 당연히 국가기밀 보호를 최우선 가치로 하는 중국 정보기관의 감시 활동 강화로 이어졌다. 국가안전부는 스파이 행위를 하는 것으로 의심되는 서방 저널리스트들과 외국인을 체포하여 자신들의 존재 이유를 정당화하려는 속셈도 한몫 했다. 저널리스트는 외교관의 면책특권을 가지고 있지 않기 때문에 매력 있는 목표이다. 미국 기자들은 중국인들로부터 만남을 요청하는 괴이한 전화를 받기도 하고, 만나면 비밀로 분류된 문건을 주기도 한다. 그러면서 북경에 주재하는 외신 기자들에 관해 아는 대로 말해 달라는 요청을 받기도 한다.

1984년 「슈피겔(Der Spigel)」 지 북경 특파원인 테르자니(Tiziano Terzani)가 중국에서 추방되었다. 테르자니가 골동품 밀수출을 시도했으며, 마오쩌둥의 초상화를 손상시켰다는 명분이었다. 국가안전부가 동명의 스파이 혐의에 대한 증거를 찾기 위해 사무실과 아파트를 수색했으나 결정적인 물증을 찾아내지 못하자 위와 같은 혐의를 씌워 추방했다. 1986년 7월에는 뉴욕 타임스 북경 지국장 번스(John F. Burns)가 국가안전부에 연행되어 15시간 동안 조사를 받았다. 혐의 내용은 "외국인이 금지된 지역에 들어가서 정보 자료를 수집하는 스파이 활동을 했다"는 것이었다. 체포된 지 일주일 만에 번스는 중국에서 추방되었으며, 중국 관리들은 뉴욕 타임스 측에 "번스는 어떤 독립국도 허용하지 않는 간첩 및 정보 수집 활동을 한 죄를 범한 것으로 사료된다"고 통보하였다. 1987년 1월에는 AFP통신사의 맥도날드(Lawrence MacDonald) 기자도 마찬가지로 추방되었다. 1986년 9월경 맥도날드 기자는 국가안전부 외무국장이 미국으로 망명한 사건을 보도한 바 있는데, 이것이 국가안전부의 심기를 건드렸다. 이후 중국 관리들은 "맥도날드의 최근 행동은 저널리스트로서 자신의 신분에 맞지 않으며, 중국과 프랑스 국민 간의 우호관계를 해치는 행위"라고 주장하면서, "천진시에서 천진대학교 학생으로부터 비밀에 준하는 정보 자료를 수집했다"는 주장까지 덧붙였다. 얼마 지나지 않아 맥도날드는 중국을 떠나야했다.

또 다른 사례는 일본 기자의 경우다. 1987년 5월 일본 요미우리 신문 시츠 헨미 기자가 보도자료를 불법적으로 수집했다는 터무니없는 이유로 추방되었다. 헨미 기자는 3개월 전 중국 공산당 중앙위원회에서 발행한 비밀자료를 보도한 적이 있었다. 이로 인해 국가안전부의 계속적인 감시를 받았다. 중국에 주재하는 다른 언론인들은 이 같은 사례가 연속적으로 벌어지자, 다른 언론인들의 취재 활동을 위축시키기 위한 '겁주기 효과'를 노린 것으로 해석했다.

이러한 전통적인 감시 활동 외에도 중국 공안당국은 무려 173조원을 투입하여 '다칭바오(大情報)'라는 전국민 감시프로그램을 가동하고 있다. 중국 공민을 상대로 한다지만 외국인 및 중국 주재 기자 및 정보 요원으로 의심되는 사람들을 감시하는 것은 불문가지이다. 부패혐의로 구속된 저우융캉(周永康) 전 공산당 중앙정치국 상무위원이 추진한 것으로 알려져 있다. 다칭바오는 휴대전화와 인터넷, 도시 곳곳의 카메라, 해외 중국인 등을 통해 정보 수집과 감시를 벌인다. 중국에서 유통되는 인터넷

표 7 중국의 감시시스템 '다칭바오'

항목	내용
휴대전화	• 공안 등 사법기관 특별한 규정 절차 없이 원하는 대상 감청 • 주요 인물 위치 추적하고 함께 있는 인물 관련 정보도 파악
인터넷	• 중국 거치는 모든 국내·외 전송 데이터 검색 분석 • 보안 철저한 프로그램은 보안도 낮은 중국 버전 출시 유도
감시 카메라	• 베이징 올림픽 이후 중국 전국 도시에 광범위하게 설치 • 요주의 인물 얼굴 데이터베이스를 구축해 안면 자동 인식
해외 중국인	• 유학생·화교 통해 외국 정부의 주요 정보 수집 • 요주의 인사들의 해외 휴대전화·인터넷 계정 추적

■ 출처 : 중앙일보, 2014년 11월 19일

데이터들은 웬만한 보안설정으로는 모두 정부 수집 자료에 저장된다. 보안을 풀 수 없는 경우엔 소프트웨어 변형을 꾀한다. 인터넷 전화 스카이프의 보안은 미국 FBI도 뚫지 못한 것으로 유명하다. 컴퓨터·휴대전화에 '트로이 목마' 바이러스를 심어 정보를 수집하기도 한다. 푸코가 염려했던 '파놉티콘'을 충실히 실현하고 있다.

또한 최근에는 다칭바오 감시시스템 가동에 만족하지 않고, 전통적인 첩보 수집 방법인 사람을 통한 정보 수집(휴민트) 방법도 병행하고 있다. 중앙일보 2015년 7월 13일자 보도에 따르면 '차오양 군중(朝陽群衆)'과 같은 주민신고조직을 베이징의 모든 행정구마다 조직하고 있다고 한다. '차오양 군중'은 상주 인구 308만 명인 베이징 동부 차오양구의 주민조직이다. 이곳 주민 중 3.9퍼센트에 달하는 12만 명이 경찰의 정보원 격인

'차오양 군중'이다. 매달 한 차례 경찰과 회의를 하고 지시를 받는다. 신고 후 5분안에 경찰이 출동하는 핫라인도 갖고 있다. 중국 일각에서는 '차오양 군중'을 CIA, KGB, 영국의 MI6, 모사드에 이은 '세계 5대 정보조직'이라고 평가하기도 한다.

결론적으로 중국의 정보당국과 언론과의 관계는 1989년 동구 민주화 이전의 불가리아와 닮았다고 할 수 있다. 구소련과 밀접한 관계였던 불가리아에서는 언론인 대부분이 공산당원이었으며, 자의반 타의반으로 첩보원 노릇을 했다. 민주주의 사회에서 권력과 언론과의 관계는 한마디로 '사이가 좋지 않은 관계(대체로 적대적 관계)'이지만, 중국은 사회주의 국가답게 '너무도 사이좋은 일체적 관계'를 보여주고 있다. 그러나 인터넷의 보편화와 경제발전에 따른 민주화의 요구는 필연적으로 언론의 자유 확장을 요구하게 될 것이다. 이는 "사회주의 중국 매체사업은 확고한 당성(共産黨正體性)을 갖고 있어야 한다"는 마오쩌둥의 지도방침을 흔들 것이다. 그렇게 되면 중국 정보당국의 첩보요원으로서 언론인 활용 문제는 서서히 빙하가 갈라지듯 터져 나올 가능성이 있다.

제5절

이스라엘 정보기관의 언론 활용 전략과 조작[125]

이스라엘을 대표하는 정보기관은 모사드(Mossad)이다. 제임스 본드 만큼이나 많이 알려져 유명세를 타는 정보기관이기도 하다. 이에 반해 우리에게 낯설은 정보기관이 신베스(Shin Beth, ISA)이다. 이 기구는 1920년대 태동된 유태인 자체 방위 조직인 하기나가 모태이다. ISA는 국내 보안과 방첩활동을 담당하고 있는 것으로 알려지고 있으나, 국내 무대에서의 정보 실책을 감추거나, 호의적인 이미지를 유지하기 위해 모사드와 더불어 언론인 활용 및 조작 기법을 수시로 구사했다. 모사드의 성과와 활약상을 폄하하려는 의도는 아니지만, 이스라엘 정보기관이 실체보다 높게 평가 받는데는 언론의 보이지 않는 협조가 있었음을 부인할 수 없다. 언론학적으로 분석하면 '모사드가 특정 사안이 발생하면 이에 대한 1차 규정자 역할을 할 뿐 아니라, 자신들의 이익에 맞게 미디어를 조작했다'는 이야기가 된다. 모사드와 ISA는 정보 실책 등을 감추거나 유리

125 이 내용은 Clila Magen 이스라엘 Bar-llan대학 교수가 『정치/언론 국제저널』 지에 발표(2015)한 논문 'Media Strategies and Manipulations of Intelligence Services : The Case of Israel'을 토대로 재정리한 것이다.

한 여론 환경을 만들기 위해 4가지의 커뮤니케이션 전략을 구사해 왔다.

1. 모호성과 감추기 전략

창설 때부터 오늘날에 이르기까지 이스라엘 정보기관의 지배적인 전략이 모호성 전략(the method of ambiguity)이다. 이 전략은 이스라엘 정보기관의 문화에 깊숙이 자리잡고 있는데, 전 모사드 국장 이츠하크 호피(Yitzhak Hofi)의 언술에서 그 속내를 잘 알 수 있다.

> "신비화(mystery)는 정보기관의 매우 중요한 보안기능이다. 누구도 우리가 하고 있는 일을 자세히 알지 못한다. 일부는 우리가 하지 않은 사안에 대해서도 우리 탓으로 돌린다. 반면에 일반인들이 깜짝 놀랄 정도의 임무를 솜씨 있게 수행한다. 정보기관의 관점에서 보면 정보기관의 수수께끼 같은 특성은 대단히 중요한 역할이다."

모호성의 전략을 구사한 대표적인 사례가 1972년 뮌헨 올림픽 당시 이스라엘 선수단 12명이 테러로 사망한 사건이다. 이 사건이 발생하자 모사드는 테러범들을 체포 또는 암살하기 위한 공작에 착수하게 된다. 이 과정에서 노르웨이 릴레함메르(Lillehammer)에 거주하는 모로코 출신 웨이터인 보우치키(Bouchiki)를 핵심 테러리스트인 알리 하산 살라메(Ali Hassan Salameh)로 오인하여 암살하는 실책을 저지르게 된다. 이른바 릴레함메르 사건이다. 모사드의 최대 위기 사건 중의 하나로 불리는 이 사건이 발생하자 정보기관이 금과옥조처럼 사용하는 모호성 전략을 구사한다. 시인도 부인도 하지 않는 NCND(Neither Confirm Nor Deny) 전략이 그것이다. 전 세계에 알려지고 보도가 되었는데도 인정하지 않았고, 1996년이 되어서야 그 가족들에게 보상을 하면서도 여전히 NCND를 고수했다. 두 번째 사례가 모사드 요원 2명이 2004년에 뉴질랜드 여권을 확보하려고 하는 과정에서 뉴질랜드에서 체포된 사건이다. 이때 언론은 사건의 진실을 보도하기보다 "체포된 2명은 범죄 혐의를 받고 있는 인물들"이라는 수상실에서 보내온 간략한 공식 멘트 위주로 보도했고, 정보기관은 당연히 NCND 전략을 고수했다. 이외 헤즈블라 고위간부인 이마드 무니예(Imad Mughniyah)를 다마스커스에서 암살한 사건이나, 스턱스넷(Stuxnet) 기법을 이용해 이란 핵시설 기지를 상대로 사이버 공격을 한 행위 등에 대해서도 NCND 전략을 유지했다.

이와 같이 모사드나 ISA가 NCND 전략을 구사할 수 있는 이면에는 언론의 협조가 자리잡고 있다. 모사드의 경우 언론특보를 두고 언론과 협조 채널을 구축하여 사건이 발생했을 때 충격을 최소화할 수 있는 방안을 찾는다. 공식대변인을 두지 않는 것이 더 유리하다. 언론의 직접적인 비판을 피하는 '안전한 방패(comfortable shield)' 역할을 하면서 신비화의 아우라에 숨어 있을 수 있기 때문이다. 이외 정보기관의 신비스러움을 유지하면서 여론에 영향을 미치는 대상을 조작하는 방법으로 전직 모사드 국장이나 정치인 등 우호적인 인사를 활용하는 기법을 구사했다. 하마스 지도자 칼리드 마슈알(Khaled Mashal)를 암만에서 암살하려다 실패했을 때 전직 국장인 대니 야톰(Danny Yatom, 1996~97)을 방송에 출연시켜 언론의 일방적인 비판 보도를 막은 것 등이 좋은 예다.

한편 정보기관의 신비화전략에 동조하지 않았던 언론사를 '죽이기' 위해 유사한 매체를 설립하는 방법도 사용했다. 「Haolam Haze」라는 매체가 모사드의 협조요청을 거절하자, 이 매체를 재정적으로 옥죄기 위해 「Rimon」이라는 매체를 후원했다가 2년 만에 발행이 중단되어 실패하기도 했다.

2. "오직 당신만 알아라" 전략

이스라엘 비밀기구들이 이스라엘 국민들로부터 높은 평가를 받는데는 투명성[126]을 요구하는 대중들의 요구에서 벗어나 있는 것도 요인이다. 이는 골치 아픈 비윤리적 행위를 감추는 데 편리한 방법이다. 그 한 예가 1984년 2명의 테러리스트에 의해 이스라엘 버스(line 300)가 납치되었을 때에 ISA가 구출작전을 폈다. 테러범 2명은 ISA에 의해 체포되자 마자 살해되었다. 이들의 죽음은 체포될 당시 사진을 찍었던 저널리스트에 의해 폭로되었지만, ISA는 부인, 거짓말, 책임 전가와 같은 정보기관이 흔히 사용하는 전략을 구사했다. 이 같은 사실을 보도하려던 모 신문은 당국의 제재로 인해 나흘이나 셔터를 내려야 했다. ISA의 기준은 시민들에게는 책임을 지지 않는다는 것이다.

"오직 당신만 알아라(if you would only know)" 전략은 정보기관들이 자신들이 행하는 공작사항에 의문제기를 당할 때 사용하는 수법이다. 예를 들어 BBC가 모사드에서 채용한 협조자 벤 자이거(Ben Zeiger)가 자살한 사실을 폭로했을 때 모사드는 "상세한 정보 제공은 중대한 정보자산

126 베를린 예술대학 교수인 한병철은 『투명사회』라는 저서에서 "정보는 그 본질에 있어서 공개되어 있는 것, 혹은 공개되어야 만 하는 것이다. 모든 것이 정보로서 공개되어야 하고, 모두가 정보에 접근할 수 있어야 한다. 투명성은 정보의 본질이다"라고 주장한다.(170쪽)

에 위험을 초래할 수 있음"을 내세워 정보 제공을 거부했다. 이는 확실히 정보기관이 정보를 다루는 데 있어 우위에 있음을 보여준다. 정보활동에 대한 출판 조짐이 보이면 정보기관들은 검열과 보도금지령(gag orders)이란 합법적 무기를 들고 나온다. 앞에서 언급한 하마스 지도자 암살 사건 등 여러 사례에서 전가보도(傳家寶刀) 같은 이 무기가 위력을 발휘했다. 이스라엘의 고참 언론인은 이 사안에 대해 다음과 같이 술회했다.

> "일반 시민들을 상대로 안보에 대한 고려를 설명하는 일이 어려웠다. 시민들은 '푸른 펜을 든 관료(bureauracy of the blue pen, 검열관들이 청색펜으로 삭제하는 것을 지칭)'에 저항해서 언론의 자유라는 배너를 펼칠 것을 요구한다. 그리고 우리도 긴급 통제기간이 없기를 갈망하지만 우리 모두 거기에 얽매이고 만다" "그들(정보기관)이 더 많이 알 것"이라고 자조하면서.

또 하나의 사례가 텔아비브 일간지 「Ha'ir(The City)」가 1980년경 당시 모사드 국장인 나훔 아도모니(Nahum Adomoni)에 대한 비판 기사를 실으려 하자 검열관은 이스라엘 안보에 위험을 초래한다는 이유로 보도를 금지시켰다. 그러자 편집진은 이에 불응하고 "모사드 국장에 대한 비판 기사는 안보 이익에 직접적이고 즉각적인 해를 끼치는 범위에 들어가지 않는다"는 논리로 고등법원에 청원하여 승소하게 된다. 이 사건은 언론과 정보기관 간의 복잡한 관계에 이정표를 찍은 사건이었다. 정보기관이 더 이상 언론이나 대중들의 주시(scrutiny)로부터 면제받을 수 없다는 것을 보여주었기 때문이다.

3. '애국심과 미끼' 전략

미국 언론인들은 안보 사안을 보도하기 앞서 이중적 딜레마를 겪고 있다. 언론인으로서 현재 일어나고 있는 사안에 대해 공중에게 정보를 전달해야 한다는 사명과 자칫 보도로 인해 국가 안보에 손상을 주지 않을까 하는 고민이다. 그런 점에서 이스라엘 정보기관들은 유리한 위치에 있다. 건국 초기부터 안보 문제가 위태롭게 시작한 때문에 언론에게 안보 손상을 내세우면 먹혀들었기 때문이다.

이스라엘 정보기관들은 무조건적인 보도자제 요청과 함께 당근과 채찍전략(carrot-and-stick approach)도 구사한다. 당근전략의 대표적인 사례가 편집인위원회 활용이다. 기브 앤드 테이크(give-and-take) 애국심 전략을 동원했다. 고위 정보관리들이 비보도를 조건으로 편집간부들에게 민감한 정보에 대해 브리핑하는 것이다. 이런 관행이 굳어지자 이스라엘 엘리트 기자들은 이 모임에 들어가기 위해 갈망한다. 자연히 정보기관들이 원하는 방향대로 기사를 작성해 줌으로서 이 모임에 들어갈 수 있는 분위기를 만든다.

그러나 시대 변화에 따라 1990년대 중반에 이르면 편집인위원회도 권능을 잃어버려 지금은 미미한 존재가 되었다. 그렇긴 해도 애국심에 호소하는 전략은 여전히 적절한 수단이다. 지금의 이스라엘 언론계는 시민으로서 그들의 역할과 기자로서 소명의식 사이를 놓고 고민하고 있으며, 이전과 다르게 정보 공동체에 대한 비판 수위도 높여 가고 있다.

4. 정보조작과 심리전

정보기관들의 미묘한 영역 중의 하나가 심리전, 은밀한 정보 흘리기, 역정보 등이다. 정보기관들이 진실이든 어느 정도의 진실이든 거짓이든 정보를 조작하는 전략은 일반 대중이나 정책 결정자들의 어젠다(의제)를 설정(중요한 사안으로 인식하게 하는 것)하는 데 있어 강력한 방법이다. 대표적인 사례로 모사드는 1972년 뮌헨 올림픽 이스라엘 선수단 살해 사건이 발생했을 때 자신들이 키운 언론인들에게 독일에서 암약 중인 팔레스타인 네트워크 조직에 대한 내용을 흘려 보도하도록 한 뒤, 독일 잡지 「Quick」를 상대로 파타(Fatah)와 검은 9월단(Black September)의 독일 활동에 대해서도 브리핑을 했다. 이 기사는 테러 연계 혐의로 수천 명의 팔레스타인이 체포되는 데 기여했다.

테러리스트와 적대행위자들을 저지하는데도 심리전 전략을 적용하고 있다. 잠재적인 테러리스트를 겨냥한 정보를 의도적으로 흘려 그들이 이스라엘에 대한 적대행위를 포기하도록 하려는 목적이었다. 일례로 1995년 말타에서 팔레스타인 지하드 창설자였던 파시 쉬까키(Fathi Shqaqi)를 암살할 당시 이 정보를 이스라엘 국영 방송인 '채널1'에 흘려 여론 만들기를 시도했다. 과거와 다른 점은 주로 외국 언론에서 이 같은 암살 시도를 보도하고, 이스라엘 정보기관은 부인하는 패턴을 구사했지만, 이제는 외국 언론은 외면하고 국내 언론이 보도하도록 하여 여론을 만드는 방식으로 바뀌었다.

모사드는 자신들의 명성을 유지하기 위해서는 언론의 보도가 불가피하다는 점을 잘 인식하고 있다. 그래서 이스라엘 언론계에는 '모사드의 긴 팔'이라는 말이 생겨났다. 이스라엘 정보기관들이 테러 집단 깊숙이 협조망을 심은 것을 지칭하는 관용구로서 언론이 만들어 낸 말이다. 전 모사드 국장 샤브타이 샤비트(Shabtai Shavit)는 종종 '언론인의 긴 팔'을 이용했으나, 이스라엘 국내 언론인이 아닌 외국 매체만을 이용했다고 술회했다. 최근의 사례로는 이란이 핵무기를 개발하고 있다는 여론을 만들기 위해 정교하게 외국 언론 매체를 활용했다. 그 작업을 실행한 사람이 1998년부터 2002년까지 모사드 국장을 역임한 에프라힘 할레비(Efraim Halevy)이다. 극소수의 언론인에게만 1급 비밀자료를 보여주고 기사를 작성토록 한 것이다.

그 외 모사드는 위기 국면에서는 스핀닥터(spin doctor, 여론 만들기) 기법도 사용한다. 한 예로 1960년대 전 나치 과학자가 이집트 정부의 군사 발전 프로젝트에 간여한다는 정보를 입수하자, 이들이 손을 떼도록 하기 위해 이들에 대한 암살 및 독일 과학자의 딸을 위해하려고 시도하다가 2명의 요원이 체포되게 된다. 이렇게 되자 당시 모사드 국장은 이스라엘 및 해외의 저명한 언론인 수명을 접촉하여 "이집트의 미사일 제조계획, 독일과 스위스 기업과의 연계" 등과 같은 비밀 사안을 흘려 보도하도록 함으로써 "치졸하게 과학자의 딸을 협박 수단으로 삼았다"는 언론의 비판적인 화살을 바꾸는 데 성공한다.

또 하나의 사례가 1990년대 라빈 수상 암살 사건이다. ISA는 암살범을 저지하지 못한 것에 대한 책임 추궁이 예상되자, 간부급 테러리스트로 의심받던 야히야 아이야쉬(Yahya Ayyash)를 가자 지구에서 암살한 뒤 이를 언론에 대대적으로 홍보했다. 그러나 라빈 암살 사건에 대한 조사와 이 사건이 터진 시기가 공교롭게도 겹친 점 때문에 의문을 불러일으켰으나, ISA는 '여론 관심 돌리기' 전략을 통해 의혹을 부인했다.

정보 시대가 만개하고 있다. 정보기관이 비밀스러운 정보를 갖고 언론을 콘트롤 하기에는 정보의 순환도 빠르고, 웬만한 사안은 비밀로 존속하기도 어렵다. 이스라엘도 애국심에 호소하는 전략이 더 이상 먹혀들지 않고 있다. 오늘날 정보기관들은 자신들의 정보활동과 정보처리를 정당화하는 증거를 제시해야 하는 부담을 지고 있다. 국민들이 자동적으로 정보기관의 활동을 인정해 주는 시대가 지나가고 있기 때문이다.

제6절

불가리아 정보기관과 언론[127]

불가리아는 구소련 시절 소련과 밀접한 관계를 맺었던 동구권의 공산주의 국가였다. 그러나 1989년 베를린장벽이 무너진 뒤 동구권 국가들의 탈공산화가 이루어지고 불가리아 자체도 민주적인 정부가 들어서자, 구소련의 맹방 시절 '한 묶음의 관계'를 유지하면서 체제 수호의 역할을 한 소위 '스파이 언론인'의 문제가 사회적인 쟁점으로 떠오르게 된다.

불가리아 국내뿐 아니라 학술적인 차원에서 분석한 불가리아 언론계의 '스파이 언론인' 처리 상황과 그 결과는 우리에게도 많은 시사점을 던져 준다.

127 라다 트리포노바 프라이스(Lada Trifonova Price) 영국 쉐필드대학 교수가 2015년 『언론과 정치 국제저널』 지에 발표한 논문 'Secrets, Lies, and Journalist Spies: The Contempory Moral Dilemma for Bulgarian Media Professionals'을 재정리한 것임.

1. 탈공산화와 과도기적 처리

동구권의 탈공산화 이후 불가리아는 2가지 형태로 과거사 문제를 처리하고자 했다. 하나는 전 집권당 지도자 토도르 즈비코프(Todor Zhivkov)와 같은 고위급 인사를 사법처리하는 것과 두 번째는 비밀파일 공개로 드러난 안보기관들에 협조한 사람들을 정리하는 문제였다.

웰스(Welsh, 1996)는 과도기적 처리에 대한 학자들의 상반된 개념을 정리했는데 '정화'라는 합법적인 조치와 '화해를 위한 관용적 조치'로 구분했다. 학자들은 대체로 과거 안보기관 요원 등을 처리하는 법적인 과정을 '정화'로 규정했다. 그러나 '정화' 조치는 상당한 논란을 일으켰다. 비밀 경찰 파일의 잘못된 관리, 정치 지도자에 대한 저질스러운 내용, 불법적으로 수집한 개인정보, 정보의 정확성에 대한 의문 때문이었다. 이로 인해 동구권 국가들에 있어서 '정화 조치'는 새로운 형태의 마녀사냥으로 비난받으면서 민주화를 저해하는 결과를 가져왔다. 불가리아가 특히 더했다.

2. 신뢰성이 결여된 파일

불가리아 정보기관들은 많은 정보 제공자의 파일을 유지했다. 그러나 탈공산화 과정에서 상당한 파일이 훼손되거나 의도적으로 망실되었다. 이로 인해 존안 파일의 신뢰성이 심각하게 의심을 받았으며, 세 가지 이슈가 제기되었다.

첫째 광범위한 조작 공포, 둘째 공적인물과 '특정 시기 언론 흘리기'에 대한 공갈협박 염려, 셋째 남아 있는 정보기관 파일에 대한 법률적·윤리적 모호성 등이다. 즉 첩보제공자의 이름 목록에서 특정인의 이름이 나왔다고 해서 그를 스파이 행위를 한 언론인으로 단정지울 수 있느냐의 문제였다. 거의 모든 사람을 정보 제공자 명단에 포함시키는 '과대 포함(over-inclusive)' 현상과 진짜 중요한 정보를 제공한 사람을 빼놓는 '과소 포함(under-inclusive)' 현상이 나타난 것이다. 언론인 스파이가 가해자인지 피해자인지를 거의 구별하기 어렵게 만든 것이다. 이 때문에 정보제공자로 분류된 언론인들은 자신들에 대한 신뢰도와 언론인 경력을 파괴할 목적하에 정치적으로 마녀사냥했다고 주장했다.

3. 1989년 이전, 언론인 스파이의 역할

불가리아는 구소련 당시 언론 매체의 역할을 소련의 영향을 받아 공산당의 손안에 있는 이데올로기 선전 도구로 간주했다. 불가리아 언론인 대부분은 공산당원으로서 당의 이념과 가치를 선전하는 데 일조했다. 소피아대학의 언론학과도 이렇게 가르쳤을 정도이다. 공산당 정권에서 있어서 인테리겐차(intelligentsia) 중 언론인은 공산체제를 유지하는 데 가치 있는 존재였다.

오그니아노바(Ognianova, 1993)가 지적한 것처럼 협조자 내지 스파이가 됨에 따라 부가 혜택(fringe benefits)이 뒤따랐다. 외국 특파원과 같은 좋은 자리를 얻기 위해 전심전력으로 스파이 활동을 하는 것이다. 국내 및 공산당 내 정보를 수집함은 물론 이념을 전파하는 언론인의 역할도 병행하는 것이다. 이는 딜레마에 빠지게 하기도 했다. 첩자 노릇을 하면 보상이 뒤따르고, 거부하면 불이익이 기다리고 있는 점을 알기 때문이다. 그러나 불가리아 정보기관들의 해당 언론인이나 그 가족들에 대한 협박과 불이익으로 인해 선택의 여지가 없었다. 일례로 BBC 소속의 불가리아 언론인 게오르기 마르코프(Georgi Markov)는 이런 행태에 반발하다가 런던에서 불가리아 정보기관에 의해 암살당했다. 불가리아 통신사 소속 전직 언론인은 "정보기관의 협조자가 되는 것 외에는 선택의 여지가 없었다. 2~3년마다 ckistka(clearance, 정화)란 이름으로 언론인 해고사태가 빈번히 벌어지곤 했는데, 어떻게 협조하지 않느냐"고 하소연했다. 자신들에게 부여된 임무도 특정 외국 방문객들이 오면 그들의 대화 내용과 문의 사항 등이었고, 이를 자세히 적어 정보기관에 보고했다는 것이다. 그러나 국가 안보 문제만큼은 엄격한 통제를 받았다. 안보와 관련된 민감한 사안을 보도할 때는 심한 경우 10번이나 사인을 받아야 방송할 수 있었다. 오그니아노바가 주장하는 것처럼 모든 언론인 스파이가 도덕적으로 타협하는 것이 불가피했다 하더라도 정보 제공자로서 역할을 한 것은 탈공산화 이후에도 여전히 문제점으로 남는다.

두 가지 가능성 때문이다. 하나는 언론인 스스로가 경력을 관리하고 승진하기 위해 협조자가 되는 것이었고, 다른 하나는 공산정권의 포악성으로 인해 협조하지 않으면 고통을 겪을 것을 우려한 점이다. 학자들은 이를 '잠재적인 불만을 감춘 결탁(complicity)'으로서 '수동적인 저항'으로 평가했다. 불가리아의 정치 상황을 이솝우화에 빗대어 간접적으로나마 공산정권을 비판한 일도 있었기 때문이다.

4. 1989년 이후, 언론인 스파이와 정보 제공자들

1989년 스파이로 판명된 언론인들이 계속 언론계에서 일하는 것이 옳은 일인지에 대한 논란이 일었다. 이유는 이들이 주장하는 내용에 대한 성격 때문이었다. 즉 자신들은 공산당의 도구였다는 주장과 탈공산화 이후에도 그들의 특권적 지위를 별 탈 없이 유지한 점이 그것이다. 스파이로서의 독특한 지위는 일반인들이 접근할 수 없는 자료 및 방송 시설과 금융 자료 등에 접근한다는 점이다. 문제는 이것이 공산 정권에서부터 내려온 '나쁜 사회적 자본(bad social captial)'이란 점에 있다. '나쁜 사회적 자본'이란 것은 노멘클라투라(nomenklatura: 구소련 등에서 공산당의 승인으로 임명된 지위 열람표)라고 불리는 불가리아의 은밀한 여론 지도층 그룹이다. 이 그룹이 문제가 되는 것은 노멘클라투라 멤버와 정보기관 협조자들이 금융권 고위직을 장악해서 파국적인 결과를 가져왔다는 데 있다. 공산정권 붕괴 직후 정화법(淨化法, lustration laws)이 제정되지 않아 새로운 정권에 영향력을 행사할 여지를 주었기 때문이다. 더욱이 저널리스트들은 탈공산화 이후 권력을 잡은 정치인이나 경제인들이 자신들의 의제를 노출시켜줄 수 있는 강력하고 가치 있는 도구로서 주목받았다.

탈공산화 이후 서류를 조사한 결과, 1973년 이전에 태어난 언론인 484명 중 37명이 정보기관 협조자였으며, 2009년 추가적으로 조사해 보니 101명이 추가로 드러났다. 이들은 2006년 이후에도 계속 언론계에 종사하고 있는 것으로 밝혀졌는데, 이전 공산정권에서도 특권적 지위를 향유한데 이어 탈공산화 이후에도 여전히 화려한 경력을 유지하고 있었다. 편집인, 부편집인 또는 프로그램 논평가 내지는 방송국 경영진이 그들이다. 엘리트이자 특권화된 언론인들은 쉽게 새로운 언론 환경에서도 고위직을 차지했다. 이는 그들이 성공적으로 언론계에서나 사회에서 자신의 지위를 유지하거나 재수립할 수 있었다는 것을 의미한다.

문제는 사람들의 행동 습관이 쉽게 없어지지 않는 데 있다(old habits die hard). 불가리아 언론인들에게 이런 행태가 잘 드러났다. 언론인 스파이들은 정보기관에 협조한 것을 '타협(compromised)'이나 "변화의 반대자" "불가리아 민주화를 사보타주한 사람"으로 묘사했는데, 이는 공산정권에서 행했던 습성이 탈공산화 이후에도 영향을 미치고 있음을 보여준 것이다. 그렇긴 해도 이들 언론인들이 불가리아의 민주화를 방해하기 위해 의도적으로 사보타주(sabotage)했다는 명백한 증거는 없다. 그렇지만 정보 제공 언론인들이 "변화의 반대자"라는 인식은 공산정권 시절 언론인들이 체제 유지에 긴요한 존재였음을 보여주는 문서에 의해 확인된다.

5. 용서할 것인가/잊을 것인가

1980년대 말과 1990년대 초에 언론계에 들어온 30~40대 언론인들은 두 가지를 우려하고 있었다. 첫째는 자신들의 상관이 여러 해 동안 강한 의심을 받아 왔음에도 아무런 해도 입지 않고 여전히 고위직에 있다는 사실과 탈공산화 이후에는 헌팅턴(Huntington)의 표현을 빌리면 "고문하는 자의 문제(torturer problem)" 즉 과도기적 처리에 참여하여 개선하거나 투명하게 실행하는 일에 간여하길 꺼렸다는 점이다. 이는 헌팅턴의 표현대로 불가리아에서는 정의가 너무 늦게 왔거나, 아직 오지 않았거나 둘 중에 하나에 해당됨을 보여준다. 용서할 것인가 / 잊을 것인가의 문제는 여전히 불가리아 사회를 붙잡고 있다.

많은 언론인과 학자들은 1989년 이후 불가리아의 통치와 권력의 전환 과정에서 중심 역할을 한 언론인 스파이 문제를 해결하는 것이 중요하다고 믿고 있다. 그렇긴 해도 언론인 스파이 문제는 특정 정치체제 내에서 알려지지도 않고 불이익도 받지 않으면서 혜택을 보는 사람이 있는 한 사라지지 않을 것이다.

제4장 | 프레임으로 본 한국 언론과 정보기관

제1절

연구 문제

이 책은 국가정보원이란 특정 정보기관을 대상으로 한 사설 프레임을 정권별로 분석함으로써, 언론이 정보기관의 상(象)을 어떻게 규정하고 이를 국민들에게 각인시키고자 했는지를 분석하는 데 주안점을 두었다. 그간의 정보기관에 대한 연구가 기능과 역할을 다룬 연구가 대부분이고, 언론의 정보기관에 대한 보도를 주테마로 삼아 체계적·통시대적으로 다룬 연구가 전무한 데 따른 것이다.

따라서 언론이 어떤 현상의 특정 관점을 선택·왜곡·제외·해석·분석·기술하는 '지속적인 패턴'을 의미하는 프레임은 언론 보도의 심층적이고 누적적인 특성을 파악할 수 있다는 그간의 연구 결과[128]를 토대로, 국가정보원에 대한 각 신문사 고유의 프레임 유형과 패턴을 분석하고자 한다. 즉 정보기관을 대상으로 4개 신문사가 자사의 성향이나 정권적 이해관계 및 시간의 흐름에 따라 프레임이 어떻게 변화하고 있는지를 보다 세부적으로 살펴보고자 한다.

128 임미영·안창현 등(2010). 박근혜에 대한 보도 프레임 분석. 『언론과학연구』, 제10권 3호. 472.

이에 보수지와 진보지가 국가정보원이란 동일한 대상을 바라보는 프레임이 다를 것이라는 가정하에서 대표적 보수지인 「조선일보」와 「동아일보」, 대표적 진보지인 「한겨레신문」과 「경향신문」의 정보기관에 대한 사설을 분석 대상으로 삼아 다음과 같은 연구문제를 설정하였다.

〈연구문제 1〉

4개 신문사들의 정보기관에 대한 프레임은 어떤 유형으로 나타나는가?

1-1 : 정권별로 사설 게재 빈도는 어떠하며, 특징은 무엇인가?

1-2 : 김영삼 정부하에서 4개 신문사의 정보기관에 대한 프레임은 어떠한가?

1-3 : 김대중 정부하에서 4개 신문사의 정보기관에 대한 프레임은 어떠한가?

1-4 : 노무현 정부하에서 4개 신문사의 정보기관에 대한 프레임은 어떠한가?

1-5 : 이명박 정부하에서 4개 신문사의 정보기관에 대한 프레임은 어떠한가?

〈연구문제 2〉

4개 신문사들은 정권의 변화에 따라 어떤 공통점과 차이점을 나타내는가?

2-1 : 정보기관에 대한 프레임은 보수지와 진보지간에 어떤 공통점이 있는가?

2-2 : 정보기관에 대한 프레임은 보수지와 진보지간에 어떤 차이점이 있는가?

2-3 : 정보기관에 대한 프레임은 정권에 따라 매체별로 어떤 변화가 나타나는가? 또 변화한 이유는 무엇인가?

제2절

연구 방법

1. 분석 대상

정보기관에 대한 사설 프레임 연구에 대한 분석 대상 매체로 「조선일보」 「동아일보」와 「한겨레신문」 「경향신문」 등 4개 신문을 선정하여 각각의 신문사들이 동일한 대상에 대해 어떤 프레임을 사용했는지를 살펴보고자 했다. 신문사 중에서 이들 4개 신문사로 국한한 것은 이 신문들이 발행 부수나 영향력 면에서 각각 보수진영과 진보진영을 대표하면서 각 진영 내에 상당한 영향력을 갖고 있기 때문이다.[129]

한편 「경향신문」은 한동안 정부기관지적 성격을 보이다가 1990년 한국화약그룹(현 한화그룹)으로 인수되어 운영되었으나 거듭되는 적자를 견디지 못한 한화그룹이 1998년 손을 뗌으로써 사원주주회사로 소유구조가 바뀌었다. 이러한 소유 구조의 변화와 더불어 진보지로 논조를 전

129 2014년 유가부수를 보면, 조선일보가 167만 3049부, 동아일보가 91만 6546부이다. 경향은 29만 2천부, 한겨레는 28만 1천 부이다.(기자협회보 2015년 6월 3일)

환[130]하게 되므로 시대별로, 정부별로 정보기관에 대한 프레임도 크게 변화할 것으로 예상되는 점 또한 동지를 포함시킨 이유이기도 하다.

신문의 사설을 프레임 분석 대상으로 선정한 것은 사설이 해당 언론사의 공식 의견으로서, 특정한 사안을 해석하는 데 있어 신문사의 조직 원리나 이데올로기적 성향에 크게 바탕을 두고 있다고 보았기 때문이다. 사설은 신문이 선택한 정보 가운데서도 가장 중요하다고 판단되는 이슈나 논란의 소지가 많은 의제를 선택해 신문사의 공식 견해를 표현하기 때문에 그 신문의 성격과 시각이 가장 잘 드러난다. 사설은 사안을 보는 관점과 시각을 독자들에게 제시해 줌으로써 독자들의 의견과 태도를 결정하는 데 판단의 기초를 제공해준다.[131] 사설은 특히 여론 형성력이 높은 소위 '배운 계층' 독자들의 사고에 가늠자 역할을 하고, 자라나는 청소년들이 학습 교재로도 많이 원용한다는 점에서 일정 정도 영향력을 행사한다고 보겠다. 다만 본 연구에서는 사설 제목에 대한 분석은 제외했다. 사설의 제목이 언론 담론의 가장 중요한 프레임 장치라는 데 많은 학자들이 인식을 같이하고는 있지만, 제목을 통한 분석은 상당히 어려운 작업이다. 이유는 제목의 경우 통상 다양하게 해석될 소지를 내포하고 있는데다,[132] 제목에 '객체'에 대해 명기하지 않고 본문 속에 언급하는 경우도 비일비재하기 때문이다.

130 경향신문의 논조변화 저변에는 한화그룹에서 운영했을 때의 실패의 경험이 작용한 것으로 알려졌다. 김승연 회장이 수천억 원의 자금을 투입하고 한화계열사까지 구독자 확보에 나서는 등 조중동의 아성을 깨보려고 했으나, 좌절하고 만다. 이에 경향신문은 생존책으로 틈새시장이 남아 있는 진보시장 쪽으로 눈을 돌렸다는 것이 당시 언론계의 해석이었다.

131 이원섭(2006). 언론의 남북문제 보도에 나타난 이데올로기적 성향과 정부정책 평가. 『한국언론정보학보』, 통권 35호. 339~340.

132 송용회(2005). 미디어, 프레임, 현실 구성 : 미디어프레임 연구의 과제와 발전 방향 모색을 위한 소고. 『프로그램/텍스트』, 제13호. 147.

2. 분석 기간 및 분석 건수

분석기간은 김영삼 정부가 시작된 1993년 2월 25일부터 이명박 정부가 끝나는 2013년 2월 24일까지로 정했다. 그 이유는 전두환과 노태우 정부는 권위주의 정부로서 당시 정보기관의 힘이 막강해서 언론에 정보기관에 관한 내용이 공식적인 자료 외에는 거의 보도되지 않아, 객관적인 분석이 어렵다고 판단되었기 때문이다. 따라서 실질적으로 정보기관에 대한 변화가 이루어지기 시작한 때가 김영삼 정부 시기이다. 김영삼 정부 시기에 안기부법을 개정해서 문민정부의 이미지에 걸맞게 안기부의 권한을 상당부분 약화시켰고,[133] 나아가 미국의 제도를 받아들여 국회 내에 정보위원회를 설치해서 정보기관에 대한 제도적인 통제를 시작했다. 언론도 이와 같은 제도적인 변화에다 민주화의 흐름을 등에 업고 그간의 정보기관에 대한 소극적인 보도 자세에서 탈피하여 "정보기관과 관련된 사안이라 하더라도 국민의 알 권리를 위해 필요하다고 생각하면 보도한다"는 적극적인 자세로 전환함으로써, 어느 정도 객관적인 분석이 가능하다고 판단했기 때문이다.

분석 대상 매체의 사설 수집은 「동아일보」와 「한겨레」 및 「경향신문」의 경우 한국언론진흥재단의 기사 검색 사이트인 카인즈(KINDS)에서, 「조선일보」는 카인즈(KINDS)에 기사를 제공하지 않는 관계로 개별 신문사의 웹 사이트를 통해 수집했다. 본 연구자가 모든 사설을 일일이 검색해서 정보기관과 관련된 사설을 추출하였다. 카인즈(KINDS)의 경우 정보기관 단어 즉 검색 단어를 집어 넣는 검색 시스템을 사용하지 않았다. 그

133 이에 대한 상세한 내용은 김영삼 정부 시기 프레임을 분석할 때 설명하기로 하겠다.

표 8 4개 정권별 사설 빈도

(단위: 건)

	조선	동아	한겨레	경향	합계
김영삼 정부	82	61	95	70	308
김대중 정부	102	66	81	58	307
노무현 정부	108	65	64	43	280
이명박 정부	62	42	34	46	184
합계	366	248	279	220	1,113

이유는 사설 제목에는 정보기관 이름 등을 포함시키지는 않았으나, 내용상 정보기관을 지칭하는 사설도 상당수 있었기 때문이다. 이러한 과정을 거쳐 수집된 사설은 총 1113건으로 「조선일보」가 366건, 「동아일보」가 248건, 「한겨레」가 279건, 「경향신문」이 220건이었다.

그러나 이 중 44건은 정보기관의 이름만 걸쳐 있을 뿐 명확하게 프레임의 특성을 규정할 수 있는 내용이 적어 분석 대상에서 제외하였다. 이에 따라 총 1069건의 사설 프레임을 분석하였다.

3. 프레임 구축

프레임 추출을 위해 일차적으로 연구자가 추출한 사설 전체를 읽어 보고 언론학 석사과정생 1명이 추가적으로 읽은 뒤 귀납적인 방법으로 최종 프레임을 도출하였다. 분석 대상 사설 전체를 코딩 작업하면서 연구자와 코더 간에 상호 토론을 거쳐 도출된 프레임의 적정성과 타당성을 검토하였다. 이에 최종적으로 총 12개의 프레임을 추출하였다. 그런 다음 유사한 프레임을 묶어 유형화하였다. 예를 들면 정보기관을 지칭하는 프레임의 경우 '국가최고정보기관' '국가정보기관' '정보수사기관' '정보기관' 등 비슷하지만 미묘한 차이가 있는 프레임[134]이 자주 나타나고 있어, 이런 경우 위의 4가지를 포괄할 수 있는 '국가최고정보기관'이라는 프레임 속에 포함시키는 것을 말한다. '수사기관'의 경우 안보 사안을 기사화할 때 '대공수사' 문제를 포함시키는 경우가 많으므로 '안보/수사 중추기관 프레임' 속에 포함시켰다.

한편 2명의 코더가 분석유목이 적합한지 알아보기 위해 총 연구 건수인 1069건 중 30건에 대해 먼저 각각 코딩을 하여 일치도를 살펴보는 코더 간 신뢰도(intercoder realiablity)를 측정하였다. 이 방식에 따르면 계수가 0.80 이상일 경우 연구의 신뢰도 충분한 것으로 평가한다.[135] 홀스티(Holsti)의 신뢰도 계수 도출 공식을 이용한 코더 간 신뢰도 검증 결과는 0.85로 비교적 높게 나타났다. 최종 추출된 프레임에 대한 설명은 다음과 같다.

(1) 국가/최고 정보기관 프레임 : 국가정보원에 대한 가장 긍정적인 프레임으로서 북한에 대한 적시성 있는 정보 수집이나 간첩 검거, 친북 세력 적발 등을 표현할 때 자주 구사하고 있는 프레임이다. '국가정보기관' '정보기관' 등을 주요 단어로 한다.

134 「조선」과 「동아」 등 비교적 정보기관의 존재에 대해 긍정적인 입장에 있는 보수지들은 국정원의 위상을 감안해서 기관의 권위를 높여주는 단어 즉 '국가최고' 등과 같은 용어를 수식하지만, 정보기관에 대해 부정적인 진보지들은 기관의 권위를 낮추기 위해 '최고'라는 단어를 거의 사용하지 않았다.

135 심홍식(2012), 한국 언론의 보수와 진보 프레임에 관한 분석적 고찰 – 조선일보와 한겨레신문의 한미 FTA 사설 분석. 경기대학교 정치전문대학원 박사학위 논문. 69.

(2) 안보/수사 중추기관 프레임 : 주로 북한 핵문제, 통일정책 수립, 고정간첩 문제 등 국가 안보 문제를 강조할 때 주로 구사한 프레임이다. 황장엽 망명이나 친북인물 월북, 국내 자생적 이적 단체 등장과 같은 사안이 나타날 때 자주 등장한 프레임이다. '안보 중시' '대공수사 활성화' 등이 강조된다.

(3) 정권수호기관 프레임 : 김대중 정부 때 빈번히 구사되었던 프레임이다. 국가정보원이 특정 정권에 충성한다는 점을 비판적으로 지적하기 위해 사용되었으며, '특정 정권 유착' '정권 파수꾼' 등이 주요 단어가 된다.

(4) 문민정부 원천책임 프레임 : 김대중·노무현 정부 시기에 집중적으로 나타난 프레임이다. 불법 도·감청 같은 사안의 경우 사건이 불거진 것은 노무현 정부 시기에 터졌기 때문이다. 특정 정부에 대한 책임을 명확히 규정하고 있어 이를 별도의 프레임으로 분류했다.

(5) 권력기관 프레임 : 국정원이 주어진 권한뿐 아니라 권력적 위치에서 타 부처의 업무를 관여하거나 월권적 행위를 하고서도 처벌이 미약하다고 판단되었을 때 국정원을 비판하기 위해 구사했던 프레임이다. 주로 간부들의 행태를 비판할 때 빈번히 사용되었다. '월권기관' '법 무시기관' '탈법기관' '무소불위기관' 등이 주요 단어가 된다.

(6) 불법/비리기관 프레임 : 국가정보원이 법에서 벗어난 정보활동을 한다거나 대공수사 시 법적 절차를 무시한다고 판단되었을 때와 감청 문제 등의 사안이 돌출할 때 주로 구사되었다. 국가정보원을 부정적으로 묘사할 때 자주 동원되었다. '비리기관' '사기집단' 등과 같은 표현이 주를 이룬다.

(7) 정치공작기관 프레임 : 정치적 사건에 국정원이 휘말릴 때면 거의

빠짐없이 등장하는 프레임이다. '정치 개입' '정치 관여' 등이 주요 단어로 포함된다.

(8) 사찰기관 프레임 : 특정 인물에 대한 점검이나 감청 문제가 나올 때 이에 대한 견제 및 비판의 수단으로 거의 상시적으로 등장한 프레임이다 '사찰'이란 단어가 전두환 정부 때 빈번히 사용되어 국민들의 뇌리에 부정적으로 각인되어 있어 국민들의 공분을 불러일으키려는 의도가 담긴 프레임이다. '언론/정치사찰' '감시기관' 등이 주요 단어가 된다.

(9) 조작/여론기관 프레임 : 간첩 적발 시나 수사 발표 때 주로 등장했으며, 정부에서 발표하는 간첩 적발이나 정보공개문제를 비판적으로 논박할 때 주로 구사되었다. '부풀리기' '훈령 등 조작' '사건 과장' '정보 왜곡' 등이 주요 단어가 된다.

(10) 인권침해기관 프레임 : 주로 국가보안법 위반 사건 피의자 문제를 기사화할 때와 도·감청 문제를 의제화할 때 주로 구사되었다. 인간의 보편적 가치인 '인권' 문제를 부각시키는 방법으로 국민들의 동정도 얻으면서, 다른 한편으로 정보기관의 포악성을 강조하기 위한 프레임이다.

(11) 체제 유지 필요법 프레임 : 이 프레임은 국가보안법 개·폐 논란을 의제화 할 때 구사된 프레임이다. 주로 보수지들이 구사한 프레임이다. 국가보안법을 바라보는 관점을 나타낸 프레임이다.

(12) 언론자유침해기관 프레임 : 정보기관이 언론사에 대한 정보를 수집하거나 언론의 취재나 편집 활동에 영향을 미치려는 의혹이 나타날 때 등장한 프레임이다.

제3절

김영삼 정부 시기 4개 신문의 정보기관에 대한 프레임

1. 김영삼 정부 시기 정보기관과 관련된 사건

김영삼 정부는 선거라는 합법적 절차를 통해 30여 년에 걸친 군 우위의 권위주의 통치체제를 종식시키고 '문민정부'라는 이름으로 등장했다. 군부 세력과 산업화 세력, 그리고 민주화 세력이 연합으로 만들어낸 정권이라는 평[136]도 들었으나, 그간 권위주의 정부 시절 억눌렸던 시민사회의 욕구를 수용하려는 노력도 보이게 된다.

김영삼 정부는 이러한 국정 기조하에서 대표적인 권력기관으로 지적받아 온 국가안전기획부(약칭 안기부)에 대한 개혁도 천명하게 된다. 노태우 정부 시기에 논란이 되어 왔던 소위 정치 개입 문제나 일종의 관계기관대책회의 하나로 불렸던 '시·도 대책회의'에도 정보기관 고유의 업무에 한정지어 참석하도록 하는 등 큰 폭의 개혁에 착수하게 된다. 김영삼

136 고영신(2007). 정권의 성격변화와 언론 보도 : 대통령 친인척 비리보도의 뉴스프레임을 중심으로. 『커뮤니케이션이론』, 제3권 제1호. 165.

정부 초대 안기부장으로 취임한 김덕 안기부장은 ▲불미스러운 정치사건 관련자 ▲주요 정보 자료 유출 인사 ▲자의적 정보 보고서 작성자 들을 색출해서 이들을 관련 업무에서 배제하는 한편, 제도적인 개혁방안으로 차장보제를 폐지하고, 국내정보 부서 중 22개 출장소를 6개로 축소하며, 기능도 '국가전복음모에 관한 정보 수집'으로 한정하고, 각 부서가 이중 삼중으로 국내정보 수집에 투입했던 부분들을 과감히 수술했다.[137] 아울러 민간부문과의 과감한 정보공개 체제 유지를 약속하고, 공보관 제도도 신설하여 국민의 알 권리를 최대한 충족시키려는 조치도 취했다.

특히 종종 언론사찰 논란을 불러일으킨 언론분야에 대한 정보 수집도 정보 수집의 범위를 국가 안보와 관련된 사안에 국한시키는 등 '문민정부 시대에 맞는 정보기관상'을 구축하기 위해 다각적인 개혁을 하게 된다.[138]

그러나 과거 전두환·노태우 정부 시절에 벌어졌던 일그러진 사건들을 바로 잡기위한 조치들이 진행되면서 정보기관도 이 물결에서 벗어나지 못하게 된다. 1993년 김영삼 정부 초기에 대대적으로 수사했던 소위 용팔이 사건, 평화의 댐 과장홍보 문제, 이동복 안기부장 특보와 관련된 남북회담 훈령조작 사건 등이 대표적이다.

여기에다 국회 정보위원회 신설을 통한 안기부 통제를 골자로 한 안기부법 개정(1993년 12월 7일) 및 재개정(1997년 1월)은 무소불위라고까지 질책을 받아온 안기부의 위상을 크게 변화시키게 된다. 국회(정보위원회)를

137 "안기부 과감한 개혁 조치", 조선일보, 1993년 3월 2일.

138 매체비평지인 「미디어 오늘」은 "김영삼 정부가 출범 직후 폐지를 약속했던 안기부 내 대언론담당부서가 여전히 존속되어온 사실이 확인됐으며, 이들 요원들은 과거처럼 노골적으로 언론사를 출입하지는 않으나, 주로 언론사 내의 학연이나 지연 등을 활용, 언론사 밖에서 언론인들을 만나 정보 수집 및 보도조정 활동을 하는 것으로 파악됐다"고 보도한 바 있다.(1995년 5월 17일)

표 9 김영삼 정부 시기 정보기관과 관련된 사건

날짜	사건	내용
93.3	용팔이 사건	• 86년 10월에 일어난 통일민주당 창당 방해 사건으로 장세동 안기부장과 이택돈 및 이택희 전의원을 구속
93.9	평화의 댐 과장 홍보	• 안기부가 금강산댐 저수량을 과장 홍보, 안보정국 조성에 활용 • 1993년 9월 1일 감사원에서 감사 결과 발표
93.11	이동복 안기부장 특보의훈령 조작 사건	• 1992년 제8차 남북적십자회담에서 일어났던 정부 훈령 혼선 사건 • 李 특보의 훈령 왜곡으로 이산가족 재회 협상 무산 논란
95.2.20	「지자제선거연기」 문건 파문	• 2.20 민주당이 "94년 11월 지방선거 연기 문제와 관련, 안기부가 각계 여론을 수렴토록 전국 지부장에게 보낸「단체장 선거연기 문제 검토」 제하의 문건" 폭로
95.4.12	안호상 밀입북	• 안호상 대종교 총전교와 총무원장이 불법 입북
95.6.28	박용길 밀입북	• 문익환 목사 부인 박용길이 김일성 1주기 조문차 밀입북
95.9.30	안기부 청사 이전	• 안기부는 남산 건물을 서울시에 양도하고 내곡동으로 이전 • 서울시의 '남산 제모습 찾기'의 일환
95.10	부여 무장간첩 사건	• 김동식 등 2명이 부여 등을 침투. 김동식은 안기부에서 생포하고 1명은 사살
96.2.13	성혜림 망명설	• 조선일보가 김정일의 전 동거녀 성혜림 일가가 96년 1월 20일경 제3국으로 망명설 보도
96.7.21	간첩 깐수 체포	• 단국대 교수인 무하마드 깐수(한국명 정수일)가 북한의 고정간첩임이 탄로 • 레바논과 필리핀 등 7개국을 돌며 3번 국적 세탁, 90년 2월부터 단국대 교수로 재직하며 12년간 고첩 활동
96.8	한총련 사태	• 한총련이 연세대에서 4일간 점거 투쟁

날짜	사건	내용
96.10.1	최덕근 영사 피살	• 안기부 파견관인 최덕근 블라디보스토크 영사가 북한 공작원으로 의심되는 인물로부터 아파트 계단에서 총격을 받고 피살
96.12	안기부법 재개정	• 국가보안법 제7조의 찬양고무죄와 불고지죄 수사권을 안기부로 재이관 • 12월 18일 본회의에서 처리가 무산되었다가 12월 26일 여당 단독으로 처리
97.2.15	이한영 피살	• 김정일의 동거녀 성혜림의 조카로서 남한으로 1982년에 귀순한 뒤 김정일의 과거 행적 폭로 • 여자낀 5인조 북한 공작팀에게 피살
97.4.21	황장엽 망명	• 황장엽 노동당 비서와 김덕홍이 한국으로 망명 • 1997년 2월12일 주중 한국 총영사관에 망명 신청
97.8.18	오익제 월북	• 오익제 전 천도교 교령이 월북, 소위 색깔론과 황장엽 리스트 존재 여부 논쟁을 가열시킴

통한 정보기관 통제 필요성은 '정보기관의 권력 남용을 견제한다'는 차원에서 꾸준히 제기되어 왔는데, 문민정부에서 이를 제도화함으로써 중앙정보부에서 안기부로 바뀐 1981년 1월 이후 업무관행을 획기적으로 바꾸는 '제2의 변화'가 일어나게 된다.[139] 이어 터진 김정일 처조카 이한영 피살 사건, 부여 남파 간첩 사건, 그리고 1997년 황장엽 망명 사건 등은 정보기관이 다시 한 번 언론의 주목을 받는 계기로 작용한다. 아울러 간

139 한국에서는 그간 국회 국방위원회가 정보기관의 정보활동과 정보예산을 다루는 방식으로 행정부 정보기관을 통제하였다. 그러다가 1994년 국회에 정보위원회를 신설하여 국가정보원, 국방정보본부, 기무사령부 등 정보 공동체의 정보예산 심의, 청문회 개최 및 정보브리핑 청취 등을 한다. 위원은 당대표, 원내대표의 심의를 거쳐 국회의장이 임명하며, 임기는 2년이다.(최평길, 『국가정보학』, 557.)

첩행위자 또는 친북좌익 세력 등에 대한 국가보안법 적용을 둘러싼 논쟁 등은 특히 대공수사활동에 영향을 계속적인 영향을 끼치게 된다. 국가보안법 문제는 안기부의 존립 근거라고까지 할 수 있는 법이기 때문에 정보기관으로서는 민감할 수밖에 없기도 했다.

결론적으로 언론은 이런 사건이 발생할 때마다 다양한 보도형태로 정보기관과 관련한 내용을 부각시켜 기사화하는 한편, 사설을 통해서는 사건 또는 사안을 평가하고 정보기관이 나아갈 방향 등을 제시했다. 각사 고유의 논조에 따라 나름대로의 프레임을 설정해서 반복 제시하게 되는데, 이는 국민들이 정보기관을 바라보는 상(像)을 형성하는 데 적지 않은 영향을 미쳤다고 판단된다.

2. 게재 빈도 및 프레임 분석

1) 신문사별 사설 빈도 및 내용

사설 빈도를 보면, 「한겨레」가 95건으로 가장 많이 실었고, 「조선」 82건, 「경향」이 70건이며, 「동아」가 61건으로 가장 적게 게재하였다. 사설 건수에는 사설 제목에 '안기부'를 곧바로 거명한 것뿐 아니라, 사설 내용 속에 정보기관 명칭은 물론이고 '사정당국' '공안당국 또는 기관' '관계당국' 등 정보기관을 유추할 수 있는 내용도 포함시켰다.

그 이유는 김영삼 정부 당시만 해도 정보기관 측에서 가급적이면 정보기관에 대한 보도를 자제해줄 것을 여러 루트를 통해 당부해 온데다가, 언론사 역시 국가 안보차원에서 이 협조요청을 수용하여 웬만큼 사회적 이슈가 되는 사안이 아니면 정보기관에 대한 명칭을 직접 기술하기

표 10 연도별 게재 빈도

	1993년	1994년	1995년	1996년	1997년	계
조선	12	15	17	18	20	82
동아	13	14	9	12	13	61
한겨레	18	16	10	26	25	95
경향	12	12	16	15	14	70

보다 우회적인 단어를 사용했기 때문이다.

내용별로 보면 특히 국가보안법 개폐 문제의 경우 「한겨레」는 1993년부터 안기부의 대공수사기능 회복이 필요하다는 여론이 조성되기 시작한데 이어, 1996년부터는 세부적인 실행조치로서 경찰로 이관한 국가보안법 제7조의 찬양고무죄와 불고지죄의 수사권을 안기부로 되돌리는 내용을 골자로 한 안기부법 개정 논의가 본격화하기 시작하자 계기만 있으면 사설을 통해 반대 입장을 강도 높게 전개했다.[140]

「한겨레」가 주로 안기부와 국가보안법에 대한 비판에 집중한데 비해 「조선」은 안기부법에 대한 개정찬성론[141]뿐 아니라 간첩사건, 황장엽 망명, 대북 심리전 문제 등 정보기관과 관련이 있는 다양한 사안에 대해 사

140 1996년과 1997년 2년간 안기부법 개정을 반대한 사설이 총 21건인데, 이 중 몇 가지만 예시하면 다음과 같다. "안기부 수사의 위법성 시비"(1996년 1월 11일), "보안법과 영장밀어붙이기"(1996년 7월 19일), "안기부법 개악 말라"(1996년 9월 14일), "안기부법 통과 막아야한다"(1996년 12월 18일), "안기부법 개악 묻혀선 안 된다"(1997년 1월 14일), "안기부법은 날치기 이전으로"(1997년 3월 12일), "안기부법 재처리 어찌 됐나"(1997년 3월 19일), "안기부법 재개정해야"(1997년 7월 18일), "정보기관의 제자리찾기"(1997년 10월 24일)

141 "대공수사기능 회복해야"(1996년 9월 6일), "안기부법과 대공수사"(1996년 12월 17일), "체제전복의 전쟁"(1997년 11월 21일), "안기부와 고첩"(1997년 11월 22일) 등이다.

표 11 내용별 분류

	국가 보안법	안기부 법·운영	간첩·대공수사	황장엽	정치성 사건	평화의 댐	훈령 조작	안보·북한 문제	기타
조선	11	6	14	6	8	2	2	20	15
동아	7	9	8	6	6	1	2	10	12
한겨레	26	28	15	6	8	1	2	7	3
경향	5	9	18	2	5	2	2	15	12

■ '기타'는 기밀유출, 테러 및 마약, 정보공개법을 포함한 것이며, '정치성 사건'은 정덕진 빠징꼬 사건과 용팔이 사건, 지자제 연기문건을 의미

설에서 비교적 긍정적인 입장을 표명했다. 아마도 「조선」이 문민정부 창출에 일등공신이란 생각으로 국정의 한 축으로서 적극적으로 조언하려는 생각을 가졌던 게 아닌가 추론된다.

반면 「동아」와 「경향」은 「조선」과 「한겨레」에 비해 상대적으로 적은 양의 사설을 비슷하게 게재하면서 주로 원칙적인 입장을 표명하는 데 그쳤다. 「조선」과 「한겨레」가 극명한 대립상을 보여준 안기부법 개정문제도 2~3건 정도만 게재한 점이 이를 증명한다.[142] 이는 정보기관과 관련된 사안에 대해 여론을 주도하려는 것보다 언론의 기본 사명인 감시자로서의 역할에 국한하려는 의도로 해석된다.

142 "안기부의 대공수사 확대"(동아, 1996년 9월 7일), "안기부법 개정 미루지 말라"(경향, 1996년 11월 8일)

2) 4개 신문사들이 구사한 프레임

구사된 프레임 유형 및 특징

김영삼 정부 시기 4개 신문사들이 구사한 프레임은 7개이다. 긍정적인 프레임으로는 '국가최고정보기관 프레임' '안보/수사 중추기관 프레임'이 구사되었고 나머지 5개는 부정적인 프레임이다. '정치공작기관 프레임' '권력기관 프레임' '불법기관 프레임' '여론/조작기관 프레임' '인권침해기관 프레임' 등이 그것이다. '정치공작기관 프레임'의 경우, 유사한 '정치사찰기관 프레임'도 일부 나타나고 있으나, 그 사례가 많지 않았다는 점에서 '정치공작기관 프레임'에 포함시켰다. '인권침해기관 프레임'은 국가보안법과 관련된 사건을 다룰 때 바늘과 실처럼 함께 표출되고 있는 프레임으로 주로 「한겨레」가 집중적으로 구사하였다.

사건 유형별 프레임 분석

김영삼 정부 시기에 일어났던 정보기관과 관련된 사건을 〈표 9〉에서 요약한 바와 같이 여러 가지 형태로 나타났다. 이들 사건을 단순히 시계열순으로 분석하기보다 시계열에 관계없이 유사한 사건을 묶고, 그 유형화한 사건들을 상대로 4개 신문사들이 어떤 프레임을 구축하고 적용했는지 살펴보았다.

안기부법 재·개정과 국가보안법

김영삼 정부는 1993년 출범 직후 문민정부로 호칭하고 이전의 권위주의 정부와 차별화를 시도했다. 공직자 재산공개를 시작으로 국정전반에 걸쳐 개혁 드라이브를 걸면서, 다른 한편으로 권력기관으로 불리던 국가안전기획부에 대한 제도적 개혁을 추진하게 된다. 그 결과 1994년에 국가안전기획부법을 획기적으로 개정하여 헌정 사상 처음으로 국회 내에 정보위원회를 신설하고, 국회가 미국 같이 정보기관을 통제하는 전통을 만들었다. 이어 안기부 대공수사의 핵심 바탕인 국가보안법상의 찬양고무죄에 대한 수사권을 검찰과 경찰로 이관하게 된다. 그러나 1994년 7월 김일성이 갑자기 사망하고 이어서 불거진 김일성 조문 파동과 박홍 서강대 총장의 주사파 발언 등이 겹쳐지면서 이른바 '신공안정국'이 출현하게 된다.[143]

1995년에는 한국대학생총연합(약칭 한총련)이 연세대에서 '범민족대회'라는 이름으로 4일간에 걸쳐 폭력 시위를 벌인 이후 안기부의 대공수사력 약화에 대한 우려론이 본격화하게 된다. 이러한 여론에 힘입어 안기부는 국가보안법 제7조의 찬양고무죄에 대한 수사권 회복을 골자로 한 안기부법을 재개정하게 된다. 이렇게 되자 각 신문들은 안기부에 대한 프레임을 구성하고 자사의 주장과 논지를 펼치게 된다.

「조선」은 '국가최고정보기관 프레임'을, 「동아」도 '국가최고정보기관 프레임'을 구사하되 간헐적으로 '인권침해기관 프레임'도 병행했다. 「경향」은 '국가최고정보기관 프레임'과 부정적인 '권력기관 프레임'도 동시에 구사했다. 그러나 이들 3개 신문사들은 대체로 긍정적인 프레임을 구사했다고 볼 수 있다.

반면 「한겨레」는 단 한 차례도 긍정적인 프레임을 사용하지 않고, '인권침해기관 프레임' '권력기관 프레임' '불법기관 프레임' 등 3개의 부정적인 프레임을 사안의 성격에 따라 어느 한 가지를 채택해 구사하거나,

143 최장집(1994). 한국민주주의와 언론. 『언론과 사회』, 통권 제6호, 57.

두 가지를 함께 사용하는 보도 전략을 구사했다. 특히 안기부법 개정 논의가 막바지에 이른 1996년 9월부터는 이 같은 3가지 프레임을 집중적으로 사용하여 안기부법과 국가보안법의 문제점을 비판(11건 사설)하였다.

표 12 안기부법 재·개정 및 국가보안법에 대한 프레임과 주요 내용

언론사	프레임	주요 내용
조선	국가 최고정보기관 프레임	• 국가보안법은 인권 신장을 저해할 목적으로 존재하는 법이 아니므로 미국이 이 문제를 언급하는 것은 적절치 않음(1994년 3월 3일) • 범민련과 범청학련 등 주사파는 철퇴를 가해야 함("남한 내의 인공", 1994년 6월 1일) • 대북안보전선에 혼선을 빚게하는 단체나 개인은 관계 기관이 제재해야 함("1994년 6월 28일) • 검경과 안기부 등의 대공 부서를 활성화하고 보강하는 일이야말로 안보를 다지는 기초임(1996년 8월 19일) • 이번 한총련 사태를 통해 안기부가 1994년 안기부법 개정 이후 대공 수사 능력이 상당히 약화되었음을 보여주었음(1996년 9월 6일) • 안기부는 불구상태다(1996년 12월 17일)
동아	국가 최고정보기관 프레임	• 정보는 국가의 핵심이고 그 정보의 수집 평가는 국가 운영에 절대적으로 필요(1993년 9월 19일) • 이번 법 개정을 계기로 대공 및 경제 정보를 중심으로 「제2의 창설」을 서두를 것(1993년 12월 7일) • 국가보안법은 4가지 이유로 개정을 반대 ① 인간의 증오와 편견에 호소하고 편승하는 선동 선전이 관용과 이해를 압도 ② 표현과 행동을 쉽게 이분법으로 구분 곤란 ③ 민주주의 자체를 부정하려 드는 세력은 민주주의의 적임 ④ 남북 대치의 상황에서는 더욱 그러함(1995년 1월 19일)
	인권침해기관 프레임	• 안기부는 인권 탄압과 정치 공작의 대명사였음("거듭나야할 안기부", 1993년 12월 9일) • 한총련 사태등은 안기부 등 관련 기관의 직무 태만에도 원인이 있으며, 관련자 수사 시 인권침해는 안 됨(1996년 12월 27일)

언론사	프레임	주요 내용
경향	국가 최고정보기관 프레임	• 국가 보안 업무의 총책인 안기부장 자신이 개혁과 변화의 선두임. 그간 국익 추구와 국가 체제 수호의 숨은 역할을 했음(1993년 2월 2일) • 안기부는 중추적인 국가정보기관임. 앞으로 세련된 국제 감각을 가진 국가정보기관이 돼야 함(1993년 9월 6일) • 박홍 서강대 총장의 주사파 발언과 관련, 대공태세는 무방비나 다름없음. 정보당국은 이 같은 내용을 사전 파악했을까 의구심(1994년 7월 20일) • 수백 명의 고정간첩이 암약한다는 간첩 '깐수'의 진술은 충격적임. 대공기관은 간첩 색출 활동에 한층 노력을 강화해야 함(1996년 9월 30일) • 보안법은 체제 보호의 예방적 기능임. 위헌 여부는 국가 안보와 체제 수호, 기본권 보장에 대한 새롭고 광범위한 국민적 동의 기반 위에서 판단 필요(1995년 1월 19일)
	권력기관 프레임	• 안기부는 권부의 상징으로 정부 위에 또 하나의 정부 조직처럼 군림해 왔음(1993년 12월 9일) • 취약한 대공수사능력을 보강하기 위한 안기부법 개정에는 동의하나, '힘쓰는 기관'이 되기 위한 저의에는 반대(1996년 11월 8일)
한겨레	불법기관 프레임	• 성대 정현백 교수 등 3명 긴급 구속은 법적 절차를 무시한 난폭한 조치임(1994년 10월 9일) • 세계일보 발행인 박보희 씨가 김일성을 조문한데 대한 보안법 적용 방침은 '조문'이 곧 김일성 찬양 인양 몰아대는 공안적 분위기를 감안한 조치임(1994년 7월 27일) • 재판 과정('찬양고무죄'의 과잉 적용으로)에서 진실이 밝혀져 풀려나온 경우에도 안기부 수사 과정의 악몽에서 벗어나기 불가능했음. 이는 안기부의 수사권 남용이 시민들에게 어떤 공포를 심어주었는지 말해 줌(1996년 12월 7일)
	인권침해기관 프레임	• 안기부의 업무 행태에서 월권이나 인권 침해 사실이 자주 드러남(1995년 1월 10일) • 국가보안법은 인권 탄압의 악법으로 내외에 알려져 있음. 증명이 불가능한 사람의 생각까지 처벌 대상으로 삼는 법이 존재한다는 사실 자체가 모순임(1994년 3월 9일) • (93년 가을 안기부가 김삼석과 김은주 남매 간첩 사건 발표에 대해) 문민정부에서도 과거와 다름없이 간첩 조작이라는 최악의 인권을 침해(1995년 1월 14일)

언론사	프레임	주요 내용
한겨레	권력기관 프레임	• 안기부가 나라의 주요 기관을 공공연히 출입하며 정보를 수집할 근거는 그 어디에도 없다(1995년 1월 10일) • 93년 안기부법 개정은 무소불위의 권력을 휘두르던 안기부를 정보기관 고유의 자리로 돌려놓아야 한다는 국민의 열망이 대세를 이룬 탓이 컸음(1996년 9월 6일) • 변호인 접견을 허용하라는 법원의 결정에도 불구하고 이를 거부하는 안기부 직원이 처벌받은 일이 없었음 (1996년 9월 14일) • 안기부법 개정 추진은 안기부가 조직 이기주의에 따라 무소불위의 권력을 휘두르던 옛 시절을 그리워하며 빼앗겼던 힘을 다시 찾으려는 치밀한 작전을 펼친 결실임 (1996년 12월 5일)

정치성 사건

김영삼 정부 시기에 안기부가 연루된 정치성 사건은 크게 4가지로 정리할 수 있다. 통일민주당 창당방해 사건(일명 용팔이 사건), 평화의 댐 과장문제, 파친코 대부 정덕진 사건, 그리고 지자제 연기문건 사건 등이다. 1997년 김영삼 대통령의 아들 김현철의 국정개입 논란 당시 안기부 기조실장이던 김기섭 운영차장이 '안기부의 정보를 사적으로 이용했다'는 이유로 김현철 청문회에 출석한 사실이 있으나,[144] 이 사건이 안기부 조직 차원에서 이뤄진 일이 아니라 김(金) 운영차장 개인의 일탈 행위로 결론이 났고, 언론도 관련 내용을 기사로서만 취급했을 뿐 사설에서는 거의 다루지 않았음을 감안하여 분석 대상에서 제외하였다.

4개 신문사가 정치성 사건을 언급한 사설은 총 27건으로 「조선」

144 고영신(2007)은 김현철 씨의 국정개입 의혹에 대한 프레임 분석에서 김현철의 총선 개입과 청와대·군·안기부·방송사 인사개입 및 안기부 정보 청취 등에 대해 '국정농단 프레임'으로 분석한 바 있다.

표 13 정치성 사건에 대한 프레임 및 주요 내용

언론사	프레임	주요 내용
조선	정치공작기관 프레임	• 엄삼탁 씨는 구시대의 안기부 기조실장이며 때로는 음험한 정치 공작의 사령탑임. 6공 말기에 친 YS 인사로 변신해 김영삼 후보의 선거운동을 공작했음(1995년 5월 22일)
	권력기관 프레임	• 파친코 대부 정덕진 씨가 검찰에 검거되면서 파친코 업계의 비리 뿐 아니라 정치인, 검-경-안기부 등 권력기관의 고위 간부, 일부 언론인들과도 유착 관계를 맺어 왔음(1995년 5월 5일)
동아	정치공작기관 프레임	• 안기부의 단체장 선거 연기 문제 검토 문서로 야기된 정치적 파문에따라 김덕 통일부총리를 교체했음. 이 문서가 작성된 94년 11월경부터 민자당에서 제기돼 온 선거 연기론과 맞물려 안기부가 이들 주장을 뒷받침하기 위해 정치 공작을 한게 아닌가 의혹이 앞섬(1995년 2월 22일) • 87년 4월의 통일민주당 창당대회장 정치 폭력 사건은 당시부터 장세동 안기부장이 사건을 꾸미고 지시했을 가능성이 크다고 보았음(1993년 3월 8일)
	여론/조작기관 프레임	• 정보 수집과 검증 능력을 독점하고 있는 정보기관이 정권 안보용으로 정보와 검증 능력을 왜곡 남용한다면 진정한 안보를 크게 해침(1993년 6월 17일)
경향	정치공작기관 프레임	• 평화의 댐은 정권 안보의 댐으로서 안보를 정략적으로 이용했음. 안기부장은 당시의 정보 판단이 정확했는지 등에 대해 솔직한 해명이 필요(1993년 9월 1일) • 세칭 용팔이 사건의 자금 배후가 드러났음. 검찰은 공작 자금의 뿌리가 확인된 만큼 배후와 공작 과정을 숨김없이 공개하기 바람(1993년 3월 7일)
	권력기관 프레임	• 슬롯머신의 대부 정덕진 씨의 배후가 6공 실세로 알려진 박철언 의원과 전 안기부 기조실장이었던 엄삼탁 씨가 각각 5억 원과 1억 5000만 원을 정 씨로부터 받았음. 국가 수사기관의 고위 간부가 연루된 사실에 경악(1993년 5월 18일)
한겨레	정치공작기관 프레임	• 박철언 의원은 용팔이 사건 배후로 자신이 거명되자, 안기부 1차장이 국내차장으로서 각종 정치 공작을 했다고 반박. 안기부가 야당에 대한 폭력, 분열, 탄압 공작 등 독재하의 모든 악행 주도(1993년 3월 4일) • 새 정부는 정보 공작정치의 본산인 안기부를 개혁해서 정치 개입을 막고, 국외 정보만을 다루는 기관으로 축소해야 함(1993년 3월 9일)

언론사	프레임	주요 내용
한겨레	정치공작기관 프레임	• 김운환 의원이 폭로한 평화의 댐 공작은 대국민 사기극으로서 여론 조성과 댐 건설 추진을 안기부가 주도했음 (1993년 6월 19일) • '지자제 연기문건 검토'는 안기부법의 정치 관여 금지 조항을 어긴 명백한 정치 관여로서, 정당한 업무라고 말하는 것은 지나친 강변임(1995년 2월 21일) • 김영삼 정권은 안기부의 해괴한 문서에서 드러나듯이 오래전부터 조직적으로 선거 연기를 도모해 오지 않았나 의심 (1995년 2월 21일)
	권력기관 프레임	• 놀라운 것은 엄삼탁 씨가 안기부 기조실장으로 일하던 때 개인 '안가'를 두고 사용했다는 사실임. 그는 안기부 특보 때 대지가 165평이나 되는 개인 집을 안가로 사용 (1993년 4월 3일) • 정덕진 씨 수사와 관련 동생 덕일 씨는 "90년 안기부 기조실장이던 엄삼탁 씨가 형의 부탁을 받고 국세청의 세무조사를 중단시키려고 청와대와 검찰의 고위 인사들에게 로비 활동을 했음(1993년 5월 4일)

8건, 「동아」 6건, 「한겨레」 8건, 「경향」이 5건이다. 그런데 이 정치성 사건을 바라보는 프레임은 4개 신문사가 대동소이한데, 이유는 사안 자체의 성격이 매우 명확했기 때문으로 풀이된다. '정치공작기관 프레임' '권력기관 프레임' '여론조작기관 프레임' 등이 그것이다.

일명 용팔이 사건과 지자제 연기문건에 대해서는 4개지 모두 '정치공작기관 프레임'을 구사했으며, 정덕진 수사 건에 대해서는 '권력기관 프레임'을 적용했다. 평화의 댐 과장문제에 대해서는 「한겨레」와 「경향」이 '정치공작기관 프레임'으로 접근한 반면, 「동아」는 '여론조작기관 프레임'에 방점을 두었고, 「조선」은 단 한 건도 사설을 게재하지 않을 정도로 별다른 시각을 보이지 않았다. 또한 「조선」은 지자제 연기문건 파문을 다루면서 '정치공작기관 프레임'을 구사하지 않고, '진상규명'에 포커스를 맞추었다. 이는 김영삼 정부와 안기부에 쏠릴 비판의 화살을 둔화시켜 정치적 부담을 완화시켜주려는 의도와 함께 동 건이 경쟁지인 「동아일보」가 단독 보도한데 대한 반감도 작용한 것으로 해석된다.

북한 관련 사건(북핵문제, 김일성 사망, 황장엽 등 북한 주요인물 귀순, 일부 인사 월북, 간첩 체포 등)

남북 관계로 압축되는 북한 문제는 한국 정치사회 등 전 분야에 영향을 미치는 중대 변수로 항상 작용해 왔다. 김영삼 정부는 과거 군사권위주의 정부들이 과도하게 안보 분위기를 조성 — 즉 안보 장사 — 하여 우리 사회 내에 북한에 대한 인식을 왜곡시키고, 사회 전체를 경직시켰다는 문제의식 아래 비전향 장기수인 이인모를 1993년 3월 11일 조건 없이 송환하고, 김일성과의 정상회담까지 추진하게 된다.

그러나 북한이 핵개발을 본격화하기 위해 핵확산금지조약(NPT)을 탈퇴한데 이어 잇따른 간첩 남파와 동해안 강릉에 잠수함 침투사건을 일으킨데다, 박홍 서강대 총장의 '학원가 주사파 침투 발언'으로 인해 우리 사회는 다시 한 번 격렬한 이념 논쟁에 빠져들게 된다.[145]

이에 보수지와 진보지들은 담론 시장에서의 주도권을 확보하기 위해 치열한 논리 대결을 펼치는 한편, 북한 문제와 공안 문제의 중심부에 있는 정보기관에 대해서도 특정한 프레임을 구축하여 논지를 전개하게 된다. 특히 1997년 2월에 발생한 황장엽 전 북한 노동당 비서의 망명사건은 정보기관에 대한 대조적인 프레임을 잘 보여준 사례이기도 하다.

1994년 7월 8일 발생한 김일성 사망 건에 대해서는 7월 12일 단 하루

145 백선기(1995). 보도와 이데올로기. 『한국언론내용분석론』. 한국언론학회편. 14.

표 14 황장엽 망명 사건에 대한 프레임 및 주요 내용

언론사	프레임	주요 내용
조선	안보/수사 중추기관 프레임	• '권력 깊숙한 곳 고정간첩'에 대한 각성이 새삼 요구됨. 황장엽의 말을 듣고도 계속 수수방관한다면 안보 포기나 다름없음. 국가 안보와 국민 생존을 위협하는 요인 제거를 위해 대공 업무를 살려 가야 함(1997년 2월 5일) • 황장엽 리스트를 숨기는 것은 우리 안보의 허점을 덮어두는 것이므로 국가 안보 차원에서 검증하면 됨(1997년 4월 24일) • 황장엽 씨가 기자회견을 통해 밝힌 북의 전쟁 준비 상황은 우리의 안보 의식과 대비 체제에 대한 경각심을 불러일으키기에 충분함(1997년 7월 14일) • 오익제 월북사건은 황 파일 관련 인사들의 수사 촉진 계기로 삼기에 충분하며, 우리 사회 내부에 친북 인사들의 암약을 방치할 경우 안보 체제는 근본적으로 위협받게 될 것임(1997년 8월 20일)
동아	안보/수사 중추기관 프레임	• 황장엽 씨가 지적한대로 남한 내 국가기관이나 군대 경찰에 적대분자가 침투해 있다면 국가 안보를 위해 철저하게 색출하는 것이 마땅하며, 황 씨 정보를 국가 안보적 시각에서 접근해야 함(1997년 4월 24일)
	정치 공작기관 프레임	• 「황풍」의 위기감을 증폭시킨 진원지는 안기부 차장 출신인 신한국당의 성형근 정세분석위원장임. 만약 근거 없이 설만 가지고 문제를 일으키는 안개 피우기 전략이라면 돌이킬 수 없는 잘못을 저지르는 것임. 이 문제를 공안정국 조성에 이용해선 안 됨(1997년 3월 30일)
경향	안보/수사 중추기관 프레임	• 관계당국은 북한의 황장엽 망명에 불만, 핵 발전소 등 산업 시설은 물론 요인들이나 일반인들을 상대로한 무차별 테러를 통해 남한 사회의 혼란을 노릴 가능성에도 대비해야 함(1997년 2월 16일) • 국가 존립의 열쇠를 쥐고 있는 군, 경찰, 국가기관에 상당수의 친북 세력이 침투해 있다면 절대 방치해서는 안 됨. 이는 우리 안보에 치명적임(1997년 4월 23일)
한겨레	정치 공작기관 프레임	• 남한의 정치 상황에 익숙치 않은 황장엽 씨가 공작 정치에 교묘하게 이용될 가능성이 있음. 전쟁과 관련된 발언도 공안 당국에 활용할 여지만 제공될지도 모름(1997년 4월 21일) • 황 씨의 말이나 글이 모두 진실인양 전달되는 분위기를 경계해야 함. 밀폐된 가운데 불분명한 내용이 소식통을 인용해 보도되는 것은 의구심을 불러옴(1997년 4월 23일)

언론사	프레임	주요 내용
한겨레	정치 공작기관 프레임	• 안기부는 탈북자 기자회견을 특별한 경우가 아니면 않겠다고 했음. 안기부가 정치적으로 악용하고 있다는 비판이 있었기 때문. 황 씨의 인식이 대선을 앞둔 민감한 시기에 본 뜻을 왜곡시켜 작용하지 않을까 걱정임(1997년 7월 11일)

만 안기부의 정보력 부재를 스트레이트 기사로 질타했을 뿐[146] 4개 신문 모두 정보력을 문제 삼는 사설을 게재하지 않았다. 다만 「조선」만이 사설이 아닌 해설 기사 등을 통해 안기부 정보를 신뢰하는 프레임을 보여주었다.[147] 이는 북한 체제의 극단적인 폐쇄성을 고려해 볼 때 김일성 사망과 관련한 극비정보를 수집하는 일이 쉽지 않다는 현실적인 고충을 이해했기 때문으로 판단된다.

김일성 사망 다음으로 주목받은 사건이 1997년 2월 13일에 공식화되었던 황장엽 망명사건이다.[148]

황장엽 망명은 1997년 벽두부터 정국을 강타한 한보사건과 김영삼 대통령의 차남 김현철의 국정개입 공방의 와중에 발생했다는 점 때문에 '정치적 이용 여부'를 놓고 논란이 되기도 했다. 당시 언론은 '정보기관의 공작을 보호해 준다'는 공감대가 어느 정도 형성되어 있었던 관계로 기

146 "대북정보력 부재 성토"(한겨레), "김일성 사망 정보력 부재 추궁"(조선), "여야 정보력 부재 집중 추궁"(경향), "대북 정보 능력 집중 성토"(동아)

147 "안기부 소식통에 따르면 북한 노동당이 94년 7월 10일 당중앙위원 145명과 후보위원 103명 및 최고인민회의 대의원 687명을 7월 11일까지 평양에 도착하도록 각 도당에 긴급 지시했다"는 기사(1994년 7월 10일) 등이다.

148 황장엽은 북한 민주화와 김정일의 학정을 고발하는 일에 종사하다가 2010년 10월 10일 강남구 논현동 자택 목욕탕에서 87세로 사망했다.

사나 사설 등에 안기부의 이름을 거의 부각시키지 않았다.

다만 남한 권력 깊숙한 곳에 북한 간첩이 있다는 이른바 '황장엽 리스트' 공방 과정에서 정보기관에 대한 프레임을 보여주게 된다. 「한겨레」가 지속적으로 '여론조작기관 프레임'을 구사한데 반해 「조선」은 '안보/수사 중추기관 프레임'에 입각하여 황장엽 리스트와 관련한 사설을 7건이나 게재하였다. 「동아」는 '안보/수사 중추기관 프레임'과 '정치공작기관 프레임'을 병행하였는데, 이는 당시가 대선 국면임을 감안한 때문으로 판단된다. 즉 안보를 강조하면 여당 후보가 정치공작을 강조하면 야당 후보가 유리할 가능성이 높았기 때문이다.

이 밖에 1995년 10월경 부여에 침투했다가 1명이 사살되고 1명(김동식)이 안기부 요원에 의해 체포된 '부여 무장간첩 침투사건'과 1996년 7월 24일 안기부가 발표한 '간첩 깐수(본명 정수일) 사건'의 경우, 「조선」·「동아」·「경향」 등 3개지는 '국가최고정보기관 프레임'하에서 관계기관의 허술한 공조체제[149]와 수사 당국의 안일한 업무자세를 질타하며 단호한 대응을 촉구하였다.[150]

반면 「한겨레」는 간첩 깐수 사건과 관련, 실체를 인정하면서도 "정권 안보에 급급한 나머지 '피라미'를 '잉어'로 과장하는 일에 골몰한 것은 아닌지 의구심이 있다"고 지적한데 이어, 김영진 씨 일가족 4명과 유송일 씨 일가족 4명이 1997년 1월에 남한으로 넘어 온데 대해서도 "안기부가 안기부법 개정의 무효화 여론을 잠재우기 위해 탈북과 망명을 연출한 의

149 "또 무장 간첩인가", 동아일보 1995년 10월 26일.

150 "무장간첩의 정치권 접촉"(조선일보,1995년 12월 11일), "대북경각심 그렇게 허술했나"(경향신문 1995년 11월 10일)

혹이 있다"며 '여론조작기관 프레임'을 보여주기도 했다.[151] 그러나 다른 매체들의 외면으로 지배적인 담론으로 나아가지는 못했다.

3. 소결론

4개 신문사들의 정보기관에 대한 프레임은 「조선」·「동아」·「경향」 등 3개지와 「한겨레」 간의 프레임차이를 극명하게 보여주었다. 대체적으로 「조선」등 3개지는 긍정적 프레임을, 「한겨레」는 시종일관 부정적인 프레임을 구사하였다. 이는 김영삼 정부에 대한 전반적인 보도 태도와는 약간의 편차를 보인다. 김영삼 정부 시기 5년 동안의 보도 태도에서 「한겨레」가 가장 비판적 입장을 보였고, 「조선」이 그보다 상당히 낮았다.[152] 그러나 이 점에서 보면 「한겨레」가 정보기관에 대해 단 한 차례도 긍정적인 사설이나 긍정적인 프레임을 구사하지 않은 것은 어찌 보면 당연하다.

이유는 「한겨레」가 노태우 정부 시절 당시 안기부에서 「한겨레」 편집국에 대한 압수수색을 시도[153]한 것 등으로 인해 안기부에 대해 부정적인 정서가 깊숙이 잠재해 있는데다, 창간 때부터 '성역을 깨겠다'고 선언한 것과 무관하지 않다고 본다. 아울러 신문 시장에 뒤늦게 뛰어든 후발 주자로서 차별화 전략을 통해 신문시장의 일부를 파고들려는 계산도

151 "석연찮은 탈북과 망명 사이", 한겨레 1997년 1월 24일.

152 이진규(2000)가 김영삼 정부 5년간 신문 사설을 분석한 결과에 따르면, 부정적인 사설이 한겨레가 65.3퍼센트였고, 조선일보가 41.3퍼센트였다.

153 안기부는 1989년 7월 10일 서경원 의원(당시) 비밀 방북사건을 조사하기 위해 한겨레신문에 대해 압수수색영장을 발부받아 집행한 바 있다.

프레임 구축에 일정 정도 영향을 미친 것으로 판단된다.[154]

그리고 「조선」이 정보기관에 대해 간헐적으로 '애정 어린 비판'을 했을 뿐 「한겨레」와 대조적으로 정보기관의 존재와 활동에 대해 대체로 긍정적인 프레임을 유지한 이유는 안보를 중시하는 보수성향 신문으로서, 윤영철(2000)의 신문과 정당의 '병행관계' 분석에서 보여주듯 이념적으로 정보기관과 유사하기 때문인 것으로 분석된다.[155]

154 이진영(2008), 시장구조 변화와 보도의 다양성 : 민주화 이후 보수 · 진보 신문의 전략 변화. 고려대학교 대학원 박사학위 논문. 133.

155 윤영철(2000). "남북 정상회담 이후 신문의 남북한보도와 쟁점", 6 · 15 공동선언 이후 한국 사회와 언론의 새로운 패러다임 모색. KBS · 한국방송학회 공동 주최. 2001년 6월 12일.

제4절

김대중 정부 시기 4개 신문의 정보기관에 대한 프레임

1. 김대중 정부 시기 정보기관과 관련된 사건

김대중 정부는 정부 수립 반세기 만에 민주적으로 여야 간 수평적 정권 교체를 이룩함으로써, 한국 민주주의의 신기원을 열었다는 평가를 받았다. 1987년 6월 민주항쟁으로 군사독재와 권위주의 체제로부터 민주화 이행이 시작됐지만 노태우 정부는 군사정권의 연장이었고, 김영삼 정부는 집권 여당과 3당 합당으로 집권했기 때문에 진정한 민주정부라고 평가받지 못했기 때문이다.[156]

그러나 진보와 보수라는 이념적 지향이 다른 야당(자민련) 연합을 통해 집권한데다, 소수정권이라는 한계를 벗어나지 못했다. 집권 세력은 취약한 집권기반을 강화하기 위해 NGO·시민운동단체 등과 연대를 모색하는 한편, 보수언론과도 관계 개선을 도모하기도 했다.[157] 이런 노력이

156 김성재(2014). 『대한민국 역대 정부 주요 정책과 국정운영, 김대중 정부』. 서울 : 대영문화사. 11.

157 고영신(2007). 정권의 성격변화와 언론 보도 : 대통령 친인척 비리보도의 뉴스프레임을 중심으로. 『커뮤니케이션 이론』. 제3권 제1호. 166.

실패로 돌아가자 언론 개혁을 명분으로 세무조사라는 칼을 빼들었지만 소기의 성과를 거두지 못했다.[158] 이와 더불어 김대중 정부는 '북풍공작' 문제를 전면에 부각시켜 개혁 당위성을 확산시킴과 동시에 정보기관 내부 개혁에 착수하게 된다. 1998년 3월경 주요 간부 300여 명을 해직시키는 대숙정을 단행하는 한편,[159] 1999년 2월에는 기관의 명칭도 국가안전기획부에서 국가정보원으로 바꾸게 된다.

그러나 진승현 게이트, 이용호 게이트, 윤태식 게이트 등 각종 대형 비리사건에 일부 고위간부들이 연루됨으로써 국정원의 이미지에 적지 않은 타격을 주게 된다.

2. 게재 빈도 및 프레임 분석

1) 신문사별 사설 빈도 및 내용

사설 빈도를 보면 「조선」이 102건으로 압도적으로 많고 「한겨레」, 「동아」, 「경향」 순이다. 「조선」은 김영삼 정부 시기와 비교해서도 사설 건수가 거의 차이가 없으나 사설 내용은 상당한 편차가 있다. 김영삼 정부

158 2001년 2월 8일 국세청은 서울의 주요일간지와 방송사를 포함한 전국 23개사에 대해 세무조사에 들어간다고 발표했다. 세무조사는 언론사의 일상적 회계처리 외에 주식매각대금처리, 자회사와 협력사 간 또는 대주주와 주식이동을 통한 세금 탈루여부에 집중됐다. 이를 토대로 국세청은 2001년 9월 4일 동아일보 김병관 전 명예회장과 조선일보 방상훈 사장 등 언론사 대주주 및 관계자 13명과 6개 언론사 법인을 특정경제가중처벌법상 조세포탈 혐의 등으로 검찰에 고발했다.

159 시사저널(2002년 5월 16일자)은 "영남 인맥을 찍어내라"제하의 기사를 통해 1998년 3월 당시의 국정원의 조직 쇄신 방안과 인적 청산계획을 자세히 보도한 바 있다. 이 문건에는 당시의 국가안전기획부가 '영남 인물과 김현철 · 김기섭 인맥 중심으로 운영되고 있어 지역갈등이 심하고 충성심이 해이해져 있다'고 지적하면서, 국가정보기관답게 기구를 조정하고 무능하거나 과거 정권으로부터 특채 · 중용된 인물들을 정리할 필요가 있다는 내용이 들어 있다.

표 15 김대중 정부 시기 정보기관과 관련된 사건

일자	사건	주요 내용
1998.3	북풍	• '안기부가 김대중 후보를 낙선시키기 위해 북한과 관련된 사건을 이용, 「북풍공작」을 주도 • '오익제 편지 사건 관련 기본 대응 계획' '97년 12월 대선 당시 북풍 사업 관련 내용' 등 문건 4건을 한겨레 신문이 3월 6일자에 단독 보도 • 그 결과 권영해 안기부장, 박일룡 2차장, 이대성 실장 등 다수의 안기부 고위 간부들이 구속
1998.10	총풍	• '96년 4·11총선을 일주일 앞두고 판문점에서 발생했던 북한군 무력 시위 사건으로, 청와대 행정관 오정은, 한성기, 장석중(대북사업가) 등 3명이 북한에 요청했다는 의혹 • '한성기 씨와 장석중 씨가 98.8.31~9.14간 서울 지검 11층 조사실에서 안기부 수사관이 고문했다고 주장하여 파문 야기
1999.12.31	국회 529호실 안기부 문서 사건	• '98.12.31 밤 국회 본관 529호실을 한나라당이 '국회 사찰을 위한 안기부 분실'로 주장하며 부수고 들어가 문건 일부를 공개
1996.6	금강산 관광객 억류	• 민영미 씨가 북한 감시원에 한 말("통일되면 선생님도 남쪽에서 사시는 것이 어떠냐")을 트집 잡아 정보당국의 '귀순 공작' 주장하며 6일간 억류
1999.9.9	민혁당 간첩 적발	• 지하 간첩 조직인 「민족민주혁명당」 핵심 인물 김영환, 조유식, 하영옥 등 4명을 국보법 위반 혐의로 구속 • 98.12 여수 해안에서 격침된 북한 반잠수정에서 관련 증거 확보
1999.10.15	국정원 도감청	• 10월 15일 정보위의 국가정보원 국정감사에 앞서 이부영 한나라당 원내총무가 "과학보안국에서 4교대로 24시간 감청한다"고 폭로
1999.12.15	천용택 원장 실언	• 12월 15일 검찰 출입 기자들과의 오찬에서 "김대중 대통령의 정치자금 수수, 정형근 의원 미행, 감청 업무 시인" 등 실언으로 12월 23일 임동원으로 교체

일자	사건	주요 내용
2000.6.15	남북 정상회담	• 2002년 2월부터 국정원과 아태평화위원회 간의 비공개 접촉을 통해 성사
2000.9.13	김용순 남한 방문	• 임동원 국정원장이 '대통령 특보'자격으로 김용순을 접견한 데 대해 스파이 책임자로서의 부적절 논란
2001.1.4	안기부자금 유용 사건	• '안풍'으로 불리며, 안기부가 자체 예산 1197억 원을 96년 15대 총선 자금으로 유용 의혹. YS 정치 자금설 대두로 한동안 정쟁화 • 김기섭 당시 운영차장이 구속
2001.2	황장엽 방미 논란	• 제시 헬름스 미국 상원외교위원장이 방미 초청. 이에 국정원이 신변 안전보장 등을 이유로 부정적이었고, 황장엽이 반발 • 2002년 1월 16일 방미 포기
2001.11	정현준 게이트	• 김은성 2차장이 '정현준 게이트'로 구속된 동방금고 부회장 이경자 씨로부터 2000년 9월 1000만 원 수수 • 김형윤 경제단상은 진승현 씨로 부터 5500만 원 수수로 구속
2001.11.22	윤태식 게이트	• 1987년 홍콩에서 '여간첩 피살 사건'으로 알려졌던 일명 '수지 김' 사건에 대해 경찰이 국정원 요청으로 재수사 중단 • '수지 김' 살해자 남편 윤태식이 벤처 사업가로 행세하며 국정원 간부와 연계, 「패스21」이란 기업을 비정상적으로 급성장시킴 • 남궁석 정통부장관 등 주요 인사도 연루
2002.1	이형택 게이트	• 엄익준 차장(작고)이 1999년 12월 이형택 씨의 요청에 따라 김형윤 경제단장에게 보물 탐사에 나서게 했고, 국정원 국방담당보좌관도 이수용 해참총장에게 장비 지원 등 요청
2011.9~11	국정원 불법 도청 의혹	• 한나라당이 '국가정보원 전화 도청 자료'라며 25쪽 문건 등 3차례에 걸쳐 국회 정무위 등에서 공개

시기에서는 국정원을 직접 비판하는 내용이 많지 않았으나, 김대중 정부에서는 대부분이 비판적인 내용으로 채워졌다.[160] 흥미로운 것은 타지에 비해 도·감청에 관한 사설을 24건이나 압도적으로 많이 게재(한겨레 8건, 동아 10건, 경향 8건) 하면서, 도·감청의 폐해를 강도 높게 지적했다. 국가정보원 대공수사의 존립 근거이기도 한 국가보안법의 경우에도 당시 여당이던 새정치국민회의의 국가보안법 개정 검토 사실이 흘러나온 시점을 계기로 13건이나 개정 반대 사설을 게재하면서, '개정불가론'을 확산시키고자 했다.

반면 국가보안법에 대해 부정적인 입장을 지속적으로 고수해 온 「한겨레」는 「조선」에 맞대응하여 관련 사설을 8건 게재하면서 '개정 또는 폐지론'을 확산시키고자 했는데, 이는 노무현 정부 시기에 불붙었던 국보법 개폐 논쟁의 전초전 성격을 띠었다고 하겠다. 한편 국보법 관련 사설을 「동아」는 3건, 「경향」은 2건만 실었을 뿐이다.[161]

표 16 연도별 게재 빈도

(단위: 건)

	1998년	1999년	2000년	2001년	2002년	계
조선	15	34	11	24	18	102
동아	14	15	6	13	18	66
한겨레	15	13	9	24	20	81
경향	14	7	6	19	12	58

160 이 점은 「조선」이 이전의 정권에 비해 김대중 정부에 대해 우호적이지 않은 점과 맥락을 같이한다고 볼 수 있다. 역대정부의 집권 초기 사설의 태도를 연구한 이진규(2000)의 연구를 보면, 「조선」의 부정적 태도의 비중이 김영삼 정부 때는 28.6퍼센트였으나, 김대중 정부 시기에는 52.3퍼센트로 상승했다.

161 "국보법 논쟁 이젠 매듭져야"(경향신문, 2002년 7월 11일), "한총련 간부 민주화인정 문제 있다"(동아일보, 2002년 7월 11일) 등

표 17 내용별 분류

(단위: 건)

	도·감청	국보법	정형근	황장엽	북풍	게이트	국정원 쇄신	정치 간여	계
조선	24	13	0	8	8	11	10	7	6
동아	10	3	3	2	8	17	6	3	3
한겨레	8	8	6	0	9	10	2	2	8
경향	8	2	0	1	10	10	4	4	9

■ 기타는 안풍, 정보기관 예산, 언론단 신설, 해킹 등임.

나머지 사설 내용은 국정원 정치 개입 비판 및 쇄신 촉구, 윤태식 등 각종 게이트에 대한 국정원 간부 연루에 대한 질타 등이다.[162] 「한겨레」의 경우 북풍공작 등 정치성 사건과 간부 비리 연루 사건 등 김대중 정부 때가 김영삼 정부 때보다 훨씬 좋지 않은 사건이 많았음에도, 오히려 사설 건수(김영삼 정부 98건, 김대중 정부 82건)가 적었다. 이유는 「한겨레」가 김대중 정부에 대해 우호적인 입장을 가졌던 것과 무관치 않다고 생각된다.[163]

162 비리를 주제로 다룬 사설 건수는 「조선」 10건, 「동아」 17건, 「한겨레」 12건, 「경향」 12건이다.

163 권장원(2009)은 한국 언론조직과 정부 조직관의 상호의존적 관계를 분석하면서, 정권교체와 더불어 출신고 소재지에 입각한 상호의존 가능성이 더욱 증가했다고 지적했다. 출신지에 따른 분석 결과를 통해 볼 때, 문민정부-경남, 국민정부-전남, 참여정부-전남/경남이라는 도식이 형성되었다고 주장한다.

2) 4개 신문사들이 구사한 프레임

구사된 프레임 유형 및 특징

김영삼 정부 시기에는 8개의 프레임을 각 신문사들이 사건이 발생할 때마다 해당 사건의 성격에 맞는 프레임을 선정·구사한데 반해, 김대중 정부 시기에는 사건 자체가 워낙 뚜렷했던 관계로 명료한 프레임이 구사되었다.

김영삼 정부 시기에 구사되었던 8개의 프레임 중에서 '안보/수사 중추기관 프레임' '국가최고정보기관 프레임'은 계속해서 구사되었고, 새롭게 등장한 프레임은 '불법/비리 기관 프레임' '정권수호기관 프레임' '사찰기관 프레임' 등이다.

'정치공작 프레임'은 정치성 사건이 터질 때마다 수시로 구사되었고, '안보/수사 중추기관 프레임'은 「조선」에 의해 두드러지게 구사되었다. 이유는 김영삼 정부 시기에는 "국정원(안기부)은 곧 안보 중추기관"이란 인식이 고착화되어 있어 '안보/수사 중추기관 프레임'을 환기시키는 정도만으로도 충분했으나, 김대중 정부 시기에는 국정원의 정체성이 흔들리는 조짐을[164] 보인 것이 그 원인 중의 하나라고 판단된다.

그 외 각종 게이트에 국정원 간부들이 빠짐없이 연루되면서 '불법기관 프레임'이 새롭게 등장하고, 「동아」만 유일하게 '사찰기관 프레임'으로 '언론사찰' 문제를 사회적 의제화하기 위해 노력했으나, 다른 신문들이

164 「조선」은 1999년 12월 24일자 사설("햇볕 전도사와 '스파이 두목'")에서 "임동원 원장은 간첩 잡는 국정원장이지 햇볕정책 전도사가 아님을 분명히 알아야 한다. 이 점에서 우리는 임 원장이 남북대치하의 '안전보장' 수문장으로서 그 막중한 업무를 얼마나 엄정하고 효율적으로 수행해 나갈지 주목하지 않을 수 없다"고 우려성 경고를 한 바 있다.

추종하지 않아 태산명동(泰山鳴動)에 서일필(鼠一匹)로 그치고 말았다.

이 밖에 김영삼 정부 시기에 「한겨레」만 제외하고 구사되었던 '국가 최고정보기관 프레임'도 지속적으로 채택되었으며, 불법 도·감청 문제가 정치 쟁점으로 부상하면서 '사찰기관 프레임'도 자주 등장했다.

사건 유형별 프레임 분석

〈표 15〉에서 설명한 바와 같이 김대중 정부 시기에도 정보기관과 관련된 사건이 정부 출범 초기부터 다양하게 돌출된다. 앞 장에서의 분석과 같이 시계열 순으로 분석하지 않고, 유사한 사건을 묶어 그 사안에 대해 4개 신문사들이 어떤 프레임을 구사했는지 분석했다. 이에 따라 김대중 정부 시기에 정보기관과 관련된 사건을 4가지 유형으로 묶었다. 정보기관 개혁과 비리사건, 정치성 사건, 불법 도·감청 문제, 국가보안법 개폐 논란과 황장엽 방미 논란 등이다.

정보기관 개혁과 비리사건

김대중 정부도 여느 정부와 마찬가지로 출범 직후 정보기관에 대한 개혁을 천명하고 외부적으로는 '북풍 사건'을 정치 쟁점화하면서 정보기관의 정도(正道) 이탈을 여론화하는 한편 내부적으로는 대대적인 조직 개편과 인적 교체를 추진하게 된다. 이 같은 과정을 지켜보면서 「조선」은 확고한 '안보/수사 중추기관 프레임'에 입각해서 정보기관의 개편 방향을 조언한다. "국가 안보의 중추기능을 담당하는 안기부 인사 쇄신은 전문가 특히 대공전문가를 우대해야 하며, 대공정보 수집기능을 강화"[165]하

165 "안기부 거듭나기", 조선일보 1998년 3월 7일.

도록 주문한데 이어 "국내 대공 파트가 정치에 개입했다는 전비가 있다고 해서 대공 파트를 축소해서는 안 된다"[166]고 강조했다. 그러면서 임동원 원장의 이중적인 역할을 계기로 "국정원장은 나라의 안보를 음지에서 책임지는 최고 책임자"임을 강조하고, 대북 창구 역할을 그만둘 것을 주문하기도 했다.[167/168] 국정원장이 신건 원장으로 교체되자 "국정원이 남북대화기관인지 국가최고정보기관인지 알 수 없었던 만큼, 국내 보안정보활동을 적극적으로 펼쳐 국정원이 제자리를 찾아야 한다"[169]면서 '국가최고의 안보 중추기관'으로서의 역할에 전력을 다해야 한다는 점을 다시 한 번 강조하기도 했다.

「동아」는 초기에는 '국가최고정보기관 프레임'에 입각하여 논지를 전개한다. 1998년 4월 안기부의 조직 개편과 관련 "가히 국가정보기구의 재창설이라 할 만한 수준"으로 높이 평가하고, "국익을 위한 도구로 활용하되, 안기부 종사자들에게 국가 안보와 국익 극대화의 견인차라는 사명감을 심어주고, 모든 위기경보가 정보기구의 몫이라는 생각으로 새 기능에 충실할 것"[170]을 당부했다. 정보기관의 명칭을 국가안전기획부에서 국가정보원으로 개명한 것을 계기로 한 사설에서도 "정치공작으로 얼룩졌던 과거의 오명을 씻고 '국가최고정보기관'으로 자리 잡기를 희망하

166 "안기부 살리는 개혁을", 조선일보 1998년 3월 25일.

167 "임동원 씨 보직 정리해야", 조선일보 2000년 9월 16일.

168 동아도 임동원 장관이 국정원장직에서 물러나고 통일부 장관으로 간 뒤에도 "햇볕정책의 핵심적 역할을 한 점은 인정하나, 이념적 갈등과 대립을 초래한 책임도 있는 만큼 퇴진을 요구"하기도 했다.("임 장관 물러나는 게 옳다", 2001년 8월 25일)

169 "국정원 본연의 업무로", 조선일보 2001년 3월 28일.

170 "안기부 물갈이 이후", 동아일보 1998년 4월 14일.

면서, 정보 수집의 모든 잣대를 총체적 국가 안보에 맞출 것"[171]을 주문했다.

그러나 언론사에 대한 세무조사 착수 등으로 김대중 정부와의 관계가 불편해진데다, 국가정보원 역시 여러 가지 불미스러운 사건을 유발하자 점차 정보기관에 대한 비판의 강도를 높이게 된다. 초기에 구사했던 '국가최고정보기관'이란 긍정적 프레임은 점차 사라지고 '정권수호기관 프레임'과 '사찰기관 프레임' 등 부정적인 프레임으로 전환하게 된다. 1999년 천용택 국정원장 시절 대공정책실 산하에 '언론단'을 편제한 것과 관련하여 이를 '언론사찰'을 강화하겠다는 발상이라고 질타[172]한데 이어, 국민의 정보기관이 아닌 '정권의 파수꾼'으로 전락했다고 한탄했다.[173] 다만 '사찰기관 프레임'은 「한겨레」만이 일시적으로 추종했을 뿐,[174] 타지들이 동조하지 않아 정형화된 프레임으로 자리 잡지 못했다.

한편 1999년 1월 '국회 529실 안기부 문서사건'이 발생한 것과 천용택 원장의 취임을 계기로 "국정원이 정권수호에 매달리고 있다"[175]고 비판한데 이어 정권 말기에는 "국정원은 국민의 정보기관이 아닌, 정권의 파수꾼으로 회귀했다"[176]고 단언하며, 부정적인 '정권수호기관 프레임'을 확고히 하였다.

171 "국가정보원 출범", 동아일보 1999년 1월 23일.

172 "언론단 신설, 뭘 노리나", 동아일보 1999년 6월 19일.

173 "이래서 국정원은 개조돼야 한다", 동아일보 2002년 12월 3일.

174 한겨레는 안기부가 김영삼 정부 시절 한겨레를 압살시키려는 언론공작을 추진했던 것으로 드러나 충격을 주었는데, 이런 공작은 '한겨레신문 종합분석'이란 문건에 구체적으로 기술되어 있으며, 광고탄압 등 상당부분이 집행되었다고 주장했다.("충격적인 한겨레 압살 공작", 2001년 3월 16일)

175 "정권의 국정원인가", 동아일보 1999년 6월 30일.

176 "이래서 국정원은 개조돼야 한다", 동아일보 2002년 12월 3일.

「한겨레」는 김영삼 정부 시기에는 정보기관에 대해 거의 긍정적 프레임을 구사하지 않았으나, 김대중 정부 시기에는 상당히 다른 변화를 보이게 된다. 안기부 조직 개편 이후 첫 사설에서 "수뇌부가 교체되고, 인적 청산이 이뤄졌으며, 원훈도 교체했다"는 점 등을 근거로 '선진국 수준의 국가정보기구'로 거듭날 것을 당부했다.[177] 처음으로 '국가최고정보기관 프레임'을 사용한 것이다. 이 프레임은 김대중 정부 시기 동안 안기부의 실책이 드러나고 일부 간부들의 비리가 빈번히 드러났을 때도 '불법/비리 기관 프레임'으로 접근하지 않았다. 김은성 당시 2차장의 비리 사건을 국정원 조직 차원이 아닌 '간부 일부의 일탈 행위'로 규정했으며,[178] 2001년 '수지 김(金) 피살 사건' 은폐 의혹 사건에 대해서도 사건을 덮었던 현 지도부에 책임을 묻는 것이 아니라 전두환 정부 시절에 원초적인 책임을 추궁한 사설을 3건[179]이나 게재한 것이 이를 반증한다.

「경향」은 김영삼 정부 시기에서부터 이어져 온 '국가최고정보기관 프레임'을 크게 변화시키지 않았다. 안기부의 대대적인 개편과 관련 "국가최고정보기관이 개혁의 후유증으로 흔들려서는 안 됨"을 강조하고, "정권 안보의 도구가 아닌 대북정보력을 강화하여, 국민의 정보기관으로 거듭날 것"[180]을 당부하였다. 그러면서 정보기관의 생명은 철저한 기밀유지와 정치적 중립성임을 주창하며, 정권 보위기구가 아니라 국가 안위를 책임진 최고정보기관이 되어야 함을 수시로 강조하기도 했다.[181]

177 "안기부의 거듭나기", 한겨레 1998년 5월 4일.

178 "김은성 씨 수사 지연에 쏠리는 의문", 한겨레 2001년 12월 20일.

179 "수지 김 사건 몸통을 심판해야", 한겨레 2001년 12월 11일 등.

180 "안기부가 거듭 나려면", 경향신문 1998년 4월 14일.

181 "국정원 쇄신 절실하다", 경향신문 2001년 11월 26일.

표 18 정보기관 개혁과 비리사건에 대한 프레임과 내용

언론사	프레임	주요 내용
조선	국가 최고정보기관 프레임	• 국가 안보의 중추 기능을 담당하는 안기부가 지난 대선에서 특정 후보에게 타격을 입히기 위해 오익제 사건 등을 정치적으로 이용하려한 의혹은 국가적으로 불행한 일임 • 안기부가 본래의 기능에 충실하려면 대공 정보 수집 기능도 새롭게 강화돼야 함(1998년 3월 7일) • 21세기에 걸맞은 정보기관으로 되기 위해서라도 국내 대공 파트 축소는 생각해 볼 문제임. 안기부가 권부의 상징에서 국민에게 다가가는 기관으로 바뀌어야 하는 것은 당연(1998년 3월 25일) • 임동원 원장은 간첩 잡는 국정원장이지 햇볕정책 전도사가 아님을 분명히 알아야 함. 남북이 대치하고 있는 우리의 국정원은 간첩 잡는 기관임(1999년 12월 24일) • 국정원장이 외교장관의 머리 위에 날아가는 식은 비정상적인 양태임. 국정원장은 스파이 대장이지 외교를 하는 사람이 아님(2001년 2월 14일) • 국가 안전 보장 업무의 최고기관인 국정원이 남북 대화의 전면에 나서면서 남북 대화 기관인지 국가 최고 정보기관인지 알 수 없음(2001년 3월 28일)
	불법/비리 기관 프레임	• 최고 정보기관이 드러낸 내홍 사태와 비리 연루 의혹이라는 시안은 국가적 중대 시태임. 국가 체제 유지의 최고 담보 장치의 핵심인 주요 간부들이 비리 의혹에 연루되고 불미스러운 일을 노출시킨 것은 국가 조직의 기둥이 하나 주저앉은 것과 다름없음(2001년 11월 28일) • 국정원 고위 간부가 '정현준 게이트'를 비롯한 금융 비리 사건에 깊숙이 연루돼 있다는 의혹. 사실로 밝혀지면 국정원 관계자들이 진승현 게이트, 정현준 게이트, 이용호 게이트 등 3대 스캔들에 모두 개입한 셈(2001년 11월 15일) • 국내 정보를 총괄하는 직책에 있는 김은성 차장의 탈선으로 국정원의 위상은 땅에 떨어지고 국민의 신뢰 또한 급속히 무너져 내렸음. 이에 그의 가석방은 문제가 있음(2002년 11월 13일) • 1999년 12월 이형택 씨의 요청에 따라 국정원 엄익준 차장이 김형윤 경제단장에게 지시, 보물 탐사에 나서게 했고, 국정원 국방보좌관도 가세해 이수용 해참총장에게 잠수함 구난함과 해난구조대 등 장비 지원을 요청 • 엄익준 차장은 원장에 보고도 없이 부탁 수용가능한지, 당시 국정원 수뇌부가 '전혀 모르는 일'이라는 해명은 납득이 곤란함(2002년 1월 26일)

언론사	프레임	주요 내용
조선	불법/비리 기관 프레임	• 국정원 돈 5000만 원 아태평화재단 입금은 국정원이 지원한 정치 자금의 일부일지도 모르며, 김홍업 씨가 국정원을 돈세탁의 창구로 활용했을 수 있음 (2002년 6월 30일) • 윤태식 씨는 자신을 특별 관리하고 있는 국정원에도 들어가 '지문 인식 시스템'이란 제품 시연회를 열었고, 이 자리에 이종찬 원장도 참석. 윤 씨 정체를 국정원장이 몰랐다면 국정원은 수사 실무자가 기관장까지 속이는 기관임 (2002년 1월 11일)
동아	국가 최고정보기관 프레임	• 안기부의 대대적인 조직개편과 물갈이 인사는 가히 국가최고 정보 기구의 재창설이라 할 만함. 국가 정보 기구의 능력이 21세기 국제사회 경쟁에서 중요하며, 국가 위기는 안보쪽에서만 오지 않음을 인식해야 함(1998년 4월 14일) • 안기부가 개명을 계기로 정치 공작으로 얼룩졌던 과거의 오명을 씻고 명실상부한 국가최고정보기관으로 자리잡기를 바람. 정보 수집의 모든 잣대는 한 정권의 안보가 아닌 총체적 국가 안보에 맞춰져야 함(1999년 1월 23일)
	정권수호기관 프레임	• 천용택 체제가 들어선 이후 국정원이 '음지론'을 내세워 '닫힌 국정원'으로 돌아가고 있음. 월간 신동아 7월호에 실린 '천용택의 청와대 극비보고 국정원 마스터플랜'에 따르면 현 국정원은 '정권수호'에 매달리고 있다는 오해를 살만 함(1999년 6월 30일) • 주간 시사저널 기사를 보면, 국정원의 사조직화는 여전하고 능력에 관계없이 특정 인맥을 싹쓸이하고 요직을 독차지한 인사들이 정권 실세와 유착될 것은 뻔한 이치임 (2002년 5월 9일) • 국정원에 특정 인맥을 중심으로 한 사조직이 있고, 정치권 대기에 급급한 '해바라기 행태'로는 정보 업무는 커녕 국민의 신뢰받기란 불가능함(2001년 11월 19일) • 대통령 측근들이 지도부를 장악하고 특정지역 인맥이 조직을 좌지우지하면서 국정원은 저절로 국민의 정보기관이 아닌, '정권의 파수꾼'으로 회귀하고 말았음(2002년 12월 3일)
	사찰기관 프레임	• 국정원의 언론단 신설 추진은 정치 사찰에 이어 언론 사찰마저 강화하겠다는 것임. 과거 안기부의 언론 대책이 언론 통제와 간섭 등 공작적 활동에 치우쳤음은 삼척동자도 알고 있음. 권력이 언론을 관리의 대상으로 삼던 시대는 지났음(1999년 6월 19일)

언론사	프레임	주요 내용
동아	불법/비리기관 프레임	• 국정원의 일부 인사들이 윤태식 씨와 한패처럼 행동했다면 말이 되나. 살인 사건을 간첩 사건으로 조작한 것만 해도 놀라운 일인데 탄로날까봐 살인 용의자를 14년간 봐주었다면 누가 그런 국정원을 신뢰하겠는가(2001년 11월 26일) • '수지 김' 살인 사건은 국가 안보라는 미명 아래 정권을 유지하기 위해 저질러진 국가 폭력임. 은폐의 주역인 장세동 안기부장은 소멸시효를 이유로 기소 조차 못 했음(2001년 12월 20일) • 안기부에 의해 은폐 조작된 아내 살인범이 버젓이 벤처 사업가로 변신해 정권의 비호를 받는 일이 벌어졌으니, 정치권과 정보 수사 기관의 부패 사슬은 안 하는 일도 없고 못 하는 짓도 없음(2001년 12월 21일) • 국정원이 윤태식 게이트에도 개입한 사실이 드러나고 있으니 국정원은 무엇을 하는 기관이고 이용호 게이트를 제외하면 국정원은 이른바 4대 게이트 중 3대 게이트에서 핵심 역할을 한 것이나 다름없음(2002년 2월 8일) • 김은성 차장이 진승현 게이트의 핵심 인물을 감금 폭행했다는 폭로는 놀랍다. 동기가 무엇이든 국정원 고위 간부가 민간인을 안가에 가두고 부하직원을 시켜 폭행했다면 그것만으로도 중대한 범죄행위임(2001년 11월 14일)
한겨레	국가 최고정보기관 프레임	• 김대중 정부 출범과 함께 안기부의 수뇌부가 바뀌고, 과거 문제가 있었던 인적 요소들이 청산되었으며, 음습한 느낌을 주었던 원훈도 바뀐 만큼 선진국 수준의 국가 정보 기구로 거듭나야 함. 무한 경제 전쟁 시대에 어울리도록 경제 정보 역량을 크게 늘려야 함(1998년 5월 14일) • 안기부가 지방선거전에 '한나라당의 호남 편중 인사 주장에 대한 평가'를 비롯한 4가지 문건을 청와대 등에 전달한 사실로 인해 '안기부의 정치 개입' 논란이 일고 있음. 안기부가 과거의 오명을 벗기 위해 조직을 개편하고 대폭 물갈이하는 등 나름대로 노력을 기울인 것으로 알고 있음. 안기부가 진정 국민의 신뢰와 사랑받는 조직으로 거듭나려면 국내 정보와 해외 정보를 분리 필요(1998년 7월 9일)
	불법/비리기관 프레임	• 지엔지 그룹 대표 이용호 씨 사건에 국정원 간부, 검찰 고위 간부들이 개입하지 않았느냐 하는 의혹이 있음. 김형윤 경제단장은 진승현 씨 사건에도 연루 됐음이 드러나 김은성 2차장, 정성홍 경제과장 등의 개입 의혹까지 나와 파장이 어디까지 번질지 가늠하기 어려움(2001년 11월 19일)

언론사	프레임	주요 내용
한겨레	불법/비리 기관 프레임	• 윤태식 씨는 국정원에서 특 별관리 했는데 이런 요주의 인물이 대통령을 만나는데 아무런 제동 장치가 없었다면 이런 정보기관은 왜 필요한 것인가(2001년 12월 27일) • 수지 김 사건은 몸통을 심판해야 함. 간첩 사건을 조작한 당시 장세동 안기부장 등 지도부에 대해 공소시효 경과를 이유로 면죄부를 준다면 정의를 세울 수 없음(2001년 12월 11일) • 이기호 청와대 경제수석이 이형택 전 예보전무의 부탁을 받고 국가정보원 쪽에 보물 매장 사실 여부를 확인해 줄 것을 요청했다는 점을 인정했는데, 국정원이 보물 발굴에 나설 당시 국정원장은 이 사실을 몰랐는지 의문점이 한둘이 아님(2002년 2월 28일)
경향	국가 최고정보기관 프레임	• 안기부가 제2의 창설이라 불릴 만큼 대대적인 개혁 작업에 들어갔음. 하지만 국가 최고 정보기관이 개혁 후유증으로 대북 정보 수집과 분석 기능이 약화되어서는 안 됨. 안기부는 다시는 권력의 받침대로 여겨져서는 안 됨(1998년 3월 25일) • 안기부가 국민의 정보기관으로 거듭나려면 물갈이와 조직 개편만으론 안 됨. 정치 바람으로 약화된 대북 정보력을 강화하는 동시에 정치적 중립의 기풍을 뿌리내려야 함(1998년 4월 14일)
	불법/비리기관 프레임	• 국정원은 국가 안위를 책임진 최고 정보기관이라기 보다 이권 개입이나 권력 다툼의 장으로 비쳐지는 것이 현실임. '수지 김' 살해 사건 은폐 사례가 보여주듯 안보를 빙자해 과거 안기부와 마찬가지로 구태를 벗지 못한 것도 수술이 필요함(2001년 11월 26일) • '국정원 대수술'이 대선의 큰 쟁점으로 떠오른 것은 도청 의혹의 영향이 큼. 정권이 바뀔 때마다 체질 개선을 한다고 했지만 정권 안보를 위한 정치 개입이나 불법 공작 시비는 끊이지 않은데다, 정성홍 경제과장 등은 국가 금융 질서를 어지럽힌 진승현 게이트에 발을 담가 거액을 챙기기도 했음(2002년 12월 4일) • 국정원 게이트를 철저히 밝혀야 함. 각종 게이트가 불거질 때마다 국정원 간부들이 연쇄적으로 개입한 의혹을 받고 있는 것은 심각한 문제임(2001년 11월 17일) • '수지 김' 사건 수사 중단을 경찰과 국정원 간의 책임 떠넘기기 공방이 추악함. 수사 중단의 실질적 주체가 누구냐를 놓고 이무영 전 경찰청장과 국정원 김승일 대공수사국장 간의 장외공방은 분노마저 치밀게 함(2001년 12월 1일)

이 같은 기조 속에서 국가정보원은 새롭게 출범하지만 일부 간부들이 연이어 발생한 각종 비리사건에 연루되면서 출범 당시의 '국가최고정보기관'으로서의 프레임은 서서히 뒷전으로 밀리고, '불법/비리기관'이란 부정적인 프레임이 일상화하게 된다. 이 프레임은 4개지 모두 큰 차이가 없고 다만 표현의 강도 면에서 미묘한 차이가 있었을 뿐이다. 특히 「한겨레」의 경우 진승현 게이트(진승현 금융비리 사건)에 국정원 간부가 관련되었음에도 '직접적인 거론'은 하지 않았으며,[182] 김은성 2차장의 수사 지연에 대해서도 오히려 검찰의 수사 태도를 비판하기도 했다.[183] 이 같은 「한겨레」의 보도 태도는 「한겨레」의 보도 의도와 관계없이 국정원의 입장에서는 국정원이 '불법/비리기관'이란 이미지를 더 이상 확산시키지 않는 긍정적인 효과를 가져다주었다고 하겠다.

정치성 사건

'정치성 사긴'은 정보기관과 관련된 사건이면서 동시에 정치 생점으로 비화한 사건을 '정치성 사건'으로 분류했다. 이른바 '북풍' '총풍' '안풍' '국회 529호 안기부 문서 사건' '정치성 문건 공개' 등이 그것이다.

'북풍'은 김대중 정부가 출범한 직후 한겨레가 1998년 3월 6일자에 '오익제 편지사건관련 기본대응계획' 등 4건의 관련 문건을 단독 보도한 것을 시작으로 쟁점화되어 치열한 정치공방과 더불어 검찰의 수사가 이어지면서, 권영해 안기부장이 검찰 조사 중 자해하는 사태가 벌어지고 간부 여러 명이 구속되는 선에서 마무리 되었다.

182 "정관계 로비의혹 샅샅이 수사하라", 한겨레 2000년 12월 1일 등.

183 "김은성 씨 수사 지연에 쏠리는 눈", 한겨레 2001년 12월 20일.

'총풍'은 1997년 12월 대선을 앞두고 대북사업가인 장석중, 한성기, 당시 청와대 행정관인 오정은 씨 등이 이회창 후보에게 유리한 환경을 조성할 목적으로 판문점에서 총격전을 일으켜 달라고 북한 측에 요청했다는 내용으로, 검찰은 이들 3명을 국가보안법상 회합통신죄로 기소하였다. 그러나 이들을 조사하는 과정에서 안기부는 고문설에 휩싸이기도 했다.[184]

'안풍'은 안기부가 안기부 자금 1157억 원을 1996년 4·11 총선은 물론 1995년 지방자치단체장 선거 때 당시 여당 후보들의 선거 자금으로 전용했다는 의혹으로 강삼재 신한국당 사무총장이 불구속 기소되고, 김기섭 운영차장이 '특가법상 국고 손실과 정치 관여를 금지한 국가정보원법 위반혐의'로 구속된 사건이다.[185]

'국회 529호실 안기부 문서사건'은 1998년 12월 31일 밤 한나라당 당직자들이 국회 529호실이 안기부에서 국회의원을 사찰하는 장소라고 주장하면서 문을 부수고 그 방안에 있던 관련 문건을 가져간 사건을 말한다.

'정치성 문건 노출'은 이종찬 국정원장이 퇴임 시 반출한 '1999년 6월 3일 서울 송파갑 및 인천 계양-강화 갑 재선거'와 관련된 문건과 1998년 4월 안기부가 6·4 지방선거를 앞두고 작성했다고 알려진 4건의 문건 등이 공개되어 '정치 개입' 시비를 불러온 사건을 지칭한다.

이 같은 정치성 사건이 발생할 때마다 4개지는 '정치공작기관 프레임'을 기본 기조로 논지를 전개하면서도 다소간의 편차를 보이게 된다.

184 안기부는 '판문점 총격요청사건'이 고문조작설로 희석되는 것을 막기위해 '판문점 총격요청사건에 대한 안기부 입장'이라는 보도자료(1998년 10월 14일)를 배포한 바 있다.

185 "검찰, 안기부 신한국당에 총 1157억 원 지원 - 강삼재의원에 출두 통보", 조선일보 2001년 1월 6일.

「조선」은 '국가최고정보기관'이라는 프레임을 기저에 놓은 가운데 '북풍'과 같은 김영삼 정부에서 벌어졌던 사건에 대해서는 '정치공작기관 프레임'을 사용하지 않고, '월권행위' 정도로 표현의 강도를 낮추는 한편, 안기부가 정쟁에 휘말려 국가 안보의 중추신경이 마비되어서는 안 된다는 점을 수시로 강조했다.[186] 그러나 김대중 정부에서 벌어졌던 정치성 사건에 대해서는 '정치공작기관 프레임'으로 당시 국정원 지도부와 김대중 정부를 질타했다.[187] '국회 529호 문서사건'이 발생했을 때도 '정치 사찰이 아니다'라는 안기부 측의 주장을 조목조목 반박하는 한편,[188] '안풍'에 대해서도 자금의 성격이 분명치 않다면서 당시 여당의 야당 압박용 공세를 상대적으로 더 비판하기도 했다.[189]

「동아」는 '북풍' 사건이 터진 초기에 "국가정보기관이 대통령 선거전을 공작 대상으로 삼았다는 것은 예삿일이 아니라"며[190] 일시적으로 '정치공작기관 프레임'으로 김영삼 정부 시절 안기부의 행태를 신랄하게 비판했다. 그러면서도 이 수사로 인해 대북 정보 능력이 훼손되어서는 안 된다고 강조하기도 했다.[191]

그러나 정치성 사건이 불거진 이후에는 '정치공작기관 프레임'을 기조로 하면서 '사찰기관 프레임'으로 정치적 개입 의혹을 질타했다. 이종찬 국정원장 문건 반출사건이 발생하자 "조직적인 정치사찰, 정치 개입

186 "북풍수사 미진하다", 조선일보 1998년 5월 23일.

187 "국정원 국내 정치 복귀했나", 조선일보, 1999년 12월 20일.

188 "정치사찰이 아니었다고", 조선일보, 1999년 1월 6일.

189 "집권 내에서도 엇갈리는 안기부 돈", 조선일보, 2001년 2월 22일 등.

190 "북풍 철저 규명을", 동아일보, 1998년 3월 7일.

191 "대북정보 이래서야", 동아일보, 1998년 9월 10일.

의혹을 지우기 어렵다"[192]고 단언하고, 천용택 국정원장의 정형근 의원 미행사실 인정 발언 시에도 "미행 감시라는 구태를 되풀이하는 모습에서 좌절감을 느낀다"[193]고 한탄하기도 했다.

다만 이에 대한 사설 건수(4건)가 많지 않았다는 점에서 '정치공작기관 프레임'이나 '사찰기관 프레임'이 독자들의 인식 속에 각인되는 데는 한계가 있었을 것으로 평가된다.

「한겨레」는 '북풍' 사건을 제일 먼저 보도한 언론사답게 '북풍'을 '정치공작'으로 규정하고, '정치공작기관 프레임'을 '북풍 사건'에 한하여 가장 강도 높게 구사했다. 안기부 지도부가 북풍공작에 총체적으로 가담했으며,[194] 이는 국기를 뒤흔든 사건인 만큼 안기부의 정치권 위장침투 공작 실체를 규명할 것을 촉구했다.[195] 나아가 국가 안보를 책임져야 할 안기부의 정치공작이 일반인들의 상상보다 노골적으로 행해져 왔음이 드러난 만큼 향후 조직개편에서 대공수사권을 떼어 낼 것을 주문하기도 했다.[196]

그러나 이종찬 원장 문건 반출 문제, 천용택 원장의 실언 파문 등에 대해서는 타지들과 달리 별다른 입장을 표명하지 않았고 '국회 529호 사건'에 대해서도 "안기부가 정치적인 사찰에 힘을 쏟고 있다는 명백한 증거가 드러나지 않았다"는 이유로 '사찰기관 프레임'을 사용하지 않았

192 "이종찬 씨는 말하라", 동아일보, 1999년 11월 18일.

193 "아직도 정치인 미행이라니", 동아일보, 1999년 12월 18일.

194 "북풍공작 무겁게 다스려야", 한겨레, 1998년 3월 13일.

195 "북풍공작 의혹 없이 밝혀라", 한겨레, 1998년 3월 19일.

196 "북풍조작과 안기부 개혁", 한겨레, 1998년 4월 9일.

다.[197]

특이한 것은 정형근 의원 일개인에 대한 수사 및 처벌을 주창하는 사설을 6건이나 게재했다는 사실이다. "국정원의 내일을 위해서도 안기부에서 오래 일한 정 의원의 행적을 낱낱이 밝히는"[198] 한편, "89년 안기부 대공수사국장 시절 서경원 전 의원의 밀입북사건을 수사하면서 직접 고문했다는 주장도 나왔다"며 검찰에 나가 진실을 털어놓도록 권고하기도 했다.[199] 이 같은 정형근 의원에 대한 공세는 2002년 10월 15일 정 의원이 소위 '국정원 불법 도청 문건' 폭로한 시점까지도 꾸준히 이어진다.[200]

「경향」도 '북풍' 사건에 국한해서 '정치공작기관 프레임'을 구사한다. "역대 정부의 안기부 정치공작·개입금지 등의 약속이 모두 거짓이었다"면서[201] 재미교포 윤홍준 씨의 기자회견도 정치공작이었음이 드러난 만큼 이는 반역·반국가 행위라고 질타했다.[202] 그러나 김대중 정부하에서 일어난 정치성 사건에 대해서는 '정치공작기관 프레임'을 구사하면서도 표현 강도는 상당히 완화된다. '정치사찰'이란 용어도 사용하지 않았다. "이종찬 원장이 재임 중 보고받았다는 '6·3 재선거 참고자료'라는 문건을 볼 때 국정원이 국내 정치에 간여 내지는 개입하고 있었음"을 보여주었다고 의례적으로 지적했을 뿐이다.[203]

이외에 '총풍' 사건의 경우 '안기부 고문 논란'으로 비화했는데도 4개

197 "정치게임의 규칙을 되찾자", 한겨레, 1999년 1월 6일.

198 "정형근 의원 전력시비", 한겨레, 1999년 3월 15일.

199 "정형근 의원 직접 고문 진상 밝혀라", 한겨레, 1999년 11월 22일.

200 "정형근 의원이 진실을 말할 차례다", 한겨레 2002년 11월 1일.

201 "북풍공작과 안기부 개혁", 경향신문, 1998년 3월 6일.

202 "안기부장까지 개입했다면", 경향신문, 1998년 3월 14일.

203 "국정원의 선거개입 의혹", 경향신문, 1999년 11월 18일.

표 19 '정치성 사건'에 대한 프레임과 내용

언론사	프레임	주요 내용
조선	정치공작기관 프레임	• 정치권에 비화됐던 「북풍파동」이 권영해 전 부장의 자해로 국민을 놀라게 하고 있음. 국가 정보를 총괄하는 안기부의 중대한 사안을 다룸에 있어 그 방법이 너무 서툴렀음. 이런 소동으로 가장 큰 피해를 입은 것은 대한민국의 국가 안보 기능임(1999년 3월 23일) • 정치적 중립을 지켜야할 안기부의 월권 행위는 확인됐지만, 북풍 사건의 핵심 중의 하나인 오익제 편지는 안기부의 공작으로 북한이 편지를 보냈다는 명백한 증거가 없는데도 '남북 정치 공작의 합작품'으로 주장하는 것은 논리적 비약임(1998년 5월 23일) • 북한을 이용한 안기부의 대선 개입 의혹이 제기될 때 이 문제가 조용히 해결되길 바랐음. 결국 이 문제가 공개되면서 안기부 대북 정보 활동은 치명적 타격을 입었음(1998년 3월 20일) • 안기부가 여전히 국내 정치에 간여해 왔음을 보여주는 문건이 드러났음. 김대중 대통령이 수없이 다짐한 '안기부 정치 불개입' 약속은 한낱 수사에 불과했음(1998년 7월 8일) • '국회 529호실' 사태와 관련 '정치 사찰이 아니었다'는 안기부 주장에 동의할 수 없음. 국내 정치인 동향 수집이 안기부의 고유 소관 업무가 돼야 한다는 주장에 반대함(1999년 1월 6일) • 근래에 와 국정원은 국내 정치의 와중에 보란 듯이 복귀한 것과 같은 일이 벌어지고 있음. 국정원의 정치 개입 사례는 많음. 국회 529호 사건, 4·3 재보선 판세 분석 및 이종찬 씨가 퇴임하면서 정치 정세에 관한 내부 문서를 갖고나와 말썽을 빚기도 했음(1999년 12월 20일) • 천용택 국정원 정치 개입 밝혀야. 2000년 4월 제16대 총선을 앞두고 천용택 현 민주당의원이 이끌던 국정원이 정치에 개입한 의혹이 있다며, 한나라당 원희룡 의원이 2건의 문건을 공개(2002년 9월 24일)
동아	정치공작기관 프레임	• 국가 정보기관이 대통령선거전을 공작 대상으로 삼았다는 문건 내용은 철저히 규명돼야 함. 안기부의 정치 공작 의혹을 규명하는 일은 왜곡된 정치사를 바로잡는 일임. 안기부의 임무는 국내 사찰이나 정치 공작이 아님(1998년 3월 7일) • 우리의 대북 정보망은 그동안 '북풍 사건'등 국내적 요인으로 크게 훼손된 것이 사실임. 총체적인 정보 체제 구축에 나서야 할 때임(1998년 9월 10일)

언론사	프레임	주요 내용
동아	정치공작기관 프레임	• 총풍 사건 관련 안기부가 자작극 가능성을 발표한 것은 또 다른 정치 개입이며, 안기부의 정치적 중립성에 의문을 낳았음. 안기부는 적절히 해명해야 함(1998년 10월 27일)
	사찰기관 프레임	• 아직도 정치인 미행이라니. 정형근 의원에 대한 미행 문제는 정부의 도덕성뿐 아니라 무엇보다 국정원법에 정면으로 위배됨. 구태를 되풀이하는 권력의 모습에서 좌절감을 느낌(1999년 12월 18일) • 국가정보원 재선거 문건 등 연이은 문건 파동의 중심 인물이 전직 국정원장이라는 사실임. 이 문건이 비서의 개인 작품이라 하지만 조직적인 정치 사찰 정치 개입 의혹을 지우기 어려움. 정보기관의 정치 사찰과 정치 개입 악습과 구태는 반복돼선 안 됨(1999년 11월 18일) • 국가안보에 써야할 정보기관 자금이 특정 정당의 선거 자금으로 전용된 사건을 철저한 수사가 필요함. 그러나 선거 자금 정쟁은 그만둘 필요가 있음(2001년 1월 9일)
한겨레	정치공작기관 프레임	• 북풍 공작 무겁게 다스려야 함. 북풍공작 수사는 안기부장 지휘 아래 조직적으로 이루어진 만큼 관련자 몇 사람의 처벌만으로 마무리해선 안 됨(1998년 3월 13일) • 안기부 '해외 공작원 정보 보고' 문건은 대선 당시 안기부가 '흑금성'이란 특수 공작원을 국민회의와 국민신당에 위장 침투시켜 야당 후보쪽이 북한과 접촉하도록 유도 공작한 것으로 돼 있음. 안기부의 정치 공작 실체를 파악해서 처벌해야 함(1998년 3월 19일) • 북풍 조작 사건은 그동안 안기부가 국내 정치에 얼마나 치밀하고 깊숙이 개입해 왔는지를 잘 보여 줌. 제도적 개혁을 통해 정치 공작 가능성을 싹부터 잘라내야 함(1998년 4월 9일) • 북풍 조작 사건으로 권영해 안기부장이 실형을 선고받았지만 판문점 총격 요청 사건을 계기로 안기부는 지난날의 모든 의혹 사건을 밝혀내 국민의 신뢰를 받는 정보기관으로 거듭나길 바람(1998년 10월 16일) • 안기부 비자금 총선 전용 가려야 함. 혈세로 조성한 극비 자금을 여당의 선거 비용으로 전용했다는 것은 민주 국가에서 도저히 용납될 수 없는 일임(2001년 1월 4일)

언론사	프레임	주요 내용
경향	정치공작기관 프레임	• 북풍공작을 보면 역대 정부의 안기부 정치공작·개입 금지 등의 약속이 모두 거짓이었음이 증명됨. 이에 안기부 일부 조직과 인적 구성에 혁명적인 개편이 필요함(1998년 3월 6일) • 지난 12월 대선에서 김대중 후보를 떨어뜨리기 위해 김 후보와 북한 당국 간의 연계를 암시하려 했던 윤홍준 씨의 기자 회견은 안기부가 조직적으로 꾸민 정치 공작이었음이 드러났음. 96년 총선 막바지에 벌어졌던 북한군의 판문점 진입 사건도 위기감 확대 공작 의혹을 접을 수 없음 (1998년 3월 14일) • 옛 안기부가 15대 총선 때 신한국당에 1000억 원이 넘는 자금 지원이 사실이라면 국가적 폐륜 행위임. 그러나 여당이 궁지에 몰릴 때 검찰이 집권 세력과 한편이 돼 '선택적으로 수사'함으로서 야권에선 '정계 개편의 전초공작'이라고 주장함(2001년 1월 6일) • '한나라당의 호남 편중 인사 주장에 대한 평가' 등 안기부가 청와대에 보고한 3건의 문건이 공개되면서 또다시 정치 개입 논란이 벌어지는 것에 어안이 벙벙함(1998년 7월 9일) • 국민회의 이종찬 부총재가 국정원장 재임 중 보고받았다는 '6·3 재선거 참고 자료'는 국정원이 국내 정치에 간여 내지 개입하고 있었음을 추측하기에 충분함(1999년 11월 18일) • 국정원 정치 개입 진상 밝혀야함. 김은성 전차장이 권노갑 전 민주당 고문에게 정보 보고한 것은 정치 관여와 업무상 비밀 누설을 금지하는 국정원법을 명백히 위반한 것임 (2002년 5월 3일)

지 모두 '인권침해기관 프레임'을 구사하지 않았다. 이는 피해자의 주장만 있고 안기부가 고문사실을 강력히 부인한데다, 명확한 증거를 발견할 수 없었다는 점을 고려한 것으로 분석된다.

불법 도·감청 문제

정보기관의 불법 도·감청 문제는 두 번의 계기로 인해 핫이슈로 부각하게 된다. 1999년 10월 15일 한나라당 이부영 원내총무가 정보위원회 국정감사를 앞두고 '국가정보원 도청-감청 실태'를 폭로한 것이 그 하나이고, 또 다른 한 건은 한나라당 정형근 의원이 대선을 목전에 둔 2002년 9월 24일 국회 정무위원회에서 25쪽의 '국가정보원 도청자료 의혹 문건'을 공개한 것이 도화선이 되어 한나라당 김영일 사무총장이 2002년 11월 29일 소위 '국정원 도청자료'라면서 27쪽의 문건을 추가로 공개함으로써 더욱 확산되었다.[204]

감청 문제는 세계 모든 정보기관들이 공개적으로 언급하길 꺼리는 사안이다. 세계 최대의 감청 역량을 보유하고 있는 미국의 국가안보국(NSA)도 그간 상당한 베일에 싸여 있다가 2013년 6월 NSA의 협력 업체 직원이었던 에드워드 스노든의 폭로를 계기로 세계 각국을 상대로 감청 활동을 하고 있는 사실이 세상에 널리 알려졌다.[205] 영국의 감청기관인 정보통신본부(GCHQ)도[206] 스노든의 폭로 이후 그 실체가 어느 정도 드러날 정도로 금기적인 사안이다.

따라서 정치권에서의 정보기관들의 감청 활동에 대한 공개는 그 내용의 사실 여부에 관계없이 정보기관의 정보 수집 능력에 상당한 타격을 주었을 뿐 아니라 언론도 '사찰기관'이란 프레임으로 이 사안을 바라봄으로서 정보기관에 대한 부정적인 이미지를 더하게 된다.

204 이 폭로 이후 2002년 10월 30일부터 1개월간 '국가정보원 도청의혹 진상조사를 위한 국정조사'를 실시키로 여야가 합의하여 국정원 감청시설에 대한 현장 조사와 서면조사를 실시한 바 있다.

205 NSA는 1952년 대통령 비밀지침에 의해 설립되어 워싱턴 근교 매릴랜드의 포트 미드(Fort Meads)에 본부를 두면서 해외 요원을 포함 직원이 10만 여명이 되는 것으로 알려져 있다. 영어를 사용하는 4개국 즉 영국, 캐나다, 오스트레일리아, 뉴질랜드 등과 'Five Eyes'로 알려진 정보 공유 동맹을 맺고 감청 정보를 서로 공유한다.

206 GCHQ는 정부암호학교에서 출발하여 1943년에 정보통신본부로 개칭했다. 인원은 4500여 명이며, 그로우세스터셔(Gloucestershire)에 본부가 있다. 미국은 하루에 390억 건의 정보를 수집하는 것으로 알려진 GCHQ에 2009~12년간 1억 파운드를 지원할 정도로 관계가 밀접하다.

「조선」의 문제 제기가 특히 눈에 띄는 부분이다. 「조선」은 김영삼 정부 시기에는 감청 문제를 2회에 걸쳐 '가볍게 스쳐 지나가는 정도'로 다루었으나, 김대중 정부 시기에는 관련 사설을 24건이나 실었을 정도로 강도 높게 이 사안을 의제화했다. 평소 감청 문제에 대해 매우 예민한 반응을 보여 온 「한겨레」가 8건이고, 「동아」가 10건, 「경향」이 8건 정도 관련 사설을 실었던 점과 비교하면 「조선」이 상당한 문제의식을 갖고 여론화하려는 의지를 갖고 있었던 것으로 보인다.

「조선」은 기본적으로 국가 안보나 수사를 위해 불가피하게 감청을 해야 한다는 점을 인정하면서도 '불법 도·감청 = 감시 = 인권 및 사생활 침해'라는 등식하에 이 사안을 다루었다. 김대중 정부 전반기에는 "불법 도·감청으로 인해 인권과 사생활을 침해할 수 있다"며 감청 영장 남용과 긴급 감청[207]의 문제점을 지적하면서 휴대폰의 감청 가능성에 대한 우려를 나타내는 정도의 수준이었다.[208] 그러나 구체적인 폭로가 이어지자 "김대중 정부 = 온 국민을 감시하는 정권"으로 규정하고,[209] 이로 인해 엄청난 공포와 스트레스를 받고 있다면서 감청 대상 및 감청 기간 축소[210] 등 감청을 엄격히 제한할 것을 수시로 촉구했다. 그러면서 "국가정보기관의 힘을 이용해 정치인과 언론인들의 일거수일투족을 감시한 것이 사실이라면 정권의 존립과 직결되는 범죄행위"라고 질타하기도 했다.[211]

「동아」는 「조선」과 마찬가지로 '사찰기관 프레임'하에서 인권정부로

207 긴급감청은 48시간 내에 법원으로부터 영장을 발부받는 것을 전제로 먼저 감청을 실시하는 것을 말한다.

208 "휴대폰도 도청되나", 조선일보, 1999년 7월 31일.

209 "온 국민을 감시하는 정권", 조선일보, 2001년 8월 31일.

210 범죄수사의 경우 3개월, 국가 안보와 관련된 경우는 6개월이며, 한 차례 더 연장할 수 있다.

211 "도청, 우리가 이런 세상에서 살았나", 조선일보, 2002년 12월 2일.

자부해 온 김대중 정부에서 불법 도·감청 문제가 연이어 터진 것에 대해 불안과 우려를 중점적으로 표명했다. "도청 감청에 대해 국민의 불안과 국가기관에 대한 불신이 극에 달했다"면서,[212] 국가정보기관이 불법 도·감청 의혹을 받아서는 안 되는 만큼 감청시설을 공개할 것을 촉구하기도 했다.[213] 아울러 휴대전화에 대한 도청의혹으로 '도청공포'가 만연하여 '도청공화국'이란 말까지 듣고 있는 만큼,[214] 국민의 기본권 보장을 위해서라도 김대중 대통령이 직접 나서서 통신비밀보호법 개정 등 근본적인 대책을 마련할 것을 주문했다.[215]

「경향」도 「조선」과 「동아」와 마찬가지로 '사찰기관 프레임'하에서 이 사안을 접근했다. "마구잡이 감청 도청으로 사생활과 인권이 침해되고 있고, 도청의 공포는 물론 당국에 대한 불신분위기가 형성되고 있다"고 우려했다.[216] 그러면서 "국가 안보라는 우산 아래 국정원이 개개인의 인권인 통신의 비밀을 침해하고 있는지"를 밝히는 한편, "국정원 감청시설에 대한 투명한 조사를 요구"[217]하면서 "국가의 중추적 정보기관인 국정원이 영장 없는 도청으로 국민의 일거수일투족을 감시한다면 민주주의 토대를 흔드는 위헌"이라며 강한 우려를 표명 했다.[218]

다만 「한겨레」는 1998년 11월 국정원과 법무부 등 정부 5개 기관이

212 "불법감청 뿌리 뽑으려면", 동아일보, 1999년 10월 19일.

213 "국정원의 불법 도·감청 의혹", 동아일보, 1999년 10월 18일.

214 "도청, 이 지경까지 왔나", 동아일보, 2002년 10월 26일.

215 "도청, 김 대통령이 직접 나서야", 동아일보, 2002년 11월 30일.

216 "감청불안 벗어날 길 없나", 경향신문, 1999년 8월 24일.

217 "국정원 도청 철저 조사하라", 경향신문, 2002년 10월 26일.

218 "도청, 이번 만은 진상 밝혀야", 경향신문, 2002년 11월 30일.

표 20 불법 도·감청에 대한 프레임과 주요 내용

언론사	프레임	주요 내용
조선	사찰기관 프레임	• 수사 기관의 전화 감청 남용으로 과거 권위주의 시절보다 요즈음이 「더 무섭다」라는 사회 일각의 이야기를 국민의 정부는 뼈아프게 들어야 함(1998년 10월 17일) • 안기부 등이 '긴급 감청'이란 이름으로 48시간 동안 영장 발부를 전제로 감청하는 것은 인권과 사생활에 대한 중대한 침해가 될 수 있음(1998년 10월 21일) • 많은 시민들이 전화 감청이나 도청 공포에 시달리고 있는 판에 휴대전화마저 마음 놓고 걸 수 없는 세상이 되었음. 현 정부가 국가보안법은 인권 침해 소지를 이유로 개정에 열을 올리면서 인권 침해 가능성이 많은 통신 비밀 보호 대책에 소홀한 이유는 모르겠음(1999년 9월 6일) • 국정원의 밀매업자를 통한 도·감청 장비(휴대폰형 도청기 등) 구입은 이해가 안되며 정당하게 사용했을지도 의문 (1999년 10월 13일) • 불법 도·감청이 문제 됐을 때 가장 쟁점이 된 곳이 국정원과 검찰인데, 감사원은 국정원과 검찰을 발표에서 누락했음. 불법 도·감청에 성역이 있어서는 안 됨(2000년 5월 15일) • 올 들어 국정원과 검찰 등 수사기관에 대한 통신 회사의 개인 통신 자료 제공이 비정상적으로 급증했음. 이는 온 국민을 예비 범죄자로 보고 감시하는 것은 아닌지 섬뜩함 (2001년 8월 31일) • 한나라당이 폭로한 국정원의 도청 사례는 국가 기관이 국민의 일거수일투족을 감시해 온 생생한 증거란 점에서 등골이 오싹해질 정도임(2002년 11월 29일)
동아	사찰기관 프레임	• 국정원이 도청 감청 의혹을 사는 주요 기관의 하나인 만큼 확산되고 있는 국민적 불안 해소를 위해 국정원에 대한 특감은 필요함(1999년 10월 18일) • 국정원이 휴대전화 도청용 첨단 장비를 대폭 늘렸다는 의혹이 제기된 것은 유감이며, 통신 비밀 보장은 국민의 기본권인 만큼 도청설의 진위를 밝혀야 함(2002년 10월 26일) • 도청은 정치 사찰과 언론 감시가 이뤄져왔다는 증거가 되므로 국기에 관한 문제인 만큼 통치권 차원의 조치가 필요함 (2002년 11월 30일)
경향	사찰기관 프레임	• 수사 정보당국의 감청 대상자가 줄잡아 1만 명 정도에 이른다니 '도청 공화국'에서 사는 것은 아닌지 모르며, 테러 등 제한적인 경우에만 감청해야 함(1999년 8월 24일)

언론사	프레임	주요 내용
경향	사찰기관 프레임	• 국정원이 주요 인사들을 도청해 왔다는 제보가 정치권에 유포되면서 기업체에까지 도청 공포가 확산되고 있음. 도청은 국민의 기본권 침해하는 중대 범죄이므로 국정원 감청 시설에 대한 전면적인 조사가 이뤄져야 함(2002년 10월 26일) • 국가의 중추적 정보기관인 국정원이 영장 없는 도청으로 국민을 감시하고 특히 정치 사찰, 언론 사찰로 정치 공작한다면 민주주의 토대를 흔드는 불법 행위임(2002년 11월 30일)
한겨레	사찰기관 프레임	• 수사기간 중 국정원의 감청은 65퍼센트나 늘었음. 삼엄하던 시대가 지나간 지금 다시 수사기관의 감청이 논란의 대상이 되는 것은 착잡한 일임(2002년 3월 27일) • 정형근 의원이 내민 '국정원 도청 자료'가 국정원이 '주범'인지는 단정할 수 없지만, 자료 제공자 공개해야 '폭로 전문가'라는 정 의원의 꼬리표를 뗄 수 있음(2002년 10월 24일) • 도청은 정치 문제에 그치지 않고 인권을 유린하는 범죄 행위인 만큼, 정부가 진상 규명에 나서되 한나라당도 출처를 밝히는 것이 진실을 밝히는 지름길임(2002년 11월 30일) • 국정원이 도청했다면 불법적인 정치 사찰했다는 얘기인데 사설 기관이 했을 수도 있어 진위를 가리기가 쉽지 않으며, 한나라당은 출처를 구체적으로 공개해야 함(2002년 12월 2일)

불법 도·감청을 금지하겠다는 담화문 발표[219]에 대해 "백번 다행한 일로서, 불법 도청 감청은 역대 정부가 상습적으로 저질러 온 잘못인데다, 총격요청 사건의 본질을 흐리는 물타기용으로 의도적으로 증폭된 면이 있다"는 입장을 취했다.[220] 이 사설 이후 불법 도·감청 문제를 거의 거론하

219 1998년 11월 4일 이종찬 안기부장, 박상천 법무, 천용택 국방, 김정길 행정자치, 배순훈 정보통신부 장관 공동명의로 담화문을 발표하고, 주요 일간지에 "안심하고 통화하세요. 국민 여러분의 사생활보호는 국민의 정부가 추구하는 으뜸 과제입니다"라는 제목의 광고를 실었다.

220 "감청금지 다짐을 보며", 한겨레, 1998년 11월 5일.

지 않다가 2002년 한나라당의 폭로가 이어지자 4건의 사설을 연이어 게재했다. "도청은 국민의 기본권을 훼손하는 중대한 범죄행위로서, 국가기관이 공공연하게 불법적인 도청을 하는 것은 있을 수 없다"면서도,[221] "한나라당 측에 출처 공개를 통해 공작정치를 추방해야 한다"는 양비론적인 주장을 했다.[222] 이는 한겨레가 불법 도·감청 문제를 정치공방의 차원에 더 비중을 두고 해석하고, '인권침해/사생활 침해'등 기본권에 해당하는 요인들은 2차례 정도 간단하게 언급함으로써, 타지와 달리 '사찰기관 프레임'을 아주 약하게 구사했다고 평가할 수 있다.

국가보안법 개폐 및 황장엽 방미 논란

국가보안법은 김대중 대통령이 1999년 광복절 경축사에서 개정 방침을 재천명한 것을 계기로 「조선」과 「한겨레」가 대립각을 세우게 된다. 국가보안법을 어떤 프레임으로 접근하느냐에 따라 여론의 향방이 달라질 수 있고, 더불어 국가정보원에 대한 이미지에도 적지 않은 영향을 미치게 되는데다가, 남북 정상회담이 성사된 이후 국가보안법의 존재와 위반자에 대한 적용 타당성을 둘러싼 논란까지 이어지면서 국보법을 집행하는 국정원 입장에서는 상당한 관심을 갖고 추이를 주시하게 된다.

「조선」은 김대중 정부의 의지로 볼 때 국가보안법이 개정될 수도 있다고 보고 '체제 유지 필요법 프레임'하에서 기회 있을 때마다 '개정 불가론'을 소리 높여 주창하게 된다. "국민회의가 검토 중인 보안법 개정방향은 오용이나 남용방지 차원을 넘어 보안법 자체를 형해화 할 우려가 있

221 "도청이 자행되고 있단 말인가", 한겨레, 2002년 10월 24일.

222 "도청의혹 밝히게 출처공개를", 한겨레, 2002년 12월 2일.

다"면서[223] "우리 체제의 '최대한 방파제이자 안전망'이므로 북한이 형법을 개정하는 등 상응한 행동을 취할 때 개정하라"고 촉구하였다.[224] 그러면서 "국가보안법 전체가 악법인 양, 이 법이 없어져야만 인권침해가 없어질 것이라는 논리는 이해하기 어렵다"며 개정론자들의 주장을 반박하기도 했다.[225]

반면 「한겨레」는 '인권침해기관 프레임'하에서 김대중 정부 출범 당시부터 "국보법은 인권침해와 사상과 양심의 자유를 짓눌러 왔고, 법을 적용하는 공안기관의 마구잡이 수사관행으로 국민을 황폐화시켰다"면서[226] "보안법 구속자 대부분이 국가 안보와 직접 관련이 없다는 점을 내세워 대표적인 인권침해 악법인 독소 조항[227]을 하루빨리 개폐해야 한다"고 주장했다.[228] 그러나 자민련 등의 반대로 개정 논의가 주춤해진 가운데, 대통령 소속 의문사진상규명위원회에서 국가보안법 제7조(찬양 고무 등)의 신속한 개폐를 요구한 데 힘입어 정치권에 개폐논의를 활성화할 것을 촉구하기도 했다.[229]

「동아」는 김영삼 정부 시기에 이미 국가보안법을 개정해서는 안 되는 이유를 명확히 밝혔기 때문인지 「조선」과 「한겨레」의 논전에도 불구하고 직접적인 표명 대신에 우회적으로 '유지가 당연하다'면서 '체제 유

223 "보안법 서두르는 이유 뭔가", 조선일보, 1999년 8월 17일.

224 "'고무찬양 동조' 개정 문제", 조선일보, 1999년 2월 3일.

225 "보안법 제7조의 문제", 조선일보, 1999년 7월 10일.

226 "보안법 50년 이젠 바꿔야", 한겨레, 1998년 12월 1일.

227 새정치국민회의는 1999년 8월 ▲반국가단체 찬양고무죄(7조) ▲회합통신죄(8조) ▲불고지죄(10조) ▲포상금 지급조항(21조) 등을 개정 조항으로 선정했다.

228 "국가보안법이 만든 눈물의 결혼식", 한겨레, 2001년 9월 11일.

229 "보안법 개폐논의 살려야", 한겨레, 2002년 7월 11일.

지 필요법 프레임'에 동조했다.[230]

「경향」은 「한겨레」와 보조를 맞춰 "인권유린의 빌미가 된 국보법을 방치할 경우 내부 갈등과 불신이 염려되는 만큼 진지하게 논의해야 한다"는 점을 강조했다.[231] 이는 김영삼 정부 시기에 "국보법은 체제보호의 예방적 기능을 한다"면서 '유지 필요성'을 지지한 것[232]과 비교해 보면 '체제 유지 필요법 프레임'을 버린 것으로 해석된다. 「경향신문」이 보수지에서 진보지로 서서히 방향 전환을 하고 있음을 보여주는 의미 있는 사례로 판단된다. 또 하나 김대중 정부 시기에 주목해야 할 북한 관련 사안이 황장엽을 바라보는 프레임이다. 황장엽은 1997년 2월 12일 망명하여 국가정보원의 보호 아래 김정일의 폭압정치를 폭로하는 데 앞장서 왔다. 그러나 김대중 정부가 들어서고 6·15 남북 정상회담이 성사된 이후 남한 사회 내에서 황장엽의 위상과 위치가 애매한 상태로 변하게 된다. 이를 잘 보여준 사건이 '황장엽의 활동 제한 논란'과 2001년 2월 발생한 '황장엽의 방미 논란'이다.[233]

「조선」은 8건이나 관련 사설을 실을 정도로 주도적으로 여론화시켜 나갔다. 국정원이 신변보호 문제 등을 이유로 황 씨의 방미에 부정적인 반응을 나타내자 "대북 공안기관인지, 대북 대화기구인지 심하게 헷갈린다"고 조소하고, "북한의 눈치나 보는 기관 소리를 듣지 않도록 황 씨

230 의문사진상규명위가 국보법 위반혐의를 받고 도피 중 1997년 숨진 전 한총련 간부 김준배를 민주화 운동으로 인정하고, 국보법 개폐를 권고한데 대해 "기존의 법질서를 무너뜨리는 행위"라고 비판한 바 있다.(2002.7.11자, '한총련 간부 민주화 인정 문제 있다')

231 "국보법 논쟁 이젠 매듭지어야", 경향신문, 2002년 7월 11일.

232 "보안법 위헌제청의 의미", 경향신문, 1995년 1월 19일.

233 황장엽은 노무현 정부 출범후 미국의 북한 인권운동가 수잔 숄티의 막후 교섭으로 2003년 10월 27일~11월 4일간 워싱턴을 다녀왔으며, 2010년 10월 10일 강남구 논현1동 자택에서 87세로 사망했다.

의 방미를 막지 말라"고 주문하면서,[234] '국가 안보를 책임지고 있는 안보 중추기관'으로서의 위상을 훼손하지 말라고 충고하기도 했다. 이는 「조선」이 국정원 만큼은 북한 및 안보 문제에 관한 한 '안보 중추기관'으로서의 위상을 확고히 유지해야 한다는 인식에서 비롯된 것으로 평가된다.

「동아」는 '황 씨의 활동 제한 주장'[235] 등과 관련 '사찰기관 프레임'으로 접근했다. 국정원이 '보호'라는 이름으로 황 씨의 대외활동을 제한한 것은 '언론자유'를 제한한 것이라며 대북정책의 걸림돌이 된다고 해서 "입을 틀어막는 것은 곤란하다"고 지적했다.[236] 그러나 「동아」는 이 사안과 관련된 사설을 2건밖에 다루지 않았다. 이는 경쟁지인 「조선」이 선도적으로 황장엽 관련 사안을 여론화하고 있음에 따라 '「조선」 뒤따라가기식'의 편집을 하지 않겠다는 경쟁의식도 일면 작용한 것으로 추론된다.

「한겨레」는 황장엽이 망명할 당시 가졌던 '정치공작기관 프레임'에서 탈피하여 '사찰기관 프레임'에 입각하여 이 사안을 분석했다. "황 씨를 보호·관리하는 국정원도 그의 활동을 제한해 온 것은 잘못이며, 방미 문제도 대북 포용정책을 반대해 온 공화당 내 강경파들이 이용하려는 것인 만큼 황 씨의 활동에 예민한 반응을 보이지 말라"고 주문했다.[237]

한편 「경향」은 황장엽 망명 당시 가졌던 '안보/수사 중추기관 프레임'을 유지한 상태로 이 문제에 접근했다. "망명할 때 신변보장과 대북활동을 보장한 것은 대한민국이 한 약속이므로 국정원은 북한의 신뢰를 더

234 "황장엽의 자유 갈구", 조선일보, 2001년 2월 16일.

235 황장엽은 2000년 11월 20일 "국정원으로부터 정치인과 언론인 접견금지, 외부출연 강연 금지, 책 출판 금지, 탈북자동지회 소식지인 '민족통일' 출간금지, 민간차원의 대북민주화사업 참여 금지 등 5개항을 요구받았다"는 성명서를 발표했다.

236 "황장엽 씨 입 막지 말라", 동아일보, 2000년 11월 22일.

237 "화해 시대와 황장엽 씨의 지론", 한겨레, 2000년 11월 22일.

소중하게 생각하는 인상을 주어서는 안 된다"고 질책하면서, "황 씨의 방미를 허용하되 초청 격식과 신분보장 장치를 확실히 마련해야 한다"고 권고했다.[238]

3. 소결론

한국 언론은 보수지의 경우 보수적인 독자들에게 보수적 취향의 기사를 제공하면서 시장을 넓혀 나가고, 진보지는 진보적인 독자를 겨냥해서 진보적인 코드의 기사를 제공하면서 시장을 형성해 나갔다.[239] 시간이 갈수록 신문사 간의 생존경쟁이 치열해질수록 신문의 정파화가 심화된 것이다. 민주화 이후 이념적 정파적 균열이 가속화되는 상황에서 모든 정파를 아우르는 객관주의 언론 모델을 따르기보다는 특정 정파와 교감하는 정파적 언론 모델이 시장에서 생존·발전할 가능성이 커지면서 한국의 언론의 정파화도 가속화됐다.[240] 김대중 정부 시기 국정원을 바라보는 프레임도 큰 틀에서 볼 때 이 방향에서 크게 벗어나지 않았다.

김대중 정부에서의 4개지의 국정원에 대한 프레임을 보면 윤영철(2000)이 분석한 '신문과 정당의 병행관계'[241] 특징이 김영삼 정부에 이어

238 "황장엽 씨 방미와 남북 관계", 경향신문, 2001년 7월 7일.

239 최영재(2011). 분열정치와 분열 언론 그리고 분열 여론의 악순환 이론. 한국언론학회 심포지움 자료집. 140.

240 최영재(2014). 공영방송의 정파적 분열 : 민주화의 역설, 정치적 종속의 결과. 『커뮤니케이션 이론』 10권 4호. 486.

241 윤영철(2000). 권력이동과 신문의 대북정책 보도 : 신문과 정당의 병행관계를 중심으로. 『언론과 사회』. 27호. 48~81.

변함없이 나타남을 알수 있다. 「조선」이 ‘안보/수사 중추기관 프레임’기조를 유지한 것은 국정원이 마음에 들어서라기보다 정체성이 흔들리는 국정원을 보수 쪽으로 견인하려는 의도에서 비롯된 것으로 해석된다. 또 국정원에 대해 일관성 있게 비판적 입장을 고수했던 「한겨레」가 비판 강도를 약화시킨 것도 당시 집권 여당(민주당)과 보도 이념 및 궤를 같이하면서 남북문제, 각종 국가정책에 대해 대체로 지지 또는 우호적인 자세를 견지한 때문으로 추론된다.

결론적으로 김대중 정부 시기 국정원에 대한 프레임은 부정적인 프레임이 주류를 이루었다고 할 수 있다. 정보기관에 관한 사안은 가급적 언급하지 않으려 했던 그간의 관행을 깨고 보다 뚜렷하게 정보기관을 향한 주장을 높인 것도 또 하나의 특징이었으며, 「경향」의 진보 쪽으로의 이동[242]도 주목할 만한 현상이었다.

242 박명훈(2004)은 경향신문이 1998년 한화그룹에서 독립, 사원주주회사로 출범하면서 “광범위한 개혁세력이 사회를 이끌어가는 선진시민사회를 지향하겠다”는 내용의 신문 제작 방향을 밝힌 것을 근거로, 개혁적 또는 진보지향적 중도신문으로 전환했다고 평가했다.

제5절

노무현 정부 시기 4개 신문의 정보기관에 대한 프레임

1. 노무현 정부 시기 정보기관과 관련된 사건

노무현 정부는 국민의 자발적이고 능동적인 참여의 힘으로 탄생한 '참여정부'다. '국민의 정부'를 승계한 '참여정부'는 우리 역사에서 소수, 주변 세력에 불과했던 진보·혁신 세력이 우리의 사회의 주류 세력으로 부상한 것이다.[243] 탈냉전·민주화·세계화·정보화의 전환기에 탄생한 노무현 정부는 국민의 높은 기대에 부응하는 참여정부의 구현을 약속하고, 국민통합도 우선 과제로 내세웠다.[244]

이에 따라 정보기관에 대해서도 해체에 가까운 대폭적인 축소가 이뤄질 것이라는 내·외부의 시각과는 달리, 김대중 정부에서 내려온 기존의 틀을 존중하면서 국익과 관련된 정보 수집 기구를 늘리는 등 조직의

243 고영신(2007). 정권의 성격변화와 언론 보도 : 대통령 친인척 비리보도의 뉴스프레임을 중심으로. 『커뮤니케이션학보』, 제3권 제1호. 166.

244 류석진(2014). "노무현 정부의 출범 및 정부 소개". 『대한민국 역대정부의 주요 정책과 국정운영, 노무현 정부』. 한국행정연구원편. 서울 : 대영문화사. 11.

질적 변화를 꾀하게 된다. 인사에서도 특정 지역 편중에 따른 조직 내부의 불만을 해소하고 '국민통합'이라는 가치에 걸맞게 비영남 비호남 인사인 고영구 민변 소속 변호사(강원 출신)를 국정원장으로 임명하게 된다. 이런 노력으로 정보기관 조직 내부의 갈등을 어느 정도 줄이는 데는 성공했으나, 정보기관의 정체성과 업무 방향성에 혼돈을 가져오는 조직 운영으로 출범 초기부터 파란을 겪게 된다. 국정원장으로 고영구 변호사가 적임인지에 대한 격한 논란을 시작으로 북한 간첩 혐의를 받아 온 재독학자 송두율 처벌 적절성 논란에다가, 민주노동당 내부의 북한 충성조직 '일심회' 간첩단 사건에 대한 수사 확대 논란까지 이어지면서, 국가정보원은 안보기관으로서의 정체성이 흔들리게 되는 다소 애매한 상황에 직면하게 된다.

더욱이 국정원 스스로의 업무를 자기 부정해야 하는 '국가정보원 과거사진실규명위원회'가 발족하고, 과거 중정 또는 안기부 시절에 수사했던 사건들에 대해 재조사가 이뤄지는 진통이 있었다.[245]

이 같은 상황에서 노무현 대통령이 전례 없이 두 번씩이나 국정원을 방문[246]하는 등 국정원에 힘을 실어주는 제스처를 취했음에도 불구하고, 김대중 정부 시절에 한차례 큰 곤욕을 치뤘던 도·감청 문제가 소위 'X파일 사건'이란 이름으로 또다시 불거지고, 참여정부 마지막 국정원장이었던 김만복 원장의 정보기관 수장답지 못한 행동과 실책에 이은 도중하차로 인해, 참여정부 국정원이 모토로 내세웠던 '탈정치, 탈권력화 및 전문정보기관'이라는 프레임은 국민 속에 뿌리내리지 못하고 만다.

245 「한국」은 2004년 8월 27일 사설("문제 많은 국정원 과거사 캐기")에서 "국가정보기관의 내부가 외부인에게 노출되고 국정원의 전·현직원들 간에 갈등과 반목이 빚어질 수 있다"는 우려를 나타냈다.

246 2003년 6월 20일 처음 방문했다.

표 21 노무현 정부 시기 정보기관과 관련된 사건

일자	사건	주요 내용
2003.3.16	대북비밀 송금 특검	• 임동원 전 국정원장 등 수사 • 6.18 박지원 구속
4.25	고영구 원장	• 4.25 한나당의 반대에도 불구 임명
	서동만 기조실장 부적격 논란	• 서동만 실장의 경우 '내재적 접근법'이란 북한을 보는 시각을 문제 삼았음
7.9	북한 고폭실험	• 정보위에서 '북한이 97년부터 2002년 9월까지 평북 구성시 용덕동에서 고폭실험 70여 회 실시' 보고 내용이 언론에 유출
9.22	송두율 입국 및 처벌 논란	
2004.2	소위 안풍 재수사	• 7.5 2심에서 안기부 돈 횡령 혐의에 무죄 선고 • 강삼재 의원, 재판 과정에서 안기부 예산이 아닌 YS 대선 자금이라고 증언
3.12	노무현 탄핵 소추 의결	• 헌법재판소, 5.14 기각 결정
3.30	송두율 재판	• 1심, 징역 7년 선고 • 2심(7.22), 징역 3년 집행유예 5년 선고
4.22	북한 신의주 용천역 폭발	
6.25	김선일 씨 아랍 테러단체 피살	• 국정원 중심으로 대테러 정보기구 설립 필요성 대두
8.26	과거사위 출범	• '국가정보원 과거사진실규명위원회' 출범 • 김형욱 암살 사건 등 7건 조사 후 발표
8월이후	국보법 논란	• 9.9 열린우리당 '국보법 폐지' 당론 확정 • 2004년 가을은 '국보법 정국'으로 불릴 만큼 논전치열
2005.5	행담도비리	• 철도청의 유전 사업 간여와 당시 여당 실세 개입 의혹으로 소위 유전 게이트로 비화 • 김세호 건교부차관이 국정원대전지부장 접촉으로 국정원 간여 의혹 유발
7.20~10월	X파일 사건	• 2005년은 도·감청 문제가 사실상 국정원 관련 사안을 지배 • 11.15 임동원과 신건 전 원장을 구속 기소, 마무리

일자	사건	주요 내용
2006.10.25	일심회 간첩단 사건	• 민주노동당 내 386 운동권 출신 간첩 혐의자 3명 체포 • 김승규 국정원장이 '정치권 386 압력설(수사 중단)' 제기로 논란 확대
2007.7.8	대선개입 시비	• 이재오 의원, 국정원 이명박 X파일 작성 의혹 제기
7.18	샘물교회신도 납치	• 샘물교회 신도 23명이 아프가니스탄 테러 조직에 납치 • 8.30 피랍자 19명 석방, 4명 살해 • 막후 석방 주역인 김만복 원장의 언론 노출 적절성 논란
10.2~4	남북정상회담 지원	
2008.1.10	김만복 원장247 극비방북노출	• 2007.12.18. 평양 방문, 노무현 대통령이 남북 정상회담 중 평양중앙식물원에 기념식수한 소나무에 표지석 설치 • 1.10 중앙일보에 '김만복 · 김양건 대화록' 보도 • 1.22 김만복 국정원장 사표 수리

2. 게재 빈도 및 프레임 분석

1) 신문사별 사설 빈도 및 내용

4개 신문사의 사설빈도를 보면 「조선」이 타 신문에 비해 압도적으로 많은 사설을 게재하고 있다. 이는 「조선」이 노무현 정부에 대해 부정적 입장을 취한데다가, 노무현 정부 역시 「조선」을 적대적인 신문으로 간주하고 한국 사회의 여론을 자신들의 의도대로 끌고 가려는 의지가 강했

247 이 당시 「동아일보」가 국정원 때리기 및 파문을 주도했는데, 언론계에서는 중앙일보의 부상을 견제하고 동시에 신문업계 3위의 위상 탈출을 위해 '인수위 대변지' 역을 자임한 것으로 분석한 바 있다.

▌ **표 22** 연도별 게재 빈도

(단위 : 건)

	2003년	2004년	2005년	2006년	2007년	2008년 (1~2월)	총계
조선	26	24	27	13	14	4	108
동아	11	15	18	12	7	2	65
한겨레	14	17	17	9	6	1	64
경향	7	10	17	2	5	2	43

기 때문으로 풀이된다. 이 같은 담론장악 싸움 와중에 정보기관과 관련한 사안도 논전의 주된 소재 중의 하나가 되었다. 「조선」은 김대중 정부 시기와 마찬가지로 국가정보기관은 안보 중추기관으로서의 위상을 굳건히 가져가야 한다는 인식을 갖고 있음에 따라, 노무현 정부가 이 같은 기조를 흔들려는 시도가 보이기만 하면 즉시 쟁점화하는 편집 전략을 구사했다.

한편 정보기관에 대해 강한 부정적 인식을 갖고 있는 「한겨레」와 「경향」 등 진보지들의 사설 건수가 보수지에 비해 적은 것으로 나타났다. 이는 진보지들이 심정적으로 노무현 정부에 대한 우호적 시각을 갖고 있어 신문사로서 반드시 입장표명을 해야 할 사안이 아니면 입장 표명을 자제한 탓으로 풀이된다.[248]

내용별로 보면 송두율, 국가보안법, 일심회 등 간첩수사, 도청문제,

248 김영욱 · 임유진(2009)은 이 같은 진보지들의 보도 태도를 '비판과 옹호적 중립이 혼재된 보도 태도'로 규정하였다.

표 23 내용별 분류

(단위: 건)

	송두율	국보법	도·감청	과거사	정치개입의혹	국정원장관련	간첩수사	기타
조선	14	13	27	5	7	19	12	15
동아	7	12	15	2	4	11	14	5
한겨레	6	19	8	8	2	4	5	7
경향	4	8	12	6	3	2	1	4

■ '기타'는 안풍(안기부 예산 정치자금 전용 의혹), 테러방지법, 산업스파이 체포 등이다.

과거사, 정치 개입 의혹, 국정원장 관련 등이다. 이 가운데 특히 「조선」은 '국정원장과 관련된' 사설을 무려 19건이나 게재할 정도로 당시의 국정원장의 행태에 대해 지적했다. 반면 「한겨레」는 4건, 「경향」은 단 2건만 국정원장에 관한 사설을 게재한 것과 크게 대비된다. 이는 노무현 대통령이 임명한 국정원장을 과도하게 비판하는 것은 임명권자인 노(盧) 대통령에게 마이너스가 된다는 인식에 기반한 것으로 추론된다.

한편 「경향」이 송두율 처벌 논란이나 일심회 간첩단 사건과 같이 이념적으로 첨예하게 대립하는 사안에 대해 상대적으로 상당히 적게 사설을 게재한 것은 김영욱·임유진(2009)이 분석하는 바와 같이 '옹호적 중립'이라는 편집 전략에 기인한 것으로 보인다.

2) 4개 신문사들이 구사한 프레임

구사된 프레임 유형 및 특징

노무현 정부 시기에 구사한 프레임은 사안별로 대립되는 특징을 보인다. 안보와 관련된 사안의 경우 보수지는 '안보/수사 중추기관 프레임'과 '국가최고정보기관 프레임'을 주로 구사한 반면, 진보지는 '인권침해기관 프레임'과 '조작기관 프레임'을 구사했다. 불법감청 사안의 경우 김대중 정부 시기에는 '사찰기관 프레임'이란 단일화된 프레임을 구사한 반면, 같은 사안임에도 불구하고 노무현 정부 시기에는 보다 세분화된 4개의 프레임으로 분화되어 적용하는 양상을 보였다. '불법/비리기관 프레임' '정권수호기관 프레임' '문민정부원천책임 프레임'이 그것이다. 정치성 사건의 경우에는 '사찰기관 프레임'으로 사안을 접근하였다.

사건 유형별 프레임 분석

노무현 정부 시기에 발생했던 정보기관 사건들을 분류해 보면 가장 두드러진 송두율, 간첩수사, 국가보안법 폐지 논란 등 국가 안보와 관련된 사안과 도·감청 문제, 국정원장 관련사안, 과거사 재조사, 정치 개입 의혹 등 5가지 유형으로 분류할 수 있다. 특이한 점은 노무현 정부 시기에 북한의 핵문제가 첨예하게 쟁점이 된 사안임에도 불구하고 대북정보를 총책임지고 있는 국가정보원의 책임을 묻는 직접적인 사설을 게재하지 않은 점이다. 아마도 이 사안이 정보기관 혼자 해결할 수 있는 사안이 아니고, 범정부적으로 대응해야 하는 점과 북한 핵문제에 대해 온건한 접근 방법을 택했던 노무현 정부의 청와대(NSC, 이종석)에 공격의 초점을 맞추었기 때문으로 보인다.

국가 안보관련 사안(송두율, 일심회 등 간첩 수사, 국가보안법 폐지 논란)

노무현 정부 초기 이념적 갈등상을 보여준 상징적인 사건이 송두율 독일 뮌스터대 교수의 사법처리 문제이다. 국가정보원은 "송두율(당시 59세)이 1973년 노동당에 비밀리에 가입하고 '김철수'라는 가명으로 노동당 정치국 후보위원으로 선임되었으며, 1991년 5월부터 1994년 3월 사이에 5차례 밀입북하여 김일성을 면담하는 등 명백히 친북활동을 함과 동시에 간첩 혐의가 있다"는 확고한 입장을 견지해 왔다.

이 같은 상황에서 민주화운동기념사업회(이사장 박형규 목사)가 2003년 9월 22일 송두율을 국내에 초청하게 되고, KBS가 송두율을 '영웅화'하는 작업에 앞장서는[249] 일까지 벌어지면서 보수와 진보진영 간에 극심한 이념 갈등을 가져오게 된다. 송두율 사건은 입국 이후 국가정보원 조사를 거쳐 검찰에서 국가보안법 위반 혐의로 기소하여 1심(2004년 3월 30일)에서 징역 7년, 2심(2004년 7월 21일)에서 징역3년과 집행유예 5년을 선고받고, 2004년 8월 5일 '사진 출국' 형식으로 독일로 돌아감으로써 일단락되게 된다.

「조선」은 송두율에 대한 사법처리 여부가 대한민국의 정체성과 국법질서를 가늠하는 '상징적 사건'으로 보고, 선도적으로 송두율 의법처리 여론을 주도하게 된다. 지난 정부 때와 마찬가지로 안보 문제와 간첩 사건 등에 관한 한 국정원을 '안보/수사 중추기관' 이라는 프레임하에서, 국정원의 송두율에 대한 수사결과를 전폭적으로 신뢰하는 기조 아래 논지를 전개한다. 이에 "매년 5000억 원 가까운 돈을 쓰는 대한민국 최고의

249 KBS는 2003년 5월과 9월 27일 송두율과 관련된 프로그램을 황금시간대에 내보내면서 송두율을 '고뇌하는 경계인' '분단의 멍에가 드리워진 지식인' '민주통일에 몸바쳐 온 투사' '한반도 분단문제의 세계적 권위' 등으로 묘사했다.

정보기관 국정원의 존재 가치가 걸려 있는 사안으로서, 국정원 측의 주장이 잘못됐다면 문을 닫아야 한다"고까지 일갈하기도 했다.[250]

「동아」도 '안보/수사 중추기관' 프레임하에서 "국정원은 결정적인 증거를 입수해 송 씨가 꼼짝없이 친북 행적을 시인하게 만들었다. 지금 같은 혼란의 시기에 빛도 나지 않는 대공 업무에 종사하며 책임을 다한 수사관들이 있다는 게 여간 다행스럽지 않다"며 격려성 사설을 싣기도 했다.[251] 그러면서 "송 교수가 1973년부터 2003년 3월까지 18차례 방북했으며 매년 연구비조로 2~3만 달러를 받았고 노동당 정치국 후보위원이란 사실을 숨겨왔다"는 국정원의 수사결과를 신뢰하면서 송 교수에 대한 엄정한 사법처리를 주장했다.[252]

반면 「한겨레」는 국정원의 송 교수에 대한 혐의 내용이 증거가 부족하다는 점을 주로 내세우는 방식으로 국정원의 대공수사 능력에 의문을 제기했다.[253] 동시에 친북 이적활동의 증거라는 '내재적 접근법'이 학계에서 공인된 연구방법이고, 기자회견(2003년 10월 2일)에서 조선노동당 탈당 의사를 밝히고, 대한민국의 헌법을 준수하겠다고 언급한 점을 근거로 전향을 요구하지 말고, 그를 감싸 안는 포용력을 세계에 보여야 한다는 점을 일관되게 주장했다.[254]

「경향」은 4개지 중 가장 적은 4건만의 관련 사설을 게재하면서 일정 정도 「한겨레」와 논조를 같이하였다. 「조선」과 「동아」가 '안보/수사 중추

250 "송두율 문제의 추이를 지켜본다", 조선일보, 2003년 9월 26일.

251 "송두율 파문 배후는 뭔가", 동아일보, 2003년 10월 3일.

252 "송두율 처리 국민 납득할 수 있어야", 동아일보, 2003년 10월 2일.

253 한겨레는 2004년 3월 31일자 사설("실망스러운 송두율 교수 판결")에서 "검찰이 내세운 '조선노동당 정치국 후보위원'이라는 주장이 입증할 만한 증거로 뒷받침되지 못했다"고 강조했다.

254 "송두율 사건 이념공세가 지나치다", 한겨레, 2003년 10월 4일.

기관'이란 프레임하에서 국정원의 대공수사능력을 신뢰하는 기조하에서 논지를 전개한 것과 달리, '국가최고정보기관'이란 프레임을 구사하지 않았다. 이는 "송 교수가 북에서 받은 돈의 성격과 규모, 노동당원으로서의 역할 등 국정원 보고 내용과 일치하지 않는 부분이 많다면서, '거물 간첩 사건' 운운의 시대착오적 주장으로 사건을 본질을 흐려서는 안 된다"[255]고 강조한 데서 잘 나타났다. 그리고 「한겨레」와 마찬가지로 "송두율을 포용하여 더욱 성숙되고 열린사회로 거듭나야 한다"고 설파했다.[256]

송두율 사건 다음으로 국정원을 바라보는 프레임 차이를 보여준 사례가 각종 간첩수사 문제이다. 이 중 소위 386 운동권이 주축이 된 '일심회' 간첩단 사건이 대표적이다. '일심회'는 오직 김정일을 일심으로 모신다는 뜻을 가진 단체인데, 국정원이 2006년 10월 24일 공개수사에 착수한 이후 그해 12월 주범 장민호(당시 44세)[257] 및 이정훈, 최기영, 손정목, 이진강 등을 국가보안법 위반혐의로 체포 조사한 뒤, 서울중앙지법에서 2007년 4월 16일 이들에 대해 징역 4~9년의 실형을 선고한 사건이다. 이 사건은 민주노동당이 관련된데다, 수사 확대를 둘러싸고 김승규 국정원장이 사퇴하는 와중에서 소위 '386 압력설'을 제기함으로써 정치적 논란까지 불러일으킨 사건이기도 하다.

「조선」은 노무현 정부 출범 이후 서울중앙지검과 울산지검을 제외한 전국 15개 검찰청의 공안과를 공안계(公安係)로 격하시키는 등 공안기능

255 "송 교수의 기자회견을 보고", 경향신문, 2003년 10월 3일.

256 "송두율 교수 구속과 열린 사회", 경향신문, 2003년 10월 23일.

257 장민호는 1993년 북한 노동당에 가입한 직후 한국에 들어와 통상산업부 산하 한국정보기술원 과장을 맡아 인맥을 쌓고 게임TV대표 등 IT업계에서 주목받는 사업가로 발판을 다지기도 했다. 김대중 정부 때는 여권핵심부가 2000년 총선을 앞두고 만든 영입대상자 리스트 '젊은 피 300명' 명단에도 포함되었다.

을 약화시키고, '대통령 소속 의문사진상규명위원회'가 남파 간첩과 빨치산 출신의 비전향 장기수 3명을 '민주화운동'으로 인정하는 등으로 인해 간첩들이 서울 거리를 활보할 정도로 안보의식이 크게 이완되고 있는 상황을 심각하게 인식했다.[258] 이런 와중에서 국정원에서 '일심회' 간첩단을 적발하자 수사 결과를 전폭 신뢰하고 "국정원의 책임이 막중하다"면서도, 김승규 원장의 뒤를 이은 김만복 원장이 이종석 통일부장관과 청와대 386과 코드가 비슷해 '일심회' 간첩단 수사가 제대로 마무리될 수 있을지 우려하기도 했다.[259] 이는 '안보/수사 중추기관'으로서의 국정원의 능력에 회의를 품은 것이 아니라 신임 김만복 국정원장의 수사의지에 의구심을 가졌다는 점에서 국정원의 이미지에는 크게 나쁜 영향을 주지 않았다고 평가할 수 있다.

「동아」는 안보 문제에 대해 대체로 「조선」의 논조를 따라가는 그간의 태도에서 벗어나 '일심회' 사건이 터지자 "실로 오랜만에 나온 간첩 수사소식으로서, 국가보안법이 없었다면 북과 연계된 간첩 혐의자들이 활개치고 다녀도 수사할 수 없었을 것"이라며, "국정원은 공안기능을 정상화해야 한다"며,[260] '안보/수사 중추기관'으로서의 위상을 높이 평가했다.

이에 앞서 국정원이 2006년 8월 21일 북한의 대남공작부서인 '35호실' 소속 간첩 정경학을 검거한 것에 대해서도 "국정원은 모처럼 할 일을 했다면서, 국가 안보의 주역이라는 인식을 새롭게 해야 한다"고 격려하기도 했다.[261]

258 "간첩도 민주 투사라니, 이 나라는 어디로 가나", 조선일보, 2004년 7월 3일.

259 "청와대 386은 안전한가", 조선일보, 2006년 11월 2일.

260 "386 간첩단 일심회, 빙산의 일각 아닌가", 동아일보, 2006년 10월 28일.

261 "국정원과 경찰, 이제야 할 일 하나", 동아일보, 2006년 8월 23일.

「한겨레」는 「조선」·「동아」와 달리 '조작기관 프레임'하에서 이 사안을 바라보았다. "피의자들이 완강히 부인하고 있다는 점과 북한 공작원과 접촉한 혐의조차 명백히 입증하지 못하는 등 허점과 의혹투성이"라면서,[262] "재판부가 공안기관의 무리한 부풀리기 수사인지 등을 판단해야 한다"고[263] 강조했다. 그러면서 서울중앙지법이 "'일심회'가 이적 단체성을 갖추었다고 보기 어려워 이적 단체는 아니다"라는 판결 내용만을 부각하면서 '일심회' 사건이 실체보다 부풀려졌다고 일갈했다.[264]

「경향」은 '일심회' 간첩 혐의 실체를 두고 보수지와 「한겨레」 간에 치열한 논전이 벌어지는 와중에서도 단 1건의 사설만 의례적으로 게재하였다. 국정원의 수사 내용을 전적으로 신뢰하지 않으면서 「한겨레」와 마찬가지로 '조작기관 프레임'으로 접근했다. "사건을 부풀리거나 물증도 확보하지 못한 상태에서 성급한 꿰맞추기 수사를 한다면 불신만 더욱 증폭시킬 것"이라고 경고하기도 했다.[265] 다만 1건의 사설만을 통해 입장을 표명했다는 점에서 독자들에 대한 파급력은 미미했다고 하겠다.

마지막으로 정보기관과 관련된 내용 중 빼놓을 수 없는 사안이 2004년 국가보안법 폐지 문제이다. 김대중 정부 시기 한차례 개폐 논란이 일었다가 보류된 상태에서 노무현 정부 들어 또다시 폐지 문제가 공론화되자, 국정원은 내심 당혹해하면서 정치권과 언론의 폐지적절성 공방을 우려스러운 마음으로 지켜보게 된다.

국가보안법 개폐 논쟁은 연초 한국 헌정사상 최초의 대통령에 대한

262 "일심회 검찰 수사 예단과 외압 없어야", 한겨레, 2006년 11월 24일.

263 "일심회 재판에서 빚어진 유감스러운 법정 소란", 한겨레, 2006년 12월 23일.

264 "공안사건 부풀리기 없애는 계기 되길", 한겨레, 2007년 4월 17일.

265 "386 간첩 의혹사건, 실체규명이 최우선이다", 경향신문, 2006년 10월 30일.

한나라당의 탄핵 발의와 헌법재판소의 기각, 재독 학자 송두율 씨에 대한 국가보안법 위반 유죄판결, 17대 총선에서의 신생 열린우리당의 국회 의석 과반 확보 등 한국사회의 정치적 민감도가 한층 높아진 상황에서 시작됐다.[266] 2004년 8월 24일 국가인권위원회(위원장 김창국)가 국가기관으로서는 최초로 국가보안법 폐지를 공식 권고한 데 이어, 헌법재판소의 국가보안법 7조(반국가단체 찬양 · 고무죄) 합헌결정(8월 26일), 대법원의 국가보안법 폐지론에 대한 반박성 판결(9월 2일), 노무현 대통령의 국가보안법 폐기발언(9월 5일), 보수인사들의 국가보안법 수호선언(9월 9일) 및 보수단체들의 시청앞 시위(10월 4일) 등이 이어지면서 국가보안법 개폐 논쟁은 절정에 이르게 된다.[267]

국회에서는 집권 열린우리당과 민주노동당이 국가보안법 폐지 및 형법 개정안을 상정한 뒤 통과시키려다 한나라당이 이를 저지하면서 연말까지 한국 사회를 요동치게 한 중요한 이슈이기도 했다.

「조선」은 김대중 정부 시기와 마찬가지로 '체제 유지 필요법'이라는 프레임으로 폐지 반대론을 주도해 나갔다. 본격 논쟁이 벌어지기 전인 2003년 고영구 국정원장이 취임할 때부터 "국정원장 후보가 보안법 개정 주장[268]을 하는 것은 신중치 못하다"[269] 고 비판한 데 이어 "우리 사회가 국보법을 폐지해도 될 만큼 성숙되지 않았고, 노동당 가입, 주체사상 교

266 송용회(2007). 언론의 현실해석과 객관화 담론전략. 『한국언론학보』, 51권 1호. 237.

267 송용회(2006). 한국 유력일간지의 정치적 행위자 간 역학관계에 대한 연구. 『언론과 사회』, 14권 1호. 53.

268 고영구 국정원장 후보자는 2003년 4월 22일 열린 인사청문회에서 "국가보안법상 '정부를 참칭하는 단체'를 반국가단체로 보는 규정을 삭제해야 한다"고 주장한 바 있다.

269 "국정원장 후보자도 보안법 개정인가", 조선일보, 2003년 4월 23일.

육, 인공기 게첨과 같은 반국가적 행위를 해도 처벌할 수 없다"[270]는 점 등을 들어 "국보법 폐지는 대한민국 기본을 뒤흔드는 책동으로, 국가 안보와 자유민주주의 체제의 앞날이 걸린 문제"[271]라면서 열린우리당의 폐지 강행 움직임을 강하게 비판하였다.

「동아」도 고영구 국정원장에 대해 "그의 진보성향이 자칫 국가 안보의 중추기관인 국정원의 본연의 기능을 약화시키지 않을까" 우려하면서도[272] "현실에 맞게 고칠 때가 되었다"[273]는 점도 인정했다. 그러면서도 "북한은 변하지 않았고",[274] "국보법 폐지 반대가 반민주도 아니다"[275]면서 "국보법 폐지를 힘으로 밀어붙여선 안되며 민의를 수렴하여 매듭지을 것을 촉구"하기도 했다.[276]

「한겨레」는 고영구 국정원장의 청문회 발언에 대해 "국보법 일부 개정에 머문 것은 아쉬운 대목"이라면서 "은밀성을 본질로 하는 정보기관이 수사권을 행사하면 인권침해 문제가 생길 수밖에 없다"며, 변함없이 국정원을 '인권침해기관 프레임'으로, 국보법은 '인권침해악법'이라는 프레임으로 접근하였다. 그리고 헌법재판소의 국보법 7조의 합헌 결정을 "시대정신과 동떨어진 판결"로 규정하고, 열린우리당 측에 "흔들림 없이 폐지에 나서도록" 촉구했다.[277] 노무현 대통령의 국보법 폐지 발언이 나

270 "국가보안법 논쟁의 정상화를 위해서", 조선일보, 2004년 9월 8일.

271 "국보법 폐지 서두르는 여당 본뜻은 무엇인가", 조선일보, 2004년 9월 11일.

272 "국정원장이 판단할 사안인가", 동아일보, 2003년 4월 23일.

273 "국가보안법 현실에 맞게 고칠 때", 동아일보, 2004년 5월 8일.

274 "북은 변하지 않았다", 동아일보, 2004년 9월 9일.

275 "국보법 폐지 반대가 '반민주'인가", 동아일보, 2004년 9월 11일.

276 "국보법 폐지 밀어붙여선 안 된다", 동아일보, 2004년 10월 13일.

277 "찬양 고무되도 합헌이란 말인가", 한겨레, 2004년 8월 28일.

오자 이를 전폭 지지했다. 그러다가 여야 간 격한 충돌로 처리가 지연되고 이어 "오랫동안 숙제였는데 차근차근 해결하는 게 좋겠다"는 노 대통령의 후속 발언이 나오자 "이 발언은 보안법 폐지에 혼신을 다해 온 인사들을 맥풀리게 한 무책임하기 그지 없는 것"이라고 질타하기도 했다.[278]

「경향」은 김대중 정부 시기에 "인권유린의 빌미가 된 국보법을 진지하게 논의해야 한다"고 강조하면서 진보지로의 논조 전환을 보여준 이래, 노무현 정부가 출범하자 보다 확고히 개정 필요성을 주창하게 된다. 강금실 법무장관이 기자간담회(2003년 4월 23일)에서 국보법 개정 필요성을 제기하자, "국보법 찬양고무 조항은 민주인사를 탄압하는 데 악용되어 온 만큼, 한총련 소속 대학생 수배 해제와 양심수 문제 해결책은 보안법 개정에 있다"며 적극적인 지지 의사를 밝히게 된다.[279] 특히 "북한이 남측에 국보법이 없는 것을 틈타 남측을 뒤엎을 수가 없다"며 정치권에 국보법 폐지 결단을 내리도록 촉구했다.[280] 국회에서의 국보법 처리가 유보된 이후에도 국보법 폐지 논조를 일관되게 유지했다. 동국대 강정구 교수 사법처리 문제를 놓고 천정배 법무장관이 '불구속 수사토록 지휘권을 발동한 것을 합당한 지시'로 긍정 평가하면서도 본질적인 문제는 국보법에 있다며, 폐지가 해답임을 재차 강조하기도 했다.[281]

이상과 같은 보수지와 진보지 간의 국보법 폐지를 둘러싼 담론 장악 싸움은 국정원 입장에서 볼 때, 보수지 구독자들에게는 국보법을 실행자로서 '안보/수사 중추기관'이란 프레임이 확고하게 자리 잡는 계기가 된

278 "악법이라면서 차근차근 해결하라니", 한겨레, 2004년 12월 25일.

279 "보안법 개·폐 미룰 것 없다", 경향신문, 2003년 4월 5일.

280 "국가보안법 폐지가 마땅하다", 경향신문, 2004년 8월 26일.

281 "중요한 것은 국가보안법 폐지다", 경향신문, 2005년 10월 14일.

표 24 보수와 진보의 대북관 차이

쟁점	보수	진보
대북 포용 정책	반대	찬성
대북 인식	적대적	우호적
대북 지원	더 이상 퍼주기 안 됨	평화유지비용, 통일비용 부담
북한의 군사적 위협	여전히 위협적	위협 감소
대북 협상	엄격한 상호주의	포괄적 상호주의

반면, 진보지 구독자들에게는 '인권을 침해하고, 공안사건을 부풀리는 조작기관'이란 프레임이 강화되는 계기가 되었다고 하겠다.

한편 "한국의 유력 신문사들의 가장 중요한 기사 가치 판단기준이 보수와 진보라는 이데올로기적 잣대이고, 이 잣대는 이데올로기적으로 민감한 사안의 경우 더욱 강력하게 적용"(송용회, 2006)되고 있음이 사설 분석을 통해서도 입증되고 있다 하겠다.

불법 도·감청 문제(일명 X파일 사건 및 국정원의 자기 고백)

2005년 7월 22일 조선일보가 일명 X파일[282]이란 김영삼 정부 시절 안기부가 불법도청한 사실을 대대적으로 보도하면서 시작된 불법 감청

282 X파일은 처음 인터넷 언론인 '데일리서프라이즈'가 2005년 6월 18일자 기사에서 "이상호 MBC 기자의 X파일 주인공은 삼성 이학수 사장과 중앙일보 홍석현 사장(당시는 주미대사) 간의 통화 내용으로 95분 분량의 테이프에 대선 당시 특정 정당 후보를 돕기 위해 정치자금 배분문제를 상의하는 내용이 담겨 있다"고 보도하면서 그 존재가 처음 알려지기 시작했다.

문제는 2005년을 정국을 강타한 핵심 이슈였다. 이 사건은 안기부를 국정원으로 바꾸고 '탈정치와 탈권력화'를 모토로 '세계적으로 경쟁력 있는 선진정보기관'으로 나아가겠다는 국정원의 구호를 무색하게 만든 초대형 사건이기도 했다.

안기부 시절 도청팀인 일명 '미림팀'의 존재까지 드러나고 당시 실무 책임자였던 공운영 씨(당시 58세) 집에서 274개나 되는 도청테이프가 발견된 이후, 국정원의 자기고백에 이어 검찰이 수사에 착수하게 된다. 수사 와중에 김대중 정부 시절 국정원 국내담당차장이었던 이수일 차장이 자살(2005년 11월 21일)하고, 임동원과 신건 전 국정원장이 구속 기소(2005년 11월 15일)[283] 되는 사태에까지 이르게 된다.

김대중 정부 시기의 도·감청 문제가 다분히 정치적 공방의 성격을 띠었다면, 노무현 정부 시기의 도·감청 문제는 도·감청 사실 자체를 시인함으로 인해 '정보기관은 불법적인 범죄집단으로, 김대중 정부는 도청 근절을 표명하고서도 도청을 지속한 부도덕한 정부'로 낙인찍히는 불명예를 안게 되기도 했다. 4개 신문사들의 공격 포인트도 차이를 보였다.

「조선」은 김대중 정부 시기에 도·감청 문제가 이슈로 떠올랐을 때는 '사찰기관 프레임'으로 이 사안을 다루었다. 그러나 X파일 사건을 사실상 특종 보도한 때문인지 그 어느 신문보다 주도적으로 어젠다를 선도해 나갔는데, 타 신문사보다 압도적으로 많은 24건이나 관련 사설을 게재한 점이 이를 반증한다. 그러나 노무현 정부 시기에 또다시 도·감청 문제가 터졌으나 이때는 그간 한번도 설정하지 않았던 '불법/비리기관 프레임'과

283 임동원과 신건 원장은 1심에서 징역 3년과 집행유예 4년을 선고받았으나, 항소를 포기하고 노무현 정부 말기에 특별사면을 받았다.

'정권수호기관 프레임'으로 논지를 전개하였다.

'불법/비리기관 프레임'은 X파일이 터진 직후 사설에서 나타난다. "과거사 진상규명은 이럴 때 쓰는 것으로서, 불법도청 전모를 명확히 밝힐 것"[284]을 촉구했다. 검찰이 내곡동 국정원 청사를 압수수색(2005년 8월 19일)하자 "도청의 최고프로인 국정원은 검찰의 수사에 적극 협조해야 한다"면서, "국정원은 국가 예산으로 도청장비까지 개발해 불법도청에 매달렸다는 사실이 드러난 만큼 도려내야 치부이지 숨겨서 보호해야 할 업무상 비밀이 아니므로, 새로 임명된 김만복 원장은 '도청재판'에 발목을 잡지 말라"[285]고 강조하기도 했다.

또한 「조선」은 상당한 비중을 '정권수호기관 프레임'하에서 논지를 전개했다. X파일은 김영삼 정부 시기에 이루어진 사건임에도 불구하고, 김영삼 정부보다는 김대중 정부 시기의 도·감청 사실을 보다 비중 있게 다루고 비판했다. "김대중 정부의 국정원이 왜 공운영 씨로부터 200개의 도청테이프를 반납 받고서도 제대로 조사하지 않았는지 규명해야 한다"[286]면서 "정보기관이 법을 어겨가면서까지 도청을 하는 건 정권 내에 '정보수요'가 있기 때문으로, 정권과 국정원의 이런 공생 관계가 없어지지 않는 한 도청은 되풀이된다"[287]고 우려했다. 이어 불법도청을 주도한 혐의로 구속된 김은성 차장의 공판 시의 발언[288]을 근거로 "김대중 정부

284 "X파일 문제를 어떻게 할 것인가", 조선일보, 2005년 7월 25일.

285 "김만복 국정원장, 왜 '도청재판' 발목잡나", 조선일보, 2007년 10월 17일.

286 "대통령 빼놓고 다 한 도청을 누가 파헤칠 것인가", 조선일보, 2005년 7월 28일.

287 "DJ정부도 했다는 도청 지금은 정말 없나", 조선일보, 2005년 8월 6일.

288 김은성 2차장은 2005년 11월 14일 첫 공판에서 "임동원, 신건 전 국정원장들이 통신비밀 첩보를 보았다는 것을 시인하고, 지난 9월 24일 신 전 원장이 국정원에서 감청 일을 맡았던 김모 국장에게 왜 도청을 시인했느냐, 다음 검찰조사 때는 진술을 번복하라는 말을 들었다"고 밝혔다.

의 국정원이 정치인은 물론이고 북한 체제를 비판해 온 황장엽 씨까지도 도청했으며, 정치인들을 감시·협박하는 불법 정치 사찰까지 했다"[289]고 단정하면서 검찰의 철저한 수사를 재차 촉구하기도 했다. 그러면서 "국가정보기관의 불법도청 사태가 재발하지 않도록 하려면 최고권력자와 정보기관 사이에 정보공급 패턴에 근본적인 대변화가 있어야 한다"[290]고 제언했다.

「동아」도 '불법감청을 하지 않겠다'고 선언한 김대중 정부 시기에 불법감청이 이루어졌다는 점을 들어 '불법/비리기관 프레임'으로 이 사안을 접근했다. 프레임은 「조선」과 비슷하나 세부적인 표현 면에서 김대중 정부 시기 권력운용자들의 행태에 대해 「조선」과 차이가 난다. "국정원 도청은 국가권력에 의한 인권침해의 전형적인 사건으로서, 중앙정보부가 창설된 제3공화국 이래 고질적으로 저질러진 국가범죄"[291]로 규정하고, 불법도청의 잔재를 뿌리 뽑고 정치사찰 같은 구태를 막기 위해서는 통신비밀보호법상의 '긴급통신제한조치' 요건을 강화하는 등 법적 보완도 이뤄져야 한다"[292]고 주장했다. 이어 김대중 정부 때도 4년간 불법감청을 했음을 이유로 김대중 정부의 국정원을 '불법/비리기관 프레임'으로 바라보았다. "안기부를 국정원으로 바꿔 환골탈태를 공언했던 김대중 정권의 이중성이 드러났고, 김대중 정부에서 이동식 휴대전화 감청장비까지 자체 개발했다"[293]고 격분하기도 했다. 나아가 "도청 사기극 DJ 사람들 심

289 "김은성 씨가 증언한 DJ 정권의 충격적 도청 실상", 조선일보, 2005년 11월 15일.

290 "이 정권은 도청이 없나", 조선일보, 2005년 11월 18일.

291 "이수일 씨 자살로 도청수사 흔들려선 안 된다", 동아일보, 2005년 11월 22일.

292 "통신비밀법, 도감청 남발 못하게 고쳐라", 동아일보, 2005년 8월 9일.

293 "국가기관 도청 '독수의 뿌리'를 뽑자", 동아일보, 2005년 8월 6일.

판 받으라"[294]면서, "일상으로 기본인권을 침해한 도청 가해자 정권이자 정보정치의 주역"[295]이라고까지 질타했다.

「한겨레」는 '사찰기관 프레임'과 '문민정부 원천책임 프레임'으로 접근했다. "2002년 한나라당이 폭로한 문건을 보면, 도청대상자들은 주요 정치인, 언론사 간부, 취재기자까지 포함되어 있는 등 정치사찰 혐의가 짙으므로, 국민의 정부 시절 정권 차원의 정치사찰이 계속되었는지를 규명해야 한다"[296]고 주장했다. "겉으로는 인권정부를 표방하면서도 속으로는 군사독재 시절을 뺨칠 만큼 파렴치한 '민간인 사찰'을 자행했다"[297]고 질타하면서, "정보기관의 비밀주의를 용인하지 않는 선에서 국정원을 원점에서부터 개혁해야 한다"[298]고 제언했다.

이와 같이 김대중 정부를 질책하는 한편으로 '문민정부 원천 책임'도 반복적으로 강조했다. "국민의 정부 도청 수사와는 달리 문민정부 시절 안기부 도청에 대한 검찰 수사가 지지부진하다"[299]고 질책하면서, "국가정보기관에 의한 인권침해와 공작정치의 실상이 드러난 만큼 특히 김영삼 전 대통령은 안기부 도청내용을 주례보고서로 접한 경위를 상세히 해명하라"[300]고 촉구했다.

「경향」은 「조선」·「동아」와 마찬가지로 '불법/비리기관 프레임'을 기본축으로 이 사안을 접근했다. "X파일 사건을 계기로 국가정보기관에 의

294 "'도청사기극' DJ 사람들 심판받으라", 동아일보, 2005년 8월 8일.

295 "정보정치 피해자에서 가해자 된 DJ 정권", 동아일보, 2005년 10월 8일.

296 "국민의 정부 정치사찰 철저히 규명해야", 한겨레, 2005년 9월 27일.

297 "군사독재 뺨치는 사찰 행위", 한겨레, 2005년 10월 27일.

298 "국정원 개혁은 원점에서부터", 한겨레, 2005년 11월 23일.

299 "도청 '몸통' 모두 밝혀야", 한겨레, 2005년 10월 8일.

300 "도청수사 이대로 끝낼순 없다", 한겨레, 2005년 12월 15일.

표 25 'X파일 사건'과 불법 감청에 대한 프레임과 주요 내용

언론사	프레임	주요 내용
조선	불법기관 프레임	• 국정원은 이번에 제기된 불법 도청의 전모를 명확히 밝혀야 한다. 과거사 진상 규명이란 말은 바로 이럴 때 쓰는 말이다 (2005년 7월 25일) • 옛 안기부 도청팀장 공운영 씨의 말 – 안기부가 대통령을 제외한 최상부 인사는 모두 도청했다는 말은 대한민국을 도청 공화국이라고 부를 수밖에 없는 충격적 증언이다 (2005년 7월 28일) • 국정원은 도청에 관한 한 모든 걸 가장 잘 알고 있는 전문가 조직이다. 국정원이 마음 먹기에따라 외부 기관이 아무리 감시해도 얼마든지 도청이 가능하다는게 도청의 역사이다 (2005년 8월 2일) • 국가 최고 기밀을 다루고 보안 범죄에 대해 수사권까지 갖고 있는 국정원이 도청 범죄에다 범죄 은폐 기도까지 했던 게 아닌가 하는 느낌을 갖게 한다(2005년 8월 20일) • 국정원 도청 문제 핵심은 국정원이 통신비밀보호법 등 법을 어기는 범죄를 저질렀느냐 여부이다. 특정 지역 민심을 다독이기 위해 도청 당사자에게 자백을 뒤집으라고 압박하는 것은 국가의 법 집행을 방해하는 또 하나의 범죄 행위다 (2005년 8월 23일) • 국정원이 국가 예산으로 도청 장비까지 개발해 불법 도청에 매달렸다는 사실을 만천하에 드러났는데 이는 보호해야 할 업무상의 비밀이 아니므로 김만복 신임원장은 직원들의 법정 증언을 막지 말아야 한다(2007년 10월 17일)
	정권수호기관 프레임	• 김대중 정부 5년이 빅브라더가 국민을 감시하고 억압하는 조지 오웰의 소설 무대와 마찬가지였다. 국가정보기관의 불법 도청 사태 재발을 막으려면 최고 권력자와 정보기관 사이의 정보 공급 패턴에 근본적인 대전환이 있어야 한다 (2005년 11월 17일) • 잠자코 있던 여당 지도부의 갑작스러운 적극적 자세로의 전환은 검찰이 김대중 정부 국정원의 도청을 파헤친 데 따른 정치적 후유증을 안기부의 도청 테이프 공개를 통해 덮으려는 것이 아닌가하는 의심을 받을 만하다(2005년 11월 30일) • 정보기관이 법을 어겨가면서까지 도청을 하는 건 정권 내에 '정보 수요'가 있기 때문이다. 정권과 국정원의 이런 공생 관계가 없어지지 않는 한 도청은 되풀이 된다(2005년 8월 6일)

언론사	프레임	주요 내용
조선	정권수호기관 프레임	• 김대중 정부의 국정원이 정치인은 물론이고 북한 체제를 비판해 온 황장엽에 대해서도 도청을 했으며, 정치인들을 감시 협박하는 등 불법 정치 사찰까지 해왔다는 김은성 차장의 생생한 증언이 나왔다(2005년 11월 15일)
동아	불법기관 프레임	• 국정원이 장기간 조직적 계획적으로 도청을 자행했음이 드러났다. 국가 권력에 의한 인권침해의 전형적인 사건이다. 인권 대통령으로 자처했던 DJ 측이 반발하는 것은 적반하장이다(2005년 11월 16일) • 국정원의 도청은 중앙정보부가 창설된 제3공화국 이래 고질적으로 저질러진 국가 범죄다. 이에 이수일 전 차장이 자살했다고 해서 도청 수사가 흔들려서는 안된다(2005년 11월 22일) • 국정원은 전신인 안기부가 저지른 불법 도청이라는 국가 범죄의 전모를 밝혀야 하고, 검찰은 김영삼 정권 인사들까지 포함한 도청 네트워크를 파헤치며 후대 정권하의 인사들이 정치적으로 악용했는지도 수사해야 한다(2005년 7월 30일) • 국정원에 의한 도청은 통신 비밀과 사생활 보호라는 국민의 기본권을 침해한 국가 범죄다. 인권을 침해한 국가범죄에 대해 시효를 없애는 법까지 추진하겠다는 노무현 정권 측이 이중적 태도를 취해서는 안 된다(2005년 10월 7일) • 국정원이 김대중 정부 때도 4년간 도청했다는 것은 김대중 정권의 이중성을 보여준 것이며, 민주정부의 탈을 쓰고 국민을 철저히 기만한 것이다(2005년 8월 6일) • 민주 · 인권 · 화해를 앞세운 DJ 정권이 뒷전에서 도청을 자행했다는 사실에 대한 국민적 충격이 크며 도청 사기극을 벌인 DJ 사람들은 심판 받아야 한다(2005년 8월 8일) • 김대중 정부는 도청의 최대 피해자임을 내세우며 정치 사찰 근절을 강조했으나, 일상으로 기본 인권을 침해한 도청 가해자 정권이자 음습한 정보 정치의 주역이었다(2005년 10월 8일)
한겨레	사찰기관 프레임	• 김대중 정부 시절 국정원의 불법 도청에 대한 검찰 수사의 핵심은 국민의 정부 시절에도 정권 차원의 정치 사찰이 계속됐는지다(2005년 9월 27일) • 김은성 전 차장의 공소장을 보면 김대중 정부 시절 정치 사찰 실태가 생생히 드러났다. 군사독재 시절을 빰칠 만큼 파렴치한 '민간인 사찰'이 자행됐다(2005년 10월 27일)

언론사	프레임	주요 내용
한겨레	사찰기관 프레임	• 국가정보기관에 의한 인권침해와 공작 정치의 실상이 드러난 만큼 김영삼·김대중 두 전직 대통령은 고개 숙여 사과해야 한다(2005년 12월 15일)
	문민정부 원천책임 프레임	• 문민정부 시절 안기부의 도청과 정치 공작은 국민의 정부보다 심했으면 심했지 덜하지 않았음이 확인됐다. 김현철 씨는 이원종 당시 청와대 정무수석 등과 함께 이 도청 정보를 정치 공작에 활용했음이 드러났다(2005년 12월 15일) • 국민의 정부 도청 수사와는 달리 문민정부 시절 안기부 도청에 대한 검찰 수사가 지지부진한 대목은 이해가 안된다. 전직 안기부 고위 간부들이 기억나지 않는다 식으로 빠져나가려 하는데 검찰이 이런 변명에 놀아나서는 곤란하다(2005년 10월 8일) • 김영삼 정부시절 미림팀의 불법 도청 과정에서 안기부 핵심 인사들과 당시 정권 실세들이 어떤 구실을 했는지 밝혀내는 일은 검찰의 당연한 책무이다(2005년 11월 16일)
경향	불법기관 프레임	• X파일 사건은 구태의 결정판으로서 국가 정보기관에 의해 자행된 불법 도청과 정치 공작의 실상도 밝혀야 한다. 구태는 정치 권력과 언론 권력, 재벌 권력의 검은 거래이다(2005년 7월 28일) • 진대제 정통부 장관이 "국정원에서 도·감청 장비를 20대 만들었다는데, 불법 감청 가능한 사람은 1000명도 안 된다"고 말하는 것은 국민의 통신 자유를 책임지고있는 장관으로서 부적절한 발언이다(2005년 8월 19일) • 노무현 정부가 정치적 이해에 따라 성역을 만들려 한다면 범죄 행위나 다름없다. 안기부 미림팀의 조직적인 도청과 도청 문건의 유출 경위를 철저히 수사해야 한다(2005년 11월 16일)
	언론자유 침해기관 프레임	• 국정원이 청와대의 의뢰를 받아 기자의 휴대전화 통화 기록을 임의로 조회한 것은 언론의 자유를 위협한 중대한 사건이다. 국가 기밀 사안 판단은 정보기관이 멋대로 해선 안 된다(2004년 1월 31일) • 김대중 정부 시절 국가정보원이 '국정원의 보안관리지침'을 보도한 언론사 기자를 좇아 다니며 '이동식 감청장비'로 기자의 휴대전화를 도청한 것은 헌법에 보장된 언론의 자유와 국민의 알 권리가 심각하게 침해됐다는 사실이다(2005년 11월 1일)

언론사	프레임	주요 내용
경향	언론자유 침해기관 프레임	• 서울 고등법원이 X파일 내용을 보도한 이상호 기자에 대해 유죄 선고한 것은 납득할 수 없다. X파일을 보도한 모든 언론 매체는 유죄라는 판결인데, 이 사건의 공익적 측면을 되새겨 판단해야 한다(2006년 11월 25일)

해 광범위하게 자행된 불법도청과 그 도청을 이용한 정치공작의 실상을 밝힐 것"[301]을 촉구하는 한편, "신건 씨는 책임을 부하 직원에게 전가하는 것도 모자라 사건은 은폐를 시도했다"[302]고 개탄하기도 했다. 그러면서 타 신문사들과 달리 '언론자유침해기관 프레임'이란 새로운 프레임을 추가했다. X파일 사건이 터지기 전, 국정원이 청와대의 의뢰를 받아 국민일보 기자의 휴대전화 통화기록을 조회한 데 대해 "언론자유를 침해하는 중대한 위협"[303]으로 간주한 데 이어, 국정원이 김대중 정부 시기에도 '이동식 감청장비(CAS)'로 기자의 휴대전화를 도청했다는 발표 이후에는 "헌법에 보장된 언론의 자유가 심각하게 침해됐다"[304]고 허탈해 했다.

정치성 사건

노무현 정부 시기에 정보기관과 관련한 정치성 사건은 상당히 적었다. 이유는 김대중 정부 시기에 워낙 많은 소위 '게이트'라고 불리는 사건에 연루된 탓으로 국정원 내부적으로도 더 이상 정치성 사건에 휘말리다

301 "검찰은 진실을 밝힐 의무가 있다", 경향신문, 2005년 7월 28일.

302 "도청 수사에 정치적 외압없어야", 경향신문, 2005년 11월 16일.

303 "언론자유 - 중대한 위협", 경향신문, 2004년 1월 31일.

304 "미행당하고 도청된 언론자유", 경향신문, 2005년 11월 1일.

가는 존립 자체가 위협받을 수 있다는 위기의식이 자리잡은 데다, 지휘부 역시 정치성 사건에 연루되지 않도록 가급적 정치적 중립을 지키려고 노력했기 때문이다.[305] 이런 노력에도 불구하고 2007년 대선을 앞두고 일부 요원의 일탈로 인해 '정치성 사건'이 발생하게 된다. 이른바 '이명박 X파일 사건'이다. '이명박 X파일 사건'은 이재오 의원이 2007년 7월 8일 기자회견을 통해 "국가정보원이 지난 2005년 3월부터 9월까지 이(李) 후보와 관련한 X파일을 작성했고, 이를 당시 권력 실세에게 전달했다는 의혹이 있다"고 주장한 데에서 촉발되었다. 이에 4개지들은 모두 '정치사찰기관 프레임'으로 국정원을 강도 높게 비판했다.

「조선」은 "국정원이 '제2의 김대업'으로 나서느냐면서, 정치중립 선언은 거짓말이었다"[306]고 힐난하고, 이는 "국정원법의 정치 관여 금지 규정을 명백히 위반한 것"[307]이라고 단언했다. 이어 "1차장 산하에 숨겨진 사찰팀이 있었던게 아니냐"[308]며, 정치사찰 의혹을 보다 구체화하기도 했다.

「동아」는 「조선」보다 훨씬 강도 높게 '사찰기관 프레임'을 적용했다. "노무현 대통령이 국정원의 전방위 사찰에 날개를 달아주어",[309] "어느새 남산 안기부로 되돌아갔다"[310]고 질타하면서, "토지대장과 등기부 열람은 이를 정치적 목적에 이용한 것은 아닌지 의심이 간다면서, 스파이 잡

305 2003년 11월부터 고영구 국정원장의 지시로, 보안 누설 발지를 위해 '언론인·정치인 접촉 신고제'를 실시한 바 있는데, 조선일보(2004년 9월 24일)가 이를 정치사찰이자 언론통제라고 비판하였다.

306 "이번엔 국정원이 '제2의 김대업'으로 나서나", 조선일보, 2007년 7월 16일.

307 "국정원 '이명박 뒷조사팀' 의혹은 정권문제다", 조선일보, 2007년 7월 18일.

308 "김만복 국정원장은 왜 국민 사생활을 캤을까", 조선일보, 2007년 8월 4일.

309 "국정원의 전방위 사찰에 날개 달아준 대통령", 동아일보, 2007년 7월 1일.

310 "어느새 남산 안기부로 되돌아간 국가정보원", 동아일보, 2007년 7월 16일.

으려고 부동산 정보를 뒤졌다는 해명은 말도 안 된다"[311] 고 지적했다.

「한겨레」는 "이명박 후보의 처남 부동산을 열람한 것과 2004년 5월부터 부패척결팀을 운영한 것은 국정원이 조직적으로 정관계 인사의 비위정보를 수집한 것으로 이는 정치공작성 사찰"[312] 이라고 단정하면서도, "공직 후보자에 대한 검증은 당연히 해야 하나, 정치사찰까지 정당화 될 수 없다"[313] 는 양비론적 입장을 취하기도 했다.

「경향」도 「한겨레」와 유사하게 "정치사찰 의혹은 철저히 규명해야 하지만 그 와중에 후보검증론이 뒷전으로 밀려나는 것도 경계해야 한다"[314] 는 양비론적 입장을 견지하면서, "이명박 후보 측은 기자들의 땀과 노력이 밴 기사를 '정치공작의 산물'로 매도하고, '이명박 죽이기'의 억울한 피해자인 것처럼 주장하고 있다"[315] 며, 오히려 국정원보다 이명박 후보 측의 정치공작 가능성에 더 비중을 두었다.

과거사 재조사

국정원은 2004년 8월 25일 노무현 대통령이 8·15 경축사를 통해 '국가기관의 인권침해행위 및 불법행위 고백'을 촉구함에 따라 2004년 11월 2일 '국정원 과거사건 진실규명을 통한 발전위원회'[316] 를 발족하고, 과거 중앙정보부와 안기부 시절에 조사했던 사건 중 13건을 재조사하겠다는

311 "국정원이 스파이 잡으려고 부동산 정보 뒤졌다?", 동아일보, 2007년 8월 4일.

312 "정보기관에 웬 부패척결인가", 한겨레, 2007년 7월 16일.

313 "정치사찰은 결코 정당화될 수 없다", 한겨레, 2007년 8월 31일.

314 "국정원 정치사찰 의혹 철저히 규명해야", 경향신문, 2007년 7월 16일.

315 "이명박 캠프 정치공작 의혹 실체는 뭔가", 경향신문, 2007년 8월 9일.

316 진실규명위는 오충일 목사, 안병욱 교수 등 민간인 10명과 국정원 직원 5명 등 15명으로 구성되었다.

방침을 밝혔다. 이어 2005년 2월부터 KAL기 폭파(1987년), 민청학련과 인혁당(1974년), 동백림(1967년), 김형욱 실종(1979년), 김대중 납치(1973년), 부일장학회 강제 헌납 및 경향신문 강제 매각(1962년), 중부지역당(1992년) 등 7대 사건을 우선 조사대상으로 선정하고 조사에 들어갔다.

「조선」이 가장 냉소적인 태도를 보인데 반해 「동아」는 중립적 입장을, 「한겨레」와 「경향」은 적극적인 지지를 보내게 된다. 그간 정보기관과 관련된 사설을 가장 적게 실었던 「경향」이 「조선」(4건)과 「동아」(2건)에 비해 6건(「한겨레」 7건)이나 과거사와 관련된 사설을 게재한 것이 이를 입증한다.

「조선」은 '국가최고정보기관 프레임'으로 국정원이 조작기관이 아니라 '과거사진실위가 조작기관'이란 프레임으로 접근했다. "한 나라의 정보기관이 스스로 과거 의혹사건들의 진상을 밝히겠다고 나서는 일은 세계적으로 유례가 없는 일로서, 국민의 신뢰를 받는 새로운 정보기관으로 거듭나는 계기로 삼되, 국정원의 존재 이유인 대북기능이 훼손되어선 안 된다"[317]고 주문했다. 김형욱 전 중앙정보부장에 대한 의혹과 KAL기 폭파 재조사의 결과물이 나오자 "물증도 없고 살해 장소도 특정짓지 못하는 허점투성이 조사"[318]라고 비판했다. 또한 "정신병자의 몽유병과 같은 수준의 KAL기 폭파음모론을 3년 가까이 세금으로 조사한 것은 황당하다"[319]고 힐난했다.

「동아」는 '국가최고정보기관 프레임'으로 접근했다. "비밀을 생명으로 삼는 정보기관이 자발적으로 이런 '위원회'를 구성한 것은 평가할 만

317 "국정원 과거사 조사 정치적 중립이 생명이다", 조선일보, 2005년 2월 4일.

318 "김형욱 조사, 이것도 결과라고 내놓나", 조선일보, 2005년 5월 28일.

319 "황당한 KAL기 폭파음모론에 국민세금 쏟아붓더니", 조선일보, 2007년 10월 26일.

하다면서, 과거의 인권침해와 불법행위를 파헤치는 일에 주력하는 사이 정보기관 본연의 조직과 기능이 훼손되어선 안 된다"[320] 며 균형 있는 조사를 촉구했다.

「한겨레」는 진실위의 조사결과를 전폭적으로 신뢰했다. 이는 역으로 과거 정보기관의 조사는 거짓이라는 점을 역설적으로 암시하는 것으로서, 암묵적으로 '조작기관 프레임'을 강화했다고 볼 수 있다. 김형욱 실종사건 조사결과에 대해 "마피아를 빰치는 권력의 청부살인으로 규정"[321] 하고, 인혁당 사건에 대해서는 "당시 중앙정보부가 밝힌 '북한 지령을 받은 반국가단체' '국가변란 및 체제전복 행위' 등의 혐의는 왜곡된 것으로 드러났다"[322] 고 강조했다. 그러면서 진실로 입증된 KAL사건에 대한 조사 결과에 대해서는 침묵을 지켰다.

「경향」은 '조작기관 프레임'하에서 과거사 재조사 문제를 바라보았다. "7건의 우선조사대상은 대형 의혹사건이므로 국정원은 조직의 이기에 집착하지 말고 조사에 적극 협조하여 어두운 과거를 털어내야 한다"[323] 고 강조했다. 인혁당 조사결과에 대해서는 "중앙정보부에 의해 과장·조작되었음이 입증되었는데 가해자였던 국정원에 의해 '조작'의 진상이 밝혀졌다는 점에 의미가 있다"[324] 고 긍정 평가했다. 2007년 3년간의 활동을 마무리한 '진실위'의 활동에 관해서도 "진실위 활동은 분명 평가받을 만하나, KAL기 사건의 경우 김현희 씨와의 면담을 못 해 일부 사항

320 "국정원 과거사 규명, 균형감 있어야", 동아일보, 2004년 11월 2일.

321 "마피아 빰치는 권력의 청부살인", 한겨레, 2005년 2월 19일.

322 "30년만에 진실 찾은 인혁당 사건", 한겨레, 2005년 12월 8일.

323 "국정원의 과거사 고백", 경향신문, 2005년 2월 4일.

324 "인혁당, 민청학련 사건 명예회복 돼야", 경향신문, 2005년 12월 8일.

에 대한 의혹을 규명하지 못한 한계가 있었다"[325] 면서 「조선」과 상반된 시각을 보였다.

한편 이창호 경상대 교수(2008)는 '국가정보원 진실위원회 활동에 대한 평가'라는 논문에서 진실위 활동의 한계에 관해 ①시간과 인력의 한계, ②조사권의 문제, ③자료의 미비와 관계자의 면담 거부, ④조사 방법에 대한 이견 등을 제시한 바 있다.

국정원장 관련

언론이 프레임을 통해 보도되는 또 다른 특성이 개인화(personalization)이다. 뉴스 보도가 개인에 관한 내용으로 구성된다는 개인화는 수용자들로 하여금 뉴스 내용 자체가 그 사람과 동일시하도록 만들어 수용자의 감정적 관여를 높이는 기능을 하며, 복잡한 사건을 이해하기 간단하게 전달하는 장점이 있다.[326] 그러나 이는 수용자들이 표피적인 문제에 더 관심을 갖도록 함으로써 문제의 본질을 간과하게 하는 역효과도 있다. 노무현 정부 시기에 국정원장을 역임한 사람은 3명이다. 고영구, 김승규, 김만복이다. 그간 언론은 국정원장에 관한 기사는 임명 초기에 국정원이 지향해야 할 방향을 제시하는 방법으로 국정원장에 대한 사설을 한 차례 정도 실었을 뿐, 지속적으로 문제를 삼는 경우는 거의 없었다.[327] 그러나 노무현 정부 시기는 조금 다른 양상을 보였다.

325 "과거사위 활동, 성과 있지만 미흡하다", 경향신문, 2007년 10월 25일.

326 임양준(2009). 미국산 수입쇠고기와 촛불시위 보도에 나타난 뉴스프레임 비교 연구. 『한국언론정보학보』, 통권 46호. 116.

327 미국의 경우, 4성 장군 출신이자 CIA 국장이었던 퍼트레이어스(David Petraeus)가 전기작가인 폴라 브로드웰(Pola Broadwell)과의 혼외정사가 밝혀져 2012년 11월 9일 사임했다. 퍼트레이어서는 '다윗왕'이란 별명이 붙을 정도로 정치 지향적 인물로서 무소불위의 권력을 휘둘렀다는 평가를 받았다.

고영구 국정원장에 대해서는 당시 야당이던 한나라당이 노무현 정부의 좌파적 성향을 공격하는 수단으로 정치 쟁점화함으로써 집중 조명을 받은 사례이다. 김승규 국정원장은 일심회 간첩단 사건 수사에 강한 의지를 보이면서, 국정원장으로서는 이례적으로 조선일보에 단독 인터뷰[328]를 하는 방식으로 언론에 스스로 노출하여 주목을 받았다. 김만복 국정원장은 가장 많은 구설수에 올랐다. 이 때문에 언론이 계기 때마다 사설을 실어 '자질론'을 거론하는 등 질타함으로써 '세계적으로 경쟁력 있는 정보기관' '국민의 신뢰를 받는 순수정보기관'이란 구호가 무색하게 될 정도로 국정원의 이미지에는 적지 않은 부정적인 영향을 끼쳤다.[329]

국정원장을 직접적인 타겟으로 삼아 사설을 통해 가장 선도적으로 의제화한 신문은 「조선」이다. 2003년 3월부터 고영구 국정원장 임명되는 4월 25일까지 고(高) 원장과 서동만(작고) 당시 기조실장의 이념적 편향성을 문제 삼아 '안보/수사 중추기관 프레임'하에서 가장 강력한 톤으로 반대론을 전개해 나갔다. "국정원의 국내 정치 개입은 없어져야 하겠지만, 국가 안보와 직결된 일을 더욱 강화해야 하는 상황에서 고(高) 원장의 임명을 철회해야 한다"[330]고 주장한 뒤, 특히 "국회가 친북 편향성이 있다"고 지적한 서동만 상지대 교수를 기조실장으로 임명한 것을 두고 "안보 중추기관이 이렇게 무책임하게 운영되어도 좋은 것인지 아연하다"[331]고 탄식하기까지 했다. 그러면서 "미국이 국정원장의 이념적 편향성을 이유

328 「조선일보」는 2006년 10월 29일자에 인터뷰 내용을 대대적으로 보도했다.

329 이 때문에 국정원의 퇴직 직원 모임인 '양지회'가 김만복 원장을 제명했다가, 2014년 회복시켜 주기도 했다.

330 "국정원장 임명 국회 뜻 존중해야", 조선일보, 2003년 4월 24일.

331 "국가정보원은 어디로 가는가", 조선일보, 2003년 4월 25일.

로 한미 간에 정보 공유를 꺼릴 수 있다"[332]며 구체적인 문제점을 제시하기도 했다.

「동아」도 '안보/수사 중추기관 프레임'으로 이 사안을 바라보았다. "국정원은 북한을 주적으로 상정하고 안보에 만전을 기해야 하는 기관인데, 동 책임자로 이념적으로 편향성 있는 고(高) 원장과 서(徐) 기조실장을 임명하는 것은 부적절하다며 지명 철회를 촉구"[333]했다. 그러나 이는 한번에 그침으로서 '임명반대론'을 형성하려고 했다기보다 보수지의 성격만 보여주려는 의례적인 보도 태도로 분석된다.[334]

「한겨레」는 '인권침해기관 프레임'하에서 "고(高) 원장과 서(徐) 기조실장의 이념적 편향성을 문제삼는 것은 색깔 시비라면서, 수사권 폐지 등 인권과 민주주의를 함께 고려하는 포괄 안보의 비전을 제시하라"[335]고 주문했다. 한편 「경향」은 단 한 건의 관련 사설도 게재하지 않았다.

김승규 국정원장에 대해서는 단독 인터뷰를 한 「조선」보다 「동아」가 더 긍정적으로 평가했다. 「동아」는 "안팎의 어려운 여건 속에서 '일심회 사건' 수사를 소신 있게 진행한 것을 높이 평가한다면서, 국정원은 핵을 가진 북한의 공작으로부터 나라를 물샐틈없이 방위하는 것이 국정원의 본연의 일"[336]이라고 강조했다. 「조선」은 "간첩 잡는 게 주 임무인 국정원이 간첩 잡는 데 눈치를 봐야 할 시절인 만큼 김승규 원장이 받았을 압박

332 "고영구 국정원장과 한미 정보 공유", 조선일보, 2003년 4월 30일.

333 "국정원장 인사, 국회의견 존중을", 동아일보, 2003년 4월 24일.

334 2003년 5월 12일자 사설("국정원 탈권력화 이번엔 될까")이 이를 잘 보여준다. "국정원이 조직개편을 하면서 정치공작과 사찰 논란의 대상이었던 대공정책실을 폐지하고 대상 기관 상시 출입제도를 없앴다"면서 고영구 원장의 개혁 조치를 긍정 평가한데서 알 수 있다.

335 "새 국정원팀 확실히 개혁 보이라", 한겨레, 2003년 5월 1일.

336 "국정원장이 할 일과 안 할 일", 동아일보, 2006년 11월 25일.

감은 짐작이 간다면서, 후임 국정원장은 간첩단 사건을 흐지부지해서는 안 된다"[337]고 지적했다.

반면 「한겨레」는 "국정원장의 동태는 그 자체가 보안사항인데, 퇴임을 앞두고 특정 기자에게 현안을 얘기하는 것은 ▲편법 노출 ▲직무상 비밀 노출 의혹 ▲정치적 계산 저의가 있는 등 처신에 어처구니가 없다"[338]며 소리 높여 비판했다. 이는 진보지를 대표하는 「한겨레」로서 국정원의 '일심회 간첩사건' 수사에 대한 반감도 작용한 것으로 추론된다. 「경향」은 여전히 단 한 건의 관련 사설을 게재하지 않을 정도로 침묵을 지켰다.

노무현 정부 3대 국정원장인 김만복 원장은 거리낌 없이 언론에 자신의 활동상과 업무를 노출시켜 언론의 매서운 비판을 받음으로써 비밀기관이란 국정원의 이미지를 상당 부분 손상시켰다는 평가를 받았다.

2007년 9월 아프가니스탄 탈레반에 의해 납치됐던 경기도 분당 샘물교회 신도 석방과 관련 「조선」은 "자신을 드러내고 스스로 까발린 국정원장의 처신을 아마추어 행태이자 대한민국을 망신시킨 행위"[339]라고 고성 질타하고, 김 원장이 남북 정상회담(10. 2~4)을 앞두고 북한을 다녀온 데 대해서도 "안보 최후의 보루인 국정원이 대북 연락책이나 접대 부서로 전락했다"[340]고 조소하기도 했다. 2008년 1월 김양건 북한 노동당 통일전선부장과의 대화록이 「중앙」에 보도되자 "국가최고정보기관의 수장이 살아남기 위해 시도한 유치한 언론플레이로 단정하고, 이명박 정

337 "후임 국정원장 간첩사건 확실히 매듭지을 인물로", 조선일보, 2006년 10월 31일.

338 "김승규 국정원장의 어처구니없는 처신", 한겨레, 2006년 10월 31일.

339 "김 국정원장은 아프간에 정치하러 갔나", 조선일보, 2007년 9월 3일.

340 "이러려면 국정원은 국가보안 업무에서 손을 떼라", 조선일보, 2007년 9월 22일.

부 국정원장은 국정원을 보이지 않으면서 나라를 지키는 최후 보루로 환골 탈태시켜야 한다"[341] 고 주문했다. 「동아」는 "음지에 있어야 할 국정원장이 인질범과 협상을 주도했다고 자랑하는 것은 분별력 잃은 경솔한 공직자"[342] 로 비판하고, 김양건과의 대화록 공개 파문 시에는 "정보기관의 수장 자격이 있는지 근본적인 의문이 드는 만큼 정부 요직 '이런 사람 불가(不可)'의 표본"[343] 이라고 힐난했다. 「한겨레」는 「조선」과 「동아」에 비해 김만복 원장에 대해 동정적인 논조를 보였다. "인질 석방에 국정원의 활약이 돋보였다. 그러나 자신을 드러내는 경솔한 처신으로 스스로 가치를 떨어뜨렸다"[344] 고 칭찬과 더불어 동정어린 비판을 했다. 대화록 유출행위에 대해서는 "도덕적 해이를 넘어선 범법 행위[345] 로서, 이 사건을 계기로 국정원이 제자리를 찾는 전환점이 되라"[346] 고 조언했다. 「경향」은 김만복 원장의 행태에 대한 지적 없이 "김 원장의 사표를 즉시 수리[347] 하여 방북대화록 유출 사건 수사를 본격화해서 표지석과 국정원장 방북 의혹을 규명해야 한다"[348] 는 원론적인 입장만 표명했다.

이상과 같은 「한겨레」와 「경향」의 논조는 노무현 정부에 우호적이었던 성향과 무관하지 않은 것으로 분석된다.

341 "비밀문서 누설 자백한 국가정보원장", 조선일보, 2008년 1월 16일.

342 "인질범과 협상 주도했다고 자랑하는 국정원장", 동아일보, 2007년 9월 3일.

343 "정부요직 이런 사람 불가의 표본 김만복 씨", 동아일보, 2008년 1월 12일.

344 "국정원, 인질 석방 고생은 했지만", 한겨레, 2007년 9월 3일.

345 국가정보원직원법상 국정원장에게도 비밀엄수의 의무가 있으나, 벌칙 조항은 적용배제 조항이 있어, 국정원장에게는 국가정보원직원법 위반으로 처벌할 수 없다.

346 "국정원장이 기밀을 흘렸다니", 한겨레, 2008년 1월 16일.

347 노무현 대통령은 2008년 2월 11일 사표를 수리하였다.

348 "청와대는 김만복 원장 사표 즉시 수리해야", 경향신문, 2008년 1월 26일.

3. 소결론

노무현 정부의 국정원은 '탈정치·탈권력화'를 기본 방향으로 설정하고, 구체적으로 '국민의 신뢰를 받는 선진정보기관'으로의 도약을 목표로 삼았다. 그럼에도 매년 국정원과 관련된 대형 사건들이 주기적으로 터지고 부정적인 프레임이 긍정적인 프레임을 압도함으로써, 이와 같은 보이지 않는 노력은 파묻히고 만다.

그나마 국정원이 존재감을 살려 나갈 수 있었던 것은 보수지들이 특히 안보와 관련된 사안만큼은 국정원의 필요성을 확실히 각인시켜주는 프레임을 구사한 덕택으로 분석된다. 이는 「동아」가 2005년 4월 1일 창간 기념 통사설("국민과 함께 나라의 길을 찾겠습니다")에서 "보수해야 할 가치를 파괴하는 것은 진보가 아니며, 이데올로기적 편향을 배격하고 진정한 자유민주주의와 시장경제를 지향하겠다"고 다짐한 데서 잘 알 수 있다.

개인적으로 평가할 때 노무현 정부의 국정원은 '정체성이 흔들리는 국정원'이긴 했으나, 다른 한편으로 국정원이 정치 중심에서 테러 분야나 방첩 등에 중점을 두는 방향으로 전환하는 분기점을 만드는 긍정적인 성과도 있었다고 할 것이다.

제6절

이명박 정부 시기 4개 신문의 정보기관에 대한 프레임

1. 이명박 정부 시기 정보기관과 관련된 사건

이명박 정부는 상대적으로 진보에 속했던 김대중, 노무현 두 정권과 성격을 달리하는 '보수 정권'이었다. 시작은 신자유주의적 성향을 띤 '친기업 실용 정부'였다. 17대 대통령 선거에서의 압도적인 승리에 힘입어 국정운영이 탄력을 받을 것으로 기대됐으나 순탄치 않았다.

정부 출범 후 3개월 만에 미국산 소고기 수입 문제로 촉발된 촛불시위가 2008년 5월 2일부터 8월 15일까지 106일간 계속되고, 반정부 시위로 확대되면서 큰 시련에 부딪히게 되었다.[349] 이 촛불집회[350] 이후에도 천안함 폭침, 연평도 포격사건, 김정일 사망과 같은 전례 없는 대형 '악

349 박천호(2014). "이명박 정부의 출범 및 정부 소개". 『대한민국 역대 정부 주요 정책과 국정운영, 이명박 정부』. 한국행정연구원 편. 서울 : 대영문화사. 14.

350 안지은과 조대엽(2012)은 '2008년 촛불집회의 프레임의 변화과정'을 분석하면서, '먹거리 위기 프레임' '민주주의 위기 프레임' '공공성 위기 프레임' 등 3개의 프레임이 구사되었는데, '먹거리 위기 프레임'은 운동이 완료하는 시점까지 꾸준히 지속되었으나, 특정국면에서는 '민주주의 위기 프레임'이, 또 다른 국면에서는 '공공성 위기 프레임'이 두드러지게 나타나는 양상을 보였다고 주장한다.

재'도 겪게 되었다. 그럼에도 한국이 세계에서 일곱 번째로 1인당 국민소득이 2만 달러를 넘고, 인구 5000만 명이 넘는 명실상부한 선진국 대열에 진입했으며, 대부분의 선진국이 2008년 금융위기 이전 GDP 수준을 회복하지 못하고 있는 상황에서 한국은 위기 이전보다 10퍼센트 이상 성장시켰다는 긍정적인 평가를 받기도 했다.

다만 대북정책 면에서 이전 정부들과 다르게 긴장 완화나 교류 협력보다는 안보 논리와 대립적이고 대결적인 대북관을 취했다.[351] 이러한 대북 정책은 당연히 국가정보원에게도 영향을 미치게 되고, 보수적인 대북정책을 지지하는 보수지들과 이명박 정부의 보수적인 대북정책을 막으려는 진보지들이 북한과 관련한 논쟁적인 사안이 발생할 때마다 경쟁적으로 각자의 프레임으로 정보기관을 향해 자사의 입장을 주창하게 된다.

다른 한편으로 국가적인 대형 사건이 연이어 터짐에 따라 언론의 관심은 정보기관보다 국가적인 대사에 집중함으로써, 이명박 정부 시기에는 전임 정부 시기에 비해 상대적으로 정보기관과 관련된 사건이 적었다고 할 수 있다. 그나마 크게 주목받은 사건이 2011년 2월에 발생한 인도네시아 특사단 호텔 잠입사건과 대선을 일주일 앞두고 돌출한 이른바 '댓글 사건' 정도였으며, 지난 정부에서도 한번도 문제되지 않았던 외사 분야에 대한 사건이 여러 건 발생한 것이 또 하나의 특징이라고 볼 수 있다.

이명박 정부의 국정원은 슬로건을 크게 내걸지 않았다. 노무현 정부 시기에는 '세계적으로 경쟁력 있는 정보기관' '국민과 함께 하는 정보기관' 등과 같은 거창한 구호를 내세우고 이 프레임을 국민과 언론 속에 뿌리내리기 위해 홍보도 적극적으로 했으나, 이명박 정부의 국정원장들은

351 박천호(2014). 앞의 책. 16.

'실용 정부'라는 성격에 맞게 눈에 띄는 슬로건을 표방하지 않았다.[352] 개인적으로 평가할 때 이는 '정보기관은 조용히 소리 없이 일해야 한다'는 점에 중점을 둔 것이기는 하나, 조직이 지향해야 할 방향성이 명확하지 않았다는 점에서 조직의 장기적인 발전에는 부정적인 결과를 가져왔다고 하겠다.

표 27 이명박 정부 시기 정보기관과 관련된 사건

일자	사건	주요 내용
2008.3.7	김성호 국정원장 후보자 청문회무산	• 삼성 떡값 의혹을 제기[353]한 김용철 변호사의 증인 채택 문제로 무산. 14일 후 대통령이 임명
5.3	이명박 대통령 국정원 방문	• 거창한 행사를 하지 않고 주말에 다녀가는 형식
7.11	금강산 관광객 피살	• 금강산 관광객 박왕자 씨가 북한군에 의해 피살 • 국정원의 관련 정보 수집 능력 비판
8.27	위장 탈북 여간첩 검거	• 국가보위부 소속 직파 간첩 원정화, 조선족으로 위장 • 군 정훈장교와 사귀며 기밀 정보 수집
9.10	김정일 건강 이상설	• 월간조선이 10월호에 국정원에서 입수한 김정일 뇌이상 사진을 보도
2009.1.18	원세훈 국정원장 내정	• 김성호 원장 교체 • 3월 4일 1급 간부 60퍼센트 교체 등 대폭 물갈이
6.1	김정은 등장	• 6.1 국회 정보위원들에게 김정은 후계 가능성 보고
7.7	북한의 사이버 테러	• 7월 7일부터 26개 사이트를 대상으로 디도스 공격 • 우리·하나은행 및 국정원, 안철수 연구소 등 대상

352 김성호 국정원장이 취임하면서 '국익에 전념하는 순수정보기관'이란 지향점을 제시했으나, 내·외부로부터 별다른 주목을 받지 못했다.

353 김용철 변호사는 김성호 국정원장이 검찰에 재직할 당시 삼성 측으로부터 수천만 원의 돈을 받은 삼성 장학생이었다는 의혹을 제기한 바 있다.

일자	사건	주요 내용
2010.3.29	천안함 폭침	
4.20	황장엽 암살 기도	• 인민무력부 정찰총국 소속 공작원 2명 체포, 4월 20일 구속
6.21	민간인 사찰 논란	• 민주당, 청와대 공직윤리지원관실에서 KB금융 자회사 직원 김용익 씨 불법 사찰설 폭로
7.27	국정원 요원 리비아에서 추방	
11.23	연평도 포격	• 포격 예측 정보 실패 논란
2011.1	아덴만의 여명 작전	• 해군 청해함, 소말리아 해적 퇴치 • 이 작전 과정에서 국정원이 관련 정보 제공 등 막후 지원
2.16	인니특사단 숙소 잠입 사건	• 국정원 요원, 서울 롯데 호텔에 투숙한 인도네시아 특사단 숙소에 잠입한 사실이 노출 • 국정원장 퇴진 요구 등 상당한 비판 야기
8.1	왕재산 간첩 사건	• 왕재산 총책 김덕용은 1990년대 초부터 노동당 지령을 받아 지하당 왕재산 구축 (8.26, 5명 구속 기소) • 민노당과 민노총을 주요 포섭 대상으로 선정
12.1	김정일 사망	• 사망 시점 미파악 여부로 '정보 실패' 논란 야기
2012.5.9	통합진보당 내분	• 주사파인 경기동부연합(당권파)과 PD계가 충돌 • 국정원, 이석기(비례대표) 등을 내란 선동 등 혐의로 구속 • 2014. 헌법재판소, 통합진보당 해산 판결
6.20	김현희 씨 압박설	• 노무현 정부 때 국정원이 김현희 씨의 활동을 제약하고 압박했다는 의혹
10월~	NLL 문건 공개	• 대선 와중에 국정원이 보관 중인 노무현 대통령과 김정일과의 대화록 공개 논란으로 정치 쟁점화
12.11	댓글 사건	• 국정원 심리전단 주축으로 온라인 여론 조작 의혹 제기 • 대선 개입 사건으로 비화, 원세훈 국정원장은 구속, 이종명 3차장과 심리전단장은 불구속 재판 진행 중

2. 게재 빈도 및 프레임 분석

1) 신문사별 사설 빈도 및 내용

사설의 총빈도수는 4개 정부에 비해 가장 적은 편이다. 이는 앞에서 분석했듯이 정보기관과 관련한 사건이 적었던 것이 제일 큰 요인이다. 여기에는 지난 '노무현 정부의 국정원'이 여러 가지 불미스러운 사건을 수시로 일으켜 국민들로부터 많은 지탄을 받음에 따라 '이명박 정부의 국정원'은 더 이상 '사고뭉치의 국정원'이 되어서는 안 된다는 위기의식이 조직 내부적으로 형성된 것도 또 하나의 요인으로 작용했다.

사별 빈도수를 보면 여전히 「조선」이 가장 많이 게재하고 있다. 가장 보수적인 신문인 「조선」이 보수적인 정권이 탄생한 것을 계기로 각종 현안에 대해 적극적으로 의견을 개진하고, 나아가 정부의 운영 방향까지 자사가 의도하는 바대로 끌고 가려는 의지가 깔려 있었기 때문으로 분석된다. 이 점에서 보면 정보기관에 대한 사설을 빈번히 게재하는 것도 당연하다 할 것이다. 그간 「조선」은 '노무현 정부의 국정원'이 안보의 최후

표 28 연도별 게재 빈도

(단위: 건)

	2008년	2009년	2010년	2011년	2012년	2013년	총계
조선	12	12	12	14	10	2	62
동아	4	7	10	11	9	1	42
한겨레	7	6	6	6	6	3	34
경향	12	10	8	6	8	2	46

의 보루라는 인식이 약해지는 것을 우려해 왔기 때문이다.

특이한 점은 지금까지 정보기관에 대한 사설을 가장 적게 게재해 오던 「경향」이 「한겨레」와 「동아」를 제치고 두 번째로 많이 게재한 점이다. 「경향」이 노무현 정부를 거치면서 진보적 신문으로의 정체성을 보다 굳건히 해나가려는 편집 방향에 따른 것으로 판단된다.

아울러 김영욱 · 임유진(2009)의 분석처럼 노무현 정부 시기에 비판과 함께 중립적 옹호 담론을 구사했던 진보지들이 이명박 정부 시기로 넘어오면서 이명박 정부에 대한 적대적 비판으로 뚜렷한 담론 변화를 나타낸 것과 맥락을 같이한다 하겠다.

내용별로 보면 대공수사와 대북정보력과 관련된 내용이 다수를 차지하고, 사찰 문제, 사이버 테러 및 국정원장과 관련한 사설이 그 뒤를 이었다. 「조선」은 노무현 정부에 이어 국정원장을 직접 겨냥한 사설을 10건이나 실을 정도로 '국정원장의 적합성' 문제를 수시로 의제화했다. 또한 김현희 씨 문제도 주도적으로 의제화했다.[354] 김현희 씨는 노무현 정부의 국정원이 KAL기 폭파문제를 재조사하면서 '자신을 압박하고 가짜임을 인정하도록 강요했다'는 불만을 터트리고는 했는데, 이 사안을 다시 조사하도록 하여 더 이상 KAL기 폭파의 진실이 오도되지 않도록 하고 또한 진보 세력들의 허구성을 각인시키겠다는 의지가 깔렸던 것으로 보인다.

「동아」는 대공수사 문제와 대북 정보력 등 안보 문제에 대해서는 「조선」 못지않게 강하게 문제를 제기하면서 '국정원은 국가 안보 중추기관'으로서의 역할에 매진하도록 여론을 형성하고자 했다.

354 김현희 문제와 관련, 「한겨레」(2009년 3월 13일 "정치적 활용의 도구가 된 김현희")와 「경향」(2009년 3월 13일 "일본, 김현희 - 다구치 가족 만남 오용 말아야")은 1건 게재하였고, 「동아」는 1건도 싣지 않았다.

표 29 내용별 분류

(단위: 건)

	국정원장 관련	감청	대공 수사	대북 정보력	사이버 및 테러	외사 분야	특정인 사찰	댓글 사건	김현회	기타
조선	10	1	12	10	11	3	5	3	6	1
동아	3	1	15	7	7	1	3	1	0	2
한겨레	4	3	5	7	3	3	6	4	1	1
경향	5	3	10	7	2	4	8	3	1	3

반면 「경향」은 '대공수사'에 관한 사설(10건)을 「한겨레」(5건)보다 두 배로 많이 게재할 정도 진보진영의 시각을 대변하면서, 진보지로서의 정체성을 굳건히 해나감과 동시에 정보기관과는 확실한 대척점에 섰다고 하겠다.

2) 4개 신문들이 구사한 프레임

구사된 프레임 유형 및 특징

이명박 정부 시기에 4개 신문들이 사용한 프레임은 5가지다. '국가 최고정보기관 프레임' '안보/수사 중추기관 프레임' '조작/여론기관 프레임' '불법/비리기관 프레임' '사찰기관 프레임'이다. 역대 정부에 비해 가장 적은 프레임이 사용되었다. 이는 이명박 정부에서 정보기관과 관련한 사건이 지난 정부에 비해서 많지 않은 데다, 문제가 된 사건도 비교적 성격이 뚜렷했기 때문이다.

사건 유형별 프레임 분석

이명박 정부에서 일어난 정보기관과 관련한 사안은 대체로 대공수사 및 대북정보력, 사이버 테러를 포괄한 국가 안보관련 사안, 해외 정보활동 실책, 사찰 및 감청 문제, 국정원장 관련 사안 등 4개의 유형으로 대별할 수 있다. 다만 '댓글 사건'은 박근혜 정부에 들어와 본격적으로 정치 쟁점화 되었고, 관련자들의 재판이 진행 중임을 감안해서 분석 대상에서 제외했다.

국가 안보관련 사안(대북정보력 논란과 대공수사, 사이버 테러)

노무현 정부 시기에는 북한이 최초 핵실험(2006년 10월 9일)을 실시하는 등으로 인해 안보 문제가 최고의 관심사 중의 하나였음에도, 정보기관을 주요 타겟으로 한 사설은 거의 없었다. 그러나 이명박 정부 들어 천안함 폭침과 연평도 포격 그리고 김정일 사망이라는 미증유의 사태가 연이어 발생한 것을 계기로 북한을 새롭게 조망하면서 동시에 국정원의 역할과 대북 정보활동 및 대공수사에 대해 다양한 주문을 내놓게 된다.

대북정보력 문제와 관련하여 보수지들은 대체로 '국가최고정보기관 프레임'에 입각하여 대북정보 능력 강화를 촉구한 반면, 진보지들은 '조작기관 프레임'으로 대북 정보의 국내 정치적 악용 등에 초점을 맞추는 상반된 입장을 보였다.

「조선」은 '국가최고정보기관 프레임'을 견지하면서도 북한 정보를 취급하는 최고정보기관 답지 못함을 수시로 질타했다. 연평도 포격사건 사전 정보 수집 문제와 관련 "국가정보기관의 최고 수장이 무선감청 내용 같은 특수정보를 공개한 것은 적절치 않은 행동으로서, 국가 안보의 명

줄이나 다름없는 대북정보 수집과 판단기능 고장은 심각한 일"[355]이라고 우려했다. 김정일 건강이상설(뇌출혈)이 처음 나온 2008년 9월에도 "김정일이 양치질을 할 수 있다는 등 지엽 말단적인 정보를 함부로 발설하여 정보 수집의 허점만 보여주었다"[356]며 국가적 대응체계를 재점검하도록 촉구하였다.

「동아」도 '국가최고정보기관 프레임'에 입각하여 「조선」보다는 긍정적인 톤으로 대북정보력 강화를 주문했다. "지난 정부 10년간 대인(對人) 접촉을 통한 인적 정보 수집은 천덕꾸러기로 전락했다[357]면서, 더 많은 투자를 통해 인적정보 라인을 복구하라"[358]고 권고했다. 연평도 포격이나 김정일 사망 발표 미인지 등 여러 차례 대북정보력에 구멍이 뚫린 사실을 지적하며 "정보 실패가 더 이상 반복되어서는 안 된다"[359]고 강조했다.

이에 반해 「한겨레」는 '조작/여론기관 프레임'을 고수했다. 2009년 6월 22일 김정은 후계 가능성 공개에 대해 "노무현 전 대통령의 서거로 여권이 곤경에 처한 상황에서 북한 문제로 '맞불'을 놓겠다는 북풍꼼수"[360]라고 힐난한 데 이어, 김정일 사망 소식 미인지를 놓고 "대북정보력의 허점은 정세관리 능력의 부재로 직결된 만큼 일차적 책임자인 국정원

355 "대북정보 수집·판단기능 고장은 심각한 일", 조선일보, 2010년 12월 3일.

356 "김정일 정보 함부로 발설하더니 이제 주워담나", 조선일보, 2008년 9월 18일.

357 국민일보는 "김대중 및 노무현 정부 시절, 대북정보를 수집 분석하는 스파이기관이자 간첩을 잡아내는 방첩 기관인 국정원이 '남북협상원'이 되었다"고 힐난한 바 있다.(2008년 5월 26일 "이제야 제자리 찾아가는 국가정보원")

358 "10년 위축된 대북정보력 만회 급하다", 동아일보, 2008년 9월 12일.

359 "북 특별방송 예고후 2시간 정부는 뭐했나", 동아일보, 2011년 12월 21일.

360 "다시 북풍꼼수인가", 한겨레신문, 2009년 6월 24일.

장을 문책해야 한다"[361]고 주장하기도 했다. 「경향」도 '조작/여론기관 프레임'에 입각하여 관련 사안에 대한 논지를 전개했다. "김정일의 건강이상 정보 등 국정원의 이례적인 대북정보 남발은 정치적 의도가 있다는 오해를 부르기에 충분하다"[362]면서 "북한 관련 정보가 허술하게 다뤄지면서 어떤 게 진짜 정보당국의 능력인지 도무지 믿음이 가지 않는다며, 먹통 정보력으로 북한의 급변사태를 어떻게 대응할 수 있을지"[363]를 염려했다. 이 같은 북한 정세의 불안정과 북한의 도발이 이어지는 상황임에도 불구하고 간첩 수사 등 대공수사 문제를 바라보는 프레임은 지난 정부 시기와 마찬가지로 평행선을 달렸다.

「조선」과 「동아」가 이적 단체들의 활동이나 간첩 검거와 같은 사안에 대해서는 거의 빠짐없이 사설을 게재한 반면, 「한겨레」나 「경향」은 사설란에서 거의 취급하지 않거나 취급하더라도 '회의적인 시각'에 비중을 둠으로써 이념 문제에 관한 한 한국 사회가 양극단으로 흐르는 데 일조했다고 할 수 있다.

「조선」은 '안보/수사 중추기관 프레임'을 견지했다. "지난 정권들은 내부의 간첩과 북한 앞잡이 세력을 붙잡아 나라의 안위를 지켜내야 할 국정원장을 남북 정상회담 밀사로 돌려 썼다"[364]고 지적하면서, 이적 단체가 떼지어 국정원에 몰려가 시위하는 나라"[365]인 만큼 "종북 좌익 수사는 단호하게 하고, 민주화운동가로 포장해 활동하는 간첩을 더 찾아내는

361 "북의 움직임 전혀 모르는 남쪽 정부", 한겨레신문, 2011년 12월 21일.

362 "김정일 건강이상정보 남발 문제 있다", 경향신문, 2008년 9월 16일.

363 "먹통 정보력으로 북 급변사태 대응 가능한가", 경향신문, 2011년 12월 21일.

364 "북한의 암살공작조 더는 없는가", 조선일보, 2010년 4월 22일.

365 "이적 단체가 떼지어 국정원에 몰려가 시위하는 나라", 조선일보, 2009년 5월 9일.

데 주력하라"[366]고 주문했다. 「동아」도 「조선」과 동일한 '안보/수사 중추기관 프레임' 아래 "남한 내 종북 세력들은 간첩사건이 터질 때마다 '공안탄압' '인권침해' 등의 상투적인 주장을 내세우며 여론을 왜곡하고 수사를 방해하고 있다"[367]면서, "안보의 간성인 군 장성마저 군사기밀을 간첩에게 유출[368]한 것은 좌파정부 시절 정보 수사기관이 대공사건에 일손을 놓았기 때문으로써, 정보수사기관의 대공 파트를 시급히 정상화하도록" 주문했다.[369] 그러면서 북한 노동당의 지령을 받아 간첩활동을 벌인 지하당 조직 '왕재산'을 적발한 것을 계기로 "김일성도 1973년 4월 남파간첩들에게 남조선에는 고등고시만 합격하면 행정부 사법부에 얼마든지 잠입할 수 있으므로, 머리 좋은 자식들은 데모에 내보내지 말고 고시준비를 시키라는 지령을 내렸다"는 점을 들어 "체제를 흔드는 '위장 진보' 간첩을 발본색원하라"[370]고 강조했다.

이에 반해 「한겨레」는 '조작/여론기관 프레임'으로 보수지들의 프레임에 맞대응했다. '남북공동실천연대' 사무실을 압수 수색한 것을 들어 "대공수사의 악령이 부활되고 공안당국이 대규모 조직사건을 기획하려는 의심이 있다"면서[371] 탈북 여간첩 원정화 사건[372]에 대해서는 "원정화의 진술이 앞뒤가 맞지 않고, 북한에 넘겨준 정보는 국가기밀이 거의 없

366 "북 훈장받고 남에선 민주화운동가 행세한 간첩들", 조선일보, 2011년 8월 27일.

367 "간첩사건 잇따라 연루 민노당 민노총 실체 뭔가", 동아일보, 2011년 8월 26일.

368 모 육군 소장은 2010년 6월 4일 2005~07년 작전계획 5027이 담긴 교리와 교범을 북한을 위한 정보활동을 해 온 '흑금성' 박모 씨에게 건넨 혐의로 구속되었다.

369 "간첩잡는 대공조직 정상가동되고 있나", 동아일보, 2010년 6월 5일.

370 "정치권을 간첩아지트 만드는 자들이 누군가", 동아일보, 2011년 8월 1일.

371 "대공수사 악령 부활하나", 한겨레신문, 2008년 9월 29일.

372 원정화는 군부대에 안보강연을 다니면서 사귄 장교를 통해 군사기밀을 빼내 북한 보위부 요원에 넘기고, 100여 장의 군 장교 명함도 건네주어 그 후 이 장교들의 이메일이 해킹당한 사건이다.

는 등 미심쩍은 것이 한두 개가 아니라며, 이는 비판 세력을 '빨갱이로 몰려는' 의도"[373]라며 조작가능성에 무게를 두었다.

「경향」도 '조작/여론기관 프레임'으로 국가보안법 위반 사건에 대해 과거 정부 때보다 더 뚜렷한 목소리를 냈다. '공안사건'으로 규정하고 '메카시즘적 공안몰이'로 규정했다. '공안사건'은 "전두환·노태우 정부 등 과거 권위주의 정권들이 정권 보위를 위해 '의도적으로 조작'했으며, 인권침해 등 인간의 기본권을 침해했다"는 함축적인 의미가 내포되어 국민들이 부정적 시각을 갖고 있다는 점을 염두에 둔 것이다. 사회주의노동자연합 관련자 7명을 국가보안법상의 이적 단체 구성혐의로 긴급체포한 것을 "5공 공안정국을 다시 보는 것 같다"[374]고 지적한 이후, 전교조와 전국공무원노조의 수사[375]에 대해서도 "무슨 대형 간첩단 사건처럼 '중대공안사건'으로 규정한 저의가 의심스럽다"[376]고 비판했다. 또한 국방부장관이 불온서적을 수거 지시하고[377] 해군사관학교 국사 교수 요원 기소[378]를 계기로 "민주화를 넘어 선진화가 얘기되는 지금 이런 구시대의 메카시 광풍이 되살아날 조짐이며, 대학 교재 소지를 '북한 찬양고무'로 몰았다"[379]로 질타했다. 국정원이 2009년 6월 22일부터 실시한 안보 홍보성 이벤트

373 "이상한 간첩사건 빨갱이 몰기 예고인가", 한겨레신문, 2008년 9월 2일.

374 "20년 전으로 되돌아간 공안 수사", 경향신문, 2008년 8월 28일.

375 공안당국은 2010년 1월 전국교직원노조와 전국공무원노조 소속 조합원 290여 명이 민주노동당에 가입하거나 당비를 낸 혐의로 수사에 착수했다.

376 "중대공안사건 규정한 저의가 의심스럽다", 경향신문, 2010년 1월 28일.

377 국방부는 2008년 8월 장병의 정신전력에 우려가 있다며, 북한 찬양, 반정부·반미, 반자본주의 서적 23권을 수거하도록 각 군에 지시한 바 있다.

378 해사 교수요원 김 모 중위는 국사수업 시간을 이용, "북한의 주체사상과 선군정치, 핵개발을 정당화하고 북한의 대남선전을 고무 동조했다"는 혐의로 2011년 8월 23일 구속된 바 있다.

379 "대학 교재 소지를 북한 찬양고무로 몰다니", 경향신문, 2011년 8월 4일.

에 대해서도 "국정원이 통일 운동가를 모두 간첩 및 좌익사범으로 몰았다며, 어설픈 공안몰이를 중단하라"[380] 고 권고하기도 했다.

한편 사이버 시대의 보편화로 사이버 테러 문제가 수시로 안보 이슈로 부상했다. 남한의 공공기관을 상대로 한 사이버 테러가 북한의 소행으로 밝혀지면서, 보수지들은 이를 안보에 대한 심각한 위협으로 간주하고 '안보/수사 중추기관 프레임'으로 접근한 데 반해, 진보지들은 간첩수사 등과 마찬가지로 '조작기관 프레임'으로 접근했다.

「조선」은 2009년 7월 7일 청와대·국방부 등 국가기관과 민간 주요기업의 홈페이지를 사흘 넘게 마비시켰던 DDos(분산서비스거부) 공격에 동원된 IP가 '북한 체신청' 것이라는 국정원 발표를 신뢰하면서, "사이버 테러가 국가를 무너뜨리는 시대로 들어섰다"[381] 고 경종을 울렸다. 이어 "우리는 북한의 사이버 테러 앞에 발가벗은 만큼 원자력·전기·통신 등 인프라를 무너뜨리려 하는 최악의 상황을 전제하고 대응책을 세우라"[382] 고 주문했다. 「동아」는 정치권과 언론 일각의 '사이버 북풍론' 주장에 대해 "북한을 경계하기에 앞서 국정원을 먼저 의심하는 안보의식 수준이 참으로 딱하다"[383] 고 지적한 뒤, "사이버 땅굴까지 파는 등 북한의 사이버 테러는 북이 대남 적화통일 목표를 포기하지 않았음을 보여주는 생생한 증거인 만큼 안보 의식을 새롭게 가다듬어야 한다"[384] 고 강조했다.

380 "어처구니없는 국정원 홍보이벤트", 경향신문, 2009년 6월 26일.

381 "사이버 테러가 국가를 무너뜨리는 시대로 들어섰다", 조선일보, 2009년 7월 11일.

382 "사이버 테러 두 번 당하고도 누구 짓인지 모른다니", 조선일보, 2011년 3월 7일.

383 "불난 집에 부채질하는 사이버 북풍론", 동아일보, 2009년 7월 10일.

384 "종횡무진 박사간첩과 북 체신성의 디도스 테러", 동아일보, 2009년 10월 31일.

반면 「한겨레」는 "국정원이 성급하게 배후를 북한으로 추정했다"[385] 고 지적하면서 2011년 3월 4일 발생한 디도스 공격에 대해서도 "북한의 소행으로 단정 짓기에는 미심쩍은 점이 없지 않다면서, 오히려 보안당국이 막지 못한 책임을 져야한다"[386] 고 주장했다. 「경향」은 사이버 테러가 북한 소행이라는 당국의 발표를 한마디도 인용하지 않고 "사이버 위협은 발등의 불이 된 만큼 서둘러 범정부 차원의 대책을 마련하라"[387] 는 원론적인 입장만 한차례 개진했다.

감청 문제 및 사찰 논란

노무현 정부 시기에 대형 이슈로 부각되었던 감청 문제는 과거 김대중 및 김영삼 정부 시기의 감청 즉 감청의 불법성에 초점을 맞추었다면, 이명박 정부에서 쟁점화된 감청 문제는 감청 대상의 합법적 확대와 그 방법의 정당성 여부에 초점을 맞추었다. '감청' 문제 자체가 아무리 법원의 영장을 받아 합법적으로 시행되고 있다고 하더라도 본질적으로 '엿듣는다'는 점 때문에 불법 내지는 사찰이라는 인식이 은연 중 잠재해 있기 때문이다. 이 점 때문에 각국의 정보기관들은 합법적인 근거를 확보하기 위해 다각적인 노력을 하고 있다.[388]

이러한 세계적인 추세에 발맞추어 국정원도 노무현 정부 때부터 휴

385 "앞뒤가 바뀐 국정원의 성급한 배후 추정", 한겨레신문, 2009년 7월 10일.

386 "디도스 공격에 사이버 테러까지 당하다니", 한겨레신문, 2011년 5월 4일.

387 "사이버 테러에 맥 못춘 인터넷 강국", 경향신문, 2009년 7월 9일.

388 미국의 감청전문기관인 NSA는 2001년 애국법(Section 215 of the Patriot Act)에 의해 테러용의자를 중심으로 미국인 등에 대해 감청은 물론 이메일까지 대량으로 수집할 수 있었으나, 2015년 6월 1일 그 시한이 만료되어, 미국 의회가 2015년 6월 3일 감청을 허용하되 수집범위를 줄이는 새로운 법안을 통과시킨 바 있다.

대폰의 발달 등을 감안하여 통신비밀보호법 개정을 추진했으나, 번번이 좌절되었다. 「한겨레」와 「경향」 등 진보지들이 강하게 반대 여론 조성한 데다가 보수지들도 소극적인 자세를 취한 것이 주요인이라고 할 수 있다. 보수지들은 감청과 관련한 사안이 대두되면 대놓고 지지하기가 곤란하다고 판단했기 때문인지, 한두 번 정도 의례적으로 소극적인 지지 입장을 표명했을 뿐이다.

반면 「한겨레」는 감청에 관한 한 '불법/비리기관 프레임'을 바꾸지 않았다. 국정원이 패킷 감청(인터넷 회선 감청)[389]을 늘린 것을 놓고 "인권과 사생활 침해는 물론 오·남용 가능성이 있다"고 우려한데 이어,[390] "패킷 감청은 감청의 범위나 대상을 제한해 살펴보는 것이 기술적으로 불가능하다며, 패킷 감청은 절대 금지해야 한다"[391]고 강조했다. 그러면서 "통신비밀보호법 개정은 국정원을 도·감청의 괴물로 만들 수 있다"[392]며 반대 입장을 분명히 했다. 「경향」도 '불법/비리기관 프레임' 아래 "수사당국은 감청에 중독되고 국민은 일거수일투족 감시 당한다는 공포가 큰 만큼, 수사기관은 감청 만능주의에서 벗어나라"[393]고 촉구했다. 다만 전체적으로 볼 때 감청과 관련한 사설 건수가 많지 않아,[394] 국민적 관심 의제로 부상하지는 않았다.

389 패킷 감청은 초고속 통신망의 데이터 전송단위인 패킷을 이용한 감청방식으로, 특정인이 방문한 인터넷 사이트와 검색결과, 이메일, 채팅 및 같은 IP(인터넷 주소)를 사용하는 사람들의 인터넷 사용 내역까지 파악할 수 있는 것으로 알려져 있다.

390 "국정원의 패킷 감청 오·남용 막을 장치를", 한겨레신문, 2009년 11월 18일.

391 "패킷 감청 '절대금지'가 옳다", 한겨레신문, 2010년 2월 3일.

392 "국정원, 도·감청 괴물로 부활하는가", 한겨레신문, 2009년 4월 9일.

393 "통비법 위헌심판 제청과 감청 공포", 경향신문, 2009년 11월 30일.

394 한겨레와 경향이 각 3건이고, 조선과 동아는 1건이다.

그러나 이명박 정부 시기 특히 2010년에는 통신 감청에 의한 사찰 논란보다 '특정인에 대한 특정기관의 사찰 여부'가 줄곧 논란의 대상이 되었다. 이 때문에 보수 진보지 할 것 없이 '사찰기관 프레임'으로 접근했다. 다만 그 강도 면에서 상당한 차이가 있었다. 「조선」은 한나라당 정태근 의원의 국정원 직원 사찰 의혹 제기 시[395] "폭로자인 정(鄭) 의원에게는 불법사찰 증거 제시를, 국정원에 대해서는 관련자 엄벌 또는 소송제기"[396]를 주문하고, 연예인인 김제동 사찰설[397]에 대해서는 "정치연예인 심판은 정보기관이 아니라 시민의 몫인데, 정보기관이 나서는 것은 어리석은 일"[398]이라고 힐난했다. 「동아」도 정태근 의원이나 박원순 당시 희망제작소 상임이사 사찰설이 불거지자 "군과 정보기관은 과거 권위주의 시대의 악습이었던 민간과 정치권 사찰 유혹에 빠져서는 안 된다"[399]고 경고하면서, "국가정보원이나 국무총리실 공직윤리지원관실 같은 국가기관을 보복성 정치사찰에 동원하는 것은 권력사유화"[400]라고 지적했다.

반면 진보지의 경우 「한겨레」보다 「경향」이 훨씬 높은 강도로 또 지속적으로 비판적으로 의제화했다. 「경향」은 "무덤 속으로 들어가 있는 것으로 알았던 정치사찰이 개명천지에서 부활하는 듯 하다"[401]고 우려하면서, "국정원이 정부의 입맛에 맞지않는 시민·사회단체에 돈줄죄기

395 정태근 의원은 2010년 8월 16일 "2009년 7월 국정원직원이 아내가 부사장으로 있는 업체와 주변을 대상으로 '그 회사가 사업수주과정에서 정 의원이 압력을 넣지 않았느냐'고 불법사찰했다"고 주장했다.

396 "국정원의 여당 의원 불법사찰 주장 진상규명해야", 조선일보, 2010년 8월 17일.

397 방송인 김제동은 2012년 4월 2일 "2010년 5월 국정원 직원이 찾아와 노무현 전 대통령 추모콘서트 사회를 굳이 당신이 해야 하느냐고 물었다"고 폭로했다.

398 "'정치 연예인' 심판은 정보기관 아니라 시민 몫", 조선일보, 2012년 4월 4일.

399 "군과 정보기관, '민간사찰' 유혹에 빠져선 안 된다", 동아일보, 2009년 10월 8일.

400 "'빅 브러더 對패륜' 입막음으로 덮을 일인가", 동아일보, 2010년 9월 3일.

401 "정치사찰, 관권선거 되살아나나", 경향신문, 2008년 4월 1일.

압박도 한다"[402]는 의혹을 제기한 데 이어, "박원순 사찰,[403] 정태근 의원 및 연예인 등 불법적인 민간인 사찰의혹이 불거졌으나 명백하게 규명된 적이 없는 만큼 배후와 진상을 규명해야 한다"[404]고 목소리를 높이기도 했다. 「한겨레」는 국정원 직원의 재판진행 상황 문의,[405] 정태근 의원 및 박원순 변호사 소송건 등을 통틀어 '법원 사찰' '정치사찰' '민간인 사찰' 등으로 규정하고 "원세훈 원장 취임 뒤 시민사회단체의 자금줄을 끊는 따위의 공작이나 민간 영역에 대놓고 정보 수집 활동을 벌였다"[406]며, "전방위 불법사찰을 뭉개서는 안 된다"[407]고 경고하기도 했다.

해외 정보 활동 실책

노무현 정부 때까지 외사 분야에 대한 사고가 거의 일어나지 않았으나, 이명박 정부 시기에는 3건이나 발생했다. 2010년 7월에 터진 리비아 파견 국정원 요원 추방사건,[408] 2011년 2월 인도네시아 특사단 숙소 잠입

402 "증폭되는 시민단체 '국정원 개입설'", 경향신문, 2009년 6월 25일.

403 국정원은 박원순 변호사가 2009년 6월 시사주간지 『위클리경향』을 통해 국정원의 민간사찰 의혹을 제기하자, 그해 9월 국가의 명예를 훼손했다며 2억 원의 배상 청구소송을 냈다. 그러나 2010년 9월 15일 서울중앙지법 민사합의 14부는 국정원의 소송을 기각했다.

404 "연예인 사찰, 지금이 자유당·유신 시절인가", 경향신문, 2012년 4월 3일.

405 2008년 7월 3일 한겨레는 "국정원 직원이 이명박 대통령이 한겨레를 상대로 낸 BBK 민사소송을 맡은 재판장에게 전화를 걸어 재판진행 상황을 확인하는 등 법원을 사찰했다"고 보도한 바 있다.

406 "국정원의 '정치사찰 망령'을 부활시킨 건 누군가", 한겨레신문, 2010년 8월 17일.

407 "명백해진 '전방위 불법사찰', 이래도 계속 뭉갤 건가", 한겨레신문, 2010년 11월 24일.

408 국정원 리비아 파견 요원이 고(故) 카다피 리비아 국가원수의 후계세습과 관련한 민감한 정보를 수집하려 했다는 혐의로 리비아 정부로부터 추방(2010년 6월)되어 7월에 보도된 사건으로, 한국과 리비아 간의 국교단절 얘기까지 나오는 등 사태가 악화되었으나, 평소 카다피와 친밀했던 당시 여권 고위층이 대통령 특사자격으로 카다피를 만나 해결한 것으로 알려졌다.

사건,[409] 2011년 3월 상하이 총영사 스캔들 사건[410] 등이 보도되었다.

이들 사건이 터지자 언론은 보수 진보지 가릴 것 없이 '국가최고정보기관 프레임'으로 바라보면서도, 이 프레임을 정보기관의 정보활동 능력을 냉소적으로 묘사하는 용어로 사용했다. 그간 '국가최고정보기관 프레임'은 항상 긍정적인 국정원의 모습을 묘사하는 프레임이었으나, 이 사안 만큼은 동일한 프레임을 역설적으로 사용하는 특징을 보였다. 그러면서도 동 사안자체가 국익과 떼어놓을 수 없는 중대한 사안이었다는 점에서 지속적인 의제화는 자제했다.

「조선」은 "국가정보기관이 동네 흥신소 수준에도 미치지 못하는 어설픈 첩보활동을 하다 들켰다는 무능함이 입방아에 오르내리는 것은 정보노하우가 전혀 없는 지방행정가에게 지휘봉을 맡겼을 때부터 예견된 사태"[411]라면서, "대통령은 국정원에게 아무 일도 벌이지 말라는 지시를 내리라"고 힐난했다.

「한겨레」는 "국익을 위해서라지만 파렴치한 행위를 서슴없이 저지른 국정원의 만용이 한심하다면서, 이는 국정원의 맹목적인 충성심과 공명심 때문인 만큼 원세훈 원장을 해임하고 조직을 전면 쇄신하라"[412]라며 원 원장 취임 초기부터 주창했던 '원세훈 원장 경질 필요론'을 여론화했다. 그러면서 "엉터리 국익론을 앞세워 얼버무리지 말라"[413]고 '국익우선

409 2011년 2월 16일 "국정원 요원들이 고등훈련기 T-50 수출 성사를 위해 인도네시아 특사단의 협상전략을 엿보기 위해 숙소인 서울 롯데호텔에 들어갔다"는 의혹을 받은 사건이다.

410 상하이 주재 한국총영사관 김정기 총영사를 비롯 영사 3명이 중국 여성 덩신밍(鄧新明)과 부적절한 관계나 친분을 유지하며 갖가지 정보를 넘겨주고 비자 부정발급을 알선했다는 의혹을 받은 사건이다.

411 "국정원, 차라리 뒷짐 지고 있는 편이 낫겠다", 조선일보, 2011년 2월 22일.

412 "국정원장 해임하고 조직 전면 쇄신해야", 한겨레신문, 2011년 2월 22일.

413 "국정원 사건, '국익' 앞세워 얼버무릴 생각 말라", 한겨레신문, 2011년 2월 23일.

론'에 제동을 걸었다.

「경향」은 "국제적 망신이자 외교적 결례로서, 국익이라는 미명하에 비정상적 정보활동을 더 이상 용인해서는 안 된다"[414]고 일침을 놓은 뒤, 이른바 '상하이 스캔들'에 대해서는 "국가정보를 책임진 국정원은 영사들의 일탈 행위에 눈 감고 강 건너 불구경한 것이 아니냐"[415]며 업무자세를 비판했다.

반면 「동아」는 '상하이 스캔들'에 대해서만 "해외 공관 근무자들의 행태를 점검해서 바로 잡을 것"[416]을 촉구하는 원론적인 입장만 한차례 표방했다.

국정원장 관련

4개지들은 노무현 정부 후반기 국정원장이었던 김만복 원장의 연이은 국정원장답지 못한 처신을 질타한 데 이어, 이명박 정부에 들어서서도 '국정원장의 적합성 여부'를 핵심으로 정보 실책이 터질 때마다 퇴진론을 주창했다. 이는 국정원장의 이미지가 국가최고정보기관의 능력을 판가름하는 기준선으로 작용한다는 점에서 국정원장에 대한 언론의 보도 태도는 상당히 중요하다고 할 수 있다.

여하튼 이명박 정부 국정원의 초대 원장이었던 김성호 전 법무장관이 2009년 1월 물러나고, 후속으로 임명된 원세훈 원장은 재임한 4년여 내내 '정보비전문가'라는 불명예스러운 호칭에 시달려야 했다. 특히 유약해진 노무현 정부의 국정원을 안보 중추기관으로서 강한 국정원으로 바

414 "나라 망신시킨 국정원의 불법정보 활동", 경향신문, 2011년 2월 22일.

415 "상하이 정보 유출, 국정원은 뭘 했나", 경향신문, 2011년 3월 11일.

416 "상하이 총영사관이 보여준 외교관 윤리 붕괴", 동아일보, 2011년 3월 9일.

꾸기를 희망했던 보수지들이 '정보비전문가 프레임'을 반복해서 구사한 데다가, 임기 말에 터진 '댓글 사건'까지 겹쳐 '정보비전문가 국정원장'이라는 굴레를 벗어나지 못했다.

「조선」은 '국가최고정보기관 프레임'으로 "국정원의 무능력은 역대 정권이 최일선 안보기관을 대북정치에 이용했기 때문으로 국정원은 최후의 안보보루로 남아야 한다"[417]는 전제하에서 논지를 전개했다. 원세훈 원장이 취임한 2010년까지는 크게 비판하지 않았으나, 천안함 폭침 사건을 기점으로 신랄한 비판을 이어갔다. "국정원장에 취임한 이후 평가가 후하지 않다면서, 연평도 포격 직후 정보 공유와 분석 실패 책임을 군 정보기관에 떠넘기는 모습을 보면서 '최악'이라고 표현하는 사람이 있었다"[418]고 힐난 했다. 이에 앞서 김만복 전 원장이 일본 '세카이(世界)' 2월호에 '천안함 폭침'을 '천안함 침몰'로 표현하면서 많은 전문가들은 한국 국방부의 주장이 설득력이 없다고 생각한다는 글을 게재한 것을 놓고 "김 씨가 원장으로 있는 동안 국정원이 간첩 한 명 제대로 잡지 못했던 수수께끼가 이제야 풀린다"[419]며 조소하기도 했다.[420]

「동아」는 「조선」이 관련 사설을 10건이나 게재할 정도로 '국정원장의 자질론'을 주도적으로 의제화한 데 비해, 3건의 사설을 통해 '국가최고정보기관 프레임'으로 이에 대한 입장을 표명했다. "김대중·노무현 정부 때 국정원의 대북·대공인력과 조직을 축소한 것은 치명적인 실수였다

417 "국가정보원, 강력해지되 보이지 않아야", 조선일보, 2008년 7월 22일.

418 "구설수 잦은 국정원장", 조선일보, 2011년 4월 23일.

419 "김만복 원장 때의 국정원 되짚어 봐야", 조선일보, 2011년 1월 4일자.

420 동아는 "안보관련 정보를 책임지는 국정원장을 지낸 사람이 친북좌익성향 잡지에 기고한 것에 분노가 치민다"고 격분했다.("김만복 같은 사람이 국정원장을 했던 나라", 2011년 1월 14일)

면서, 사이버 테러 등 국정원의 직무 범위가 넓어지고 있는 만큼 국가최고정보기관으로서의 역할을 재정립하라"[421] 고 주문했다. 그러면서 "원세훈 원장은 행정관료 출신으로 정보 업무와는 거리가 멀고, 천안함 폭침 등 국정원의 정보역량 부족과 관련이 깊다면서, 최고의 전문가가 수장이 되는 국정원장상(像)을 정립할 필요가 있다"[422] 고 충고했다.

「한겨레」는 원세훈 원장의 인사 청문회 때부터 반대 여론을 주도했다. 원 원장이 인사청문회 때 정치 정보를 안보상 필요할 때는 수집하겠다는 발언을 놓고 "원세훈 체제의 국정원이 원하는 정보를 얻기 위해 어떤 탈법·불법적 행동을 할지 걱정스럽다"[423] 고 우려했다. 취임 뒤에는 "국정원 직원들이 정치, 종교, 언론, 기업 등 온갖 영역에서 대놓고 조심하던 기색도 없이 정보 수집을 하는 등 헌법과 법률을 무시한 탈선을 한다"[424] 고 질타하면서, "이명박 정부들어 국정원이 국내정보를 강화하면서 대북정보기능을 축소한 탓이 크다며, 정보 문외한인 원세훈 원장을 교체하라"[425] 고 촉구했다.

「경향」은 원세훈 원장 인사청문회 때의 '정치 정보 수집' 역설을 "국정원의 탈정치노력을 무효화하고 공개적인 정치 개입을 선언한 것으로서, 국정원의 어두운 망령이 떠오른다"[426] 고 비판했다. 인도네시아 대통령 특사단 숙소 침입 사건이 터지자 "어설픈 정보 수집행위로 국제적 망

421 "50년된 국정원, 안보역할고 공작체계 재구축하라", 동아일보, 2011년 5월 27일.

422 "지금 국정원은 김만복 이종찬 시절보다 나은가", 동아일보, 2011년 6월 13일.

423 "원세훈, 현인택 자격 없다", 한겨레신문, 2009년 2월 12일.

424 "원세훈 국정원의 탈법·탈선 행진", 한겨레신문, 2010년 2월 1일.

425 "고장난 원세훈 체제 언제까지 내버려 둘 것인가", 한겨레신문, 2011년 12월 23일.

426 "국정원을 정권 보위기구로 만들려 하나", 경향신문, 2009년 2월 12일.

신을 자초한 만큼 원장을 경질하여 국정원을 쇄신하라"[427] 면서 「한겨레」 못지않게 강한 톤으로 원세훈 원장을 질타했다.

한편 「경향」은 국정원에 대해서는 '국가최고정보기관 프레임'이란 긍정적인 프레임을 사용하지 않고, 단순히 '정보기관 프레임'만을 지속적으로 사용했다. 이는 국정원의 위상을 낮추어 일개 정보기관 중의 하나로 취급하려는 의도로 해석된다.

3. 소결론

이명박 정부 시기에 4개지들의 보도 양태를 보면 간첩 수사 등 공안 사건에서 간헐적으로 나타나곤 했던 '무(無)보도 현상'[428] 이 이명박 정부 시기에는 보다 더 극명해졌다고 볼 수 있다. 매체별로 자신들이 가지고 있는 가치관에 따라 사안별 보도 방향이나 여부를 결정하기보다는 자신들이 지지하는 정파의 이익에 부합하는지에 초점을 맞춰 보도 여부를 결정하는 것이다.[429] 김현희에 관한 내용이나 박원순 변호사에 대한 국정원 사찰의혹 보도가 그것이다.

일반 기사의 보도에서 '무보도 현상'이 더욱 뚜렷해진 것과 마찬가지로 사설도 '무보도 현상'과 조응하는 모습을 보였다. 김현희 건의 경우 「조선」이 6건이나 게재하면서 김현희의 입장과 주장을 긍정적으로 부각

427 "원세훈 경질하고 국정원 전면 쇄신해야", 경향신문, 2011년 2월 24일.

428 '무보도'는 이유여하를 막론하고 특정 내용에 대해 보도를 하지 않는 모든 경우를 지칭한다.(김수정 · 정연구, 2011)

429 김수정 · 정연구(2011). 무보도 현상과 언론윤리 그리고 한국사회의 이념갈등 : 국정원, 기무사 민간사찰 관련 보도사례를 중심으로. 『한국언론정보학보』 통권 53호 (2011년 봄). 11.

시킨데 반해, 「한겨레」와 「경향」은 단 한 건의 사설만 싣고, 그 내용도 김현희의 주장은 반영하지도 않았다. 박원순 변호사 사찰의혹 건의 경우도 「조선」은 단 한 건의 관련 사설도 싣지 않은 점이 이를 입증한다.

이외에도 간첩 검거나 이적 단체 수사 등에 대해서도 「조선」과 「동아」가 적극적으로 의제화한데 반해, 「한겨레」와 「경향」은 일체 관련 사설을 취급하지 않았다. 이러한 '무보도 현상'은 "사회적으로 중요한 의제를 둘러싸고 반복적으로 양산되는 언론사 간의 극단화된 해석 및 관점의 차이가 수용자들의 지각을 양극화시키는 한편 사회적 소통의 부재를 초래하는 요인이 된다"는 송인덕(2014)의 지적처럼 공론장의 형성에 부정적 요인으로 작용하게 되고, 또 정보기관의 입장에서 양극단의 이미지가 형성되는 역기능을 유발하게 된다.

보수지 독자들은 대체로 정보기관에 대해 '비판 속에 긍정적인 시각'을 가질 가능성이 많고, 진보지 독자들은 '강한 부정적' 시각을 가질 개연성이 높기 때문이다.

제5장 | 결론 및 한계점

1

요약 및 결론

이상과 같이 김영삼 정부부터 이명박 정부에 이르기까지 4개 정부 20년간 4개 신문사들이 국가정보원과 관련된 사안을 다룬 사설을 분석한 결과, 1차적으로 사설 빈도수 면에서 의미 있는 차이가 있었다.

보수지와 진보지 간의 사설 빈도수를 교차분석한 결과, 보수지는 김영삼·이명박 정부의 보수 정권 시기보다 김대중·노무현 정부의 진보정권 시기에 약 30퍼센트 정도 더 많은 사설을 게재하였다. 이는 보수지들이 자사와 우호적이지 않은 진보정권을 비판하는 소재로 정보기관의 활

표 30 보수 및 진보 정권별 사설 빈도 교차 분석

(단위: 건)

구분	보수지		진보지	
	조선	동아	한겨레	경향
보수 정권 (김영삼·이명박 정부)	150	103	129	116
진보 정권 (김대중·노무현 정부)	210	140	145	101
합계	360	243	274	217

동을 의제화했음을 의미한다. 반면 진보지의 경우 「경향」이 진보정권 시기에 오히려 사설 건수가 보수 정권 시기보다 감소(116 → 101)하는 등 의미 있는 차이를 보여주었다. 「경향」이 김대중 정부 시기부터 진보지로 논조를 전환한 것과 관련이 깊다고 해석할 수 있는 대목이다.

한편 불법 도·감청 등 특정 사건에 대해서는 대체로 공통적인 프레임을 구사하였음이 확인되었다. 구체적으로 정치성 사건, 불법 도·감청 문제, 국정원 간부 각종 게이트 연루 등 비리사건, 특정인 사찰 논란, 황장엽 망명 등과 같은 사안에 대해서는 4개지가 거의 비슷한 프레임을 공통적으로 구사하였다. 보수지와 진보지 간의 프레임 차이도 적었다.

정치성 사건의 경우 '정치공작기관 프레임'으로 불법 도·감청 문제에 관해서는 '사찰기관 프레임'과 '불법/비리기관 프레임'으로, 각종 게이트 연루 등 비리사건에 대해서는 '불법/비리기관 프레임'으로 접근하였다. 다만 '이명박 X파일 사건'은 정치성 사건임에도 불구하고 4개지 모두 17대 대선을 앞두었기 때문인지 '사찰기관 프레임'으로 접근하는 차이를 보였다.

황장엽 망명의 경우, 「한겨레」만이 '정치공작기관 프레임'을 구사했을 뿐 나머지 3개지들은 공통적으로 '안보/수사 중추기관 프레임'하에서 동 사건을 성공시킨 국정원의 활동을 긍정적으로 평가하였다.

〈연구문제 2-2〉에서 제시한 보수지와 진보지 간의 차이점을 살펴본 결과, 그 매체의 성격에 걸맞게 간첩 수사와 같은 이념과 연관된 사안이나 정보기관의 운영 등과 관련한 사안을 취급할 때는 극명한 프레임 차이를 보여주었다. 구체적으로 안기부법 재개정, 일심회 등 간첩수사, 국가보안법 개폐 논란, 국정원 과거사 재조사 등이다.

안기부법 재개정과 정보기관 개혁 등에 대해서는 「조선」과 「동아」는

표 31 안기부법 재개정/정보기관개혁 등에 대한 보수지와 진보지간의 프레임 차이

(단위: 건)

구분	보수지		진보지	
	조선	동아	한겨레	경향
국가최고정보기관 프레임	18	8	2	5
안보/수사 중추기관 프레임	16	11	2	·
인권침해기관 프레임	2	2	16	·
권력기관 프레임	5	5	9	11
불법/비리 기관 프레임	4	3	9	·

거의 일관되게 '국가최고정보기관 프레임'과 '안보/수사 중추기관 프레임' 등 긍정적인 프레임을 구사한데 비해, 「한겨레」는 '인권침해기관 프레임' '권력기관 프레임' '불법/비리 기관 프레임' 등 부정적인 프레임을 번갈아 가며 구사하였다. 다만 「경향」은 논조가 진보지로 바뀌기 전인 김영삼 정부 시기에는 '국가최고정보기관 프레임'을 구사했으나 김대중 정부 이후부터는 일절 긍정적인 프레임을 사용하지 않고 부정적인 의미의 '권력기관 프레임'으로 전환하였다.

대공사건 수사와 국정원 과거사 재조사의 경우, 보수지와 진보지들은 확실한 프레임 차이를 보여주었다. 자사의 논조와 맞지 않는 사건에 대해서는 '무보도'하는 방식으로 사건을 외면하는 한편, 불가피하게 보도하게 되는 경우에는 '조작기관 프레임'등 자사의 논조에 맞는 프레임을 구사하였다. 「조선」과 「동아」는 '국가최고정보기관 프레임'하에서 대공

표 32 대공사건 수사 등에 대한 보수지와 진보지간의 프레임 차이

(단위: 건)

구분	보수지		진보지	
	조선	동아	한겨레	경향
국가최고정보기관 프레임	39	36	2	16
조작/여론 기관 프레임	4	3	31	19

■ 『경향』은 김영삼 정부 시기까지만 하더라도 중도보수지의 성격을 유지했기 때문에 「국가최고정보기관 프레임」이 높게 나타난 것임.

표 33 국가보안법에 대한 보수지와 진보지간의 프레임 차이

(단위: 건)

구분	보수지		진보지	
	조선	동아	한겨레	경향
체제유지 필요법 프레임	26	13	2	5
인권침해기관 프레임	7	4	51	8

사건의 진실성과 국가 안위에 미치는 부정적인 영향을 지적하였다.

반면 「한겨레」와 「경향」은 '조작기관 프레임'으로 사건 자체에 대해 의문을 제기하여 한국 사회가 보수적인 분위기로 흘러가지 않도록 하는 한편, 국정원의 대공수사능력에 관해 신뢰성을 떨어뜨리려는 논조를 보였다.

국가보안법 개폐 논란의 경우, 보수지는 '체제 유지 필요법'이란 시각을 강조하고, 진보지는 '인권을 침해하는 없어져야 할 악법'으로 규정하

는 등 팽팽한 대립상을 보였다.

〈연구문제 2-3〉에서 제시한 정권의 변화에 따라 정보기관을 바라보는 프레임이 어떻게 변화했는지를 분석하는 데 유용한 프레임이 '국가최고정보기관 프레임' '안보/수사 중추기관 프레임' '불법기관 프레임' '조작/여론 기관 프레임' 등 4가지이다.

'국가최고정보기관 프레임' '안보/수사 중추기관 프레임'의 경우, 「조선」은 정권의 변화에 관계없이 거의 일관되게 이 프레임을 자주 구사한 반면, 진보지들은 상대적으로 적게 동 프레임을 구사하였다. 다만 「경향」은 중도보수지에서 진보지로 성격이 바뀌기 전과 그 후가 상당히 다른 차이를 보여준다. 부정적인 프레임인 '불법/비리기관 프레임'과 '조작/여론 기관 프레임'의 경우 진보지들이 자주 구사한 반면, 보수지들은 상대적으로 적게 구사하였다.

2

제언 및 한계점

IT 기술의 발전이 상징하는 디지털 시대와 국경 없는 세계화 추세는 정보기관의 새로운 기회와 고민거리를 동시에 안겨주고 있다. 첫째, 안보 이슈의 다양화다. 군사적인 전통적인 요인뿐 아니라 비전통적인 요인(경제·자원·환경 등 비군사적 요인)이 안보 이슈로 대두되어 안보 대상의 범위와 이슈가 확대되고 이들 간의 상호 연계로 인한 복잡성이 증가하고 있다. 둘째, 국제사회 내 비국가적 행위자들의 수적 증가와 그 활동영역이 확대되고 있는 점이다. 제2차 세계대전 후 80여 개에 불과하던 국가의 수가 220개를 넘어섰고, 비국가적 행위자들은 정부 간 국제기구, NGO, 다국적 기업, 테러 조직, 해적 등의 영향력이 엄청나게 커지고 있다.

이는 국가 안보능력의 감소를 낳고, 국가의 행위자들에 대한 통제력 약화를 가져왔다. 셋째, 정보화와 민주화다. 정보화의 여파로 공개 정보의 중요성, 네트워크의 중요성, 신속한 정보판단의 필요성이 크게 증대되었다. 민주화는 인권과 프라이버시의 존중. 강압적 수단에 의존하는 정

보·수사관행의 변화를 요구하고 있다.[430]

또한 "환자의 예후가 불확실해서 의사가 치료 방향과 치료법을 결정해야 하는 순간을 가리키는 말"이었던 위기상황도 일상화되면서, 정보기관의 역할을 필요로 하고 있다. 정보기관의 역할 중 하나가 조기경보라는 점에서 볼 때, 위기의 징후 포착과 이에 따른 예측 정보는 국가운영에 있어 더할 나위 없이 중요하다. 2015년 6월 한국 사회를 한동안 공포로 몰아넣었던 메르스(중동호흡기 증후군) 사태를 계기로 '보건 안보'도 안보의 대상으로 포함시켜야 한다는 주장이 확산된 것이 이를 잘 보여준다.[431]

이외에도 서방정보기관에 비해 우리나라의 정보기관은 이중 부담을 안고 있다. 북한이라는 적대 세력으로부터 군사적 위협에 대응해야 할 뿐 아니라 국외 정보기관들의 한국 땅에서 활동하는 것도 눈여겨 봐야 하는 것이다. 반면에 국내 정치의 민주화로 인해 예산 및 인원의 동결에 이어 정보활동에 대한 공개 요구도 날로 높아지고 있다. 정보기관의 생명이라 할 수 있는 비밀성이 계속 침식되고 있는 것이다. 여기에다 앞서 분석한 것처럼 보수지와 진보지로 나뉘는 한국 언론의 양극화는 정보기관의 활동을 더 어렵게 하는 요인으로 작용하고 있다. 신문들이 각자의 이념적 성향을 갖고 표현하는 것이 반드시 부정적이진 않지만, 한국에서는 사회적 토론을 활성화시키는 것과 같은 발전적인 방향으로 나아가지 못하고, 매스미디어가 자신의 관점에 대해 적대적인 입장을 대변한다고 보는 '적대적 미디어 현상'[432]으로까지 이어지고 있기 때문이다.

430 염돈재(2011). 한반도 안보환경 전망과 국가정보의 역할. 2011 한국국가정보학회 학술회의 - 정보환경 변화와 국가정보 발전전략. 한국국가정보학회 주최. 116.

431 "21세기 전염병과 생물테러", 한국경제신문, 2015년 6월 19일.

432 미하엘 쿤치크 지음. 윤종석 옮김(2008). 『국가이미지 전쟁』. 서울 : 커뮤니케이션북스. 50.

하지만 정보력을 기르는 일은 하루아침에 이루어 질 수 없다. 장기간에 걸쳐 그 방향으로 역량을 모아가야 하는 지난한 작업이다. 국가가 생존하고 경쟁에서 살아남기 위해서는 건전한 정보기능이 필수적이다. 이를 위해 정보기관은 무엇보다 자신들의 역할, 목적, 활동 윤리 등에 관해 시민들의 더 많은 이해를 얻기 위해 노력해야 한다.

둘째, 언론과의 상생 모델을 하루빨리 확립할 필요가 있다.[433] 적어도 편집진과 중진언론인과는 체계적인 네트워크를 구축해야 한다. 이를 통해 평소에 반드시 지켜야 할 사안을 제외하고는 상호교감의 장을 만들어 어느 선까지는 보도하고 어느 선까지는 보도하지 않는다는 한국적인 보도 규범을 만드는 것이다. 영국에서 시행하고 있는 DA-Notice 제도를 벤치마킹하는 것도 한 방법이 된다.

셋째, 언론도 정보기관은 반드시 고수해야 할 어두운 구석(dark corners)을 가지고 있어야 함을 인정해 줄 필요가 있다. 특히 진보지의 공감대 확보가 필수적이다. '알 권리'를 비롯한 모든 민주주의의 가치는 탄탄한 국가 안보 위에서 만 가능하기 때문이다. 닉슨 대통령 시절 안보보좌관이었던 키신저(Kisinger)는 "정보기관은 존재하는 것 자체만으로도 가치가 있다"고 역설한 점이 이를 웅변해준다.

넷째, 한국의 정보 체계도 근본적으로 재구조화하는 것을 검토할 필요가 있다.[434] 한반도가 동북아 평화번영의 중심지 역할을 하기 위해서는 군사력과 더불어 적정규모의 정보역량이 필수적이기 때문이다. 그 방

433 미국 CIA는 정보기관과 언론과의 관계를 '친밀하면서도 복잡한 관계(the intimate and complex relationship)'로 표현하고 있다.

434 2015년 1월 아르헨티나의 크리스티나 페르난데스 대통령은 알베르토 니스만 검사 피격사망 사건의 책임을 물어 아르헨티나 정보기관인 '정보사무국'을 해체하고, '연방정보국'이란 새로운 정보기관을 창설하겠다고 발표했다.(동아일보, 2015년 1월 27일)

안의 하나로 기존의 정보기구들은 그대로 유지하되 가칭 '과학정보기관'을 발족시키는 방안이다. 현재 국정원과 국방부가 각각 보유하고 있는 신호정보와 영상정보 관련 정보 수집 기능을 통합하여, 독립된 '과학정보기관'을 설치하는 것이다. 특히 기술적 속성이 매우 다른 신호정보기관(Korea Intelligence & Security Agency, 약칭 KISA)과 영상정보기관(Korea Imaging & Mapping Agency, 약칭 KIMA)를 각각 독립적으로 발족시키는 방안이다. '과학정보기관'은 국정원, 국방부, 통일부, 외교부, 경찰청 등 정보 수요기관에 정보를 제공하는 구조로 한다. 국정원과 국방부가 동 기관을 통제하되 조정이 필요한 것은 양 부처 간에 실무협의체를 통해 결정하는 방안이다.[435] 방첩기능과 보안기능도 기술 중심으로 전문화하여 구조 조정하는 방안도 고려할 필요가 있다.

여섯째, 국가정보 관련 법제도 재정비할 필요가 있다. 총체적인 국가정보시스템의 정비 및 국가 안보관련 정보조직에 대한 조정·통제 기능을 규정하는 가칭 '국가안전보장법'을 제정하고, '국가정보협의회'를 신설해서 국가정보정책을 협의·조정하고 정보협의회장은 국정원장이 겸임토록 하는 것이다.[436] 아울러 100년 앞을 내다보는 안목으로 테러방지법을 보완하고, 통신비밀 보호법 등을 개정하여 사이버 시대에 맞는 정보활동을 보다 효과적으로 할 수 있도록 법적 뒷받침이 이뤄져야 할 것이다.[437]

끝으로 전략적 소통방안을 마련하여 체계적으로 시행하는 것도 검토해야 한다. 비밀성을 생명으로 하는 정보기관이 공개성을 강조하는 홍

435 KAIST. 정치분야 미래전략. 대한민국 국가미래전략 공청회 자료집. KAIST미래전략 대학원 주최. 2014년 10월 7일. 335.

436 미국은 CIA 국장이 국가정보의 장으로서 부문정보기관에 대한 인사·예산 및 정보활동에 대한 조정·통제 임무를 수행한다.

437 테러방지법은 야당(더불어민주당)의 필리버스터를 거쳐 2016년 3월 2일 국회에서 통과되었다.

보와 양립하는 일이 쉽지 않은 과제이기는 하다. 그러나 '정보란 공개되는 것'이라는 극단적인 표현까지 등장하는 디지털 정보 시대에 정보기관의 기본 홍보 기조인 NCND(시인도 부인도 않는다)만으로는 정보화의 파고를 넘어갈 수 없다. 구체적으로 국정원장의 이미지를 전략적으로 관리해야 할 '안보 자산'으로 삼아 세심한 이미지 관리가 필요하다. '정보기관 친화적' 네트워크를 확충하여 알리고 싶은 논리를 시의적절하게 확산시켜야 한다. '국민과 함께하고 국민을 위해 일하는 정보기관' 이미지를 뿌리내리도록 노력해야 할 것이다.

이상과 같이 4개 정부의 정보기관에 대한 프레임 분석과 더불어 21세기에 걸맞은 정보기관으로 나아가기 위한 제언도 덧붙였다. 그러나 반복 구사되는 프레임이 정보기관의 이미지 형성에 구체적으로 어떻게 작용하는지에 대한 분석으로까지는 나아가지 못했다. 이유는 정부가 바뀔 때마다 정보기관에 대한 이미지 조사를 체계적으로 또 누적적으로 해왔다면 프레임과 수용자의 정보기관에 대한 이미지를 비교해서 상호 인과관계를 규명할 수 있으나, 정보기관은 공식적으로 한 번도 국민을 상대로 이미지 조사를 한 적이 없다. 만약 지금 이미지 조사를 시행한다고 하더라도 프레임의 영향에 따른 이미지 변화를 추적할 수 없는 명백한 한계를 지니고 있다. 따라서 이제부터라도 정보기관은 주기적으로 이미지 조사를 함으로써 보다 체계적인 홍보를 실시하는 바탕으로 삼고, 이를 토대로 국민들의 이해를 구하고 이미지도 개선해 나감으로써 국가 최고정보기관다운 위상도 확립하고 국민 속에 진정으로 뿌리내리는 '국민의 정보기관'으로 자리 잡아야 할 것이다.

이일환 한양대학교 영어영문학과를 졸업하고 한양대학교 언론대학원 석사학위를 받았으며 경희대학교 대학원 박사과정을 수료했다. 31년간 정보 계통에서 근무했고(1급 퇴임), 한국국가정보학회 이사·한반도전략문제연구소 연구위원·한국가버넌스 혁신포럼 이사·미래예측포럼 부회장 등을 역임했다. 지금은 동아대학교 초빙교수·한양대학교 국제학대학원 특임교수로 재직하며 후학 양성에 매진하고 있다.

정보기관과 언론

펴낸날 2016년 6월 30일 초판 1쇄 ● 2017년 4월 10일 초판 2쇄
지은이 이일환 ● **펴낸이** 이영무
펴낸곳 한양대학교출판부 ● **출판등록** 제4-7호(1972.2.29)
주소 서울 성동구 왕십리로 222 ● **전화** 02.2220.1432-4 ● **팩스** 02.2220.1435
홈페이지 press.hanyang.ac.kr ● **이메일** presshy@hanyang.ac.kr
인쇄 현문

ISBN 978.89.7218.487.4 (93330)